# EMDR症例集

崎尾 英子編

星 和 書 店

*Seiwa Shoten Publishers*

*2-5 Kamitakaido 1-Chome*
*Suginamiku Tokyo 168-0074, Japan*

## ご挨拶

　EMDR（Eye Movement Desensitizations and Reprocessing；眼球運動による脱感作と再処理）は，すでにご存知の方も多いように，わが国でも何回もトレーニングがなされ，その心の傷への治療有効性がますます認められるにいたっています。

　フランシーヌ・シャピロ博士がいみじくも巻頭言で言われたように，EMDRの治療実績と効果や社会的な活動ははすでに幅広く知られるところとなっています。

　その意味では，本書はわが国でのささやかな試みをまとめたものかもしれません。しかし，どの論文においても，さまざまなセッティングにおいてEMDRをどのように活用しうるのかについての試みとして，その意義はある程度は果たせたかなと考えております。

　集められた論文には，非常によくまとまったものや，試行錯誤の途上にあるものもあります。しかし，論文を寄せられた方々は2つのパートからなるトレーニングを経て，非常に果敢にご自分の抱えている困難な症例に応用なさっておられます。何度も繰り返して言われることですが，治療者は患者さんとの基本的信頼がとれているつもりであっても，患者さんは1回ごとに改めて治療者との関係を確認しようとしてきます。そして，EMDRのたびに，この治療者は信頼に値するのかという確認を求めてこられます。そういう意味で，EMDRは治療者に治療者自身のことを多く教えてくれます。

　このささやかな試みが皆様の踏み台となることを心より願っております。

　鈴木洋子先生と大河原先生の論文以外で扱われた症例は，今は存在してはいませんがかつて国立小児病院と呼ばれていた子どもの総合病院でなされた数々の試みばかりです。これらの試みが皆様の参考となりますことを心より祈りつつ。

平成14年9月6日

崎尾　英子

## 本書の刊行に寄せて

Francine Shapiro, Ph.D.

　EMDR（Eye Movement Desensitizations and Reprocessing；眼球運動による脱感作と再処理）をさまざまな主訴に活用した症例を含んでいる本書の巻頭言を書く機会を与えられたことをうれしく思っています。

　EMDRは現在では約70カ国で臨床的な病理の治療のために活用されています。EMDRを普及させている組織は（本書第13章参照），その訓練と方法を標準化させる努力を続けています。この方法を実践している多くの人たちは，自分たちの地域とそして全世界で苦痛を癒すために，多くの場合はEMDR人道的援助プログラムを通しての公益サービスを通して献身しています。この組織は世界各地で起きる人為的そして自然の災害の被害者を支援しています。EMDRがトラウマの治療に急速な効果をもたらすことを治療者が経験したために，このような組織が誕生したのです。

　このような効果からも，日本で最初にEMDRが活用されたのは前の阪神大震災の被害者のためだったということも，驚くことではありません。それ以後，臨床家たちは国内の隅々でこの方法の利用範囲を拡大してきました。そして本書はそのような革新的な臨床実践の多くを扱っています。

　EMDRのエッセンスは，適応的情報処理モデルで，それが主要な心理学の学派の考えを統合するところにあります（Bohart & Greenberg, 2000; Lazarus & Lazarus, 2002; Norcross & Shapiro, 2002; Shapiro, 1999, 2000a, 2000b; van der Kolk, 2002; Wachtel, 2002）。EMDRの8段階の治療計画を使って，臨床家は①クライエントの病理とその発現（例：悪夢，身体的感覚）の基礎を形成した過去の経験，②この状態を引き起こしたり，より強烈なものにする現在の状況，③将来の適切な行動を築くために必要なスキルや行動，と取り組みます。治療の効果は洞察，感情，そして身体的な反応を注意深く考慮することによって得られます。EMDRは単に症状の軽減のためにも用いられますが，治療の総体的目

標はクライエントが個人のレベルそして対人関係のレベルで完全に健康的に機能する能力を身につけることにあります。EMDRは外傷的ストレス研究学会とイギリス精神保健部から外傷後ストレス症候群(PTSD)の効果的な治療法として認定されており、さらには幅広い外傷的出来事に関しても強い実証的研究からの支持が得られています(例えば、Carlson, et al., 1998; Ironson, Freund, Strauss, & Williams, 2002; Lee, et al., 2002; Marcus, Marquis & Sakai, 1997; Power, McGoldrick, & Brown, in press; Rothbaum, 1997; Scheck, Schaeffer & Gillette, 1998; Wilson, Becker & Tinker, 1995, 1997; 最近の研究文献検討に関してはChemtob, Tolin, van der Kolk & Pitman, 2000; Maxfield & Hyer, 2002; Perkins & Rouanzoin, 2002)。それら以外の実証研究とder Kolk (1999) の報告によると、不安、うつ、人格の各側面、そして、最近では陽性の記憶想起などに関する複数の尺度で相当量の臨床的改善がみられています。それらの研究の中には、内容の分析からPTSDの診断名があろうとなかろうと同程度の臨床的効果が認められているものもいくつかあります。EMDRの実践を導く適応的情報処理モデル(Shapiro, 1999, 2001a, 2002) は臨床的観察に基づいており、臨床的な現象と治療的効果を説明するために利用されています。この観点から考えると、クライエントの過去の処理されなかった出来事は現在の広範囲の病理的な状態の先行条件になっています(Perkins & Rouanzoin, 2002; Rogers, & Silver, 2002; Siegel, 2002; Stickgold, 2002; van der Kolk, 2002も参照してください)。臨床的観察は、EMDRの治療中にその目標とされた記憶の適応的解決は認知、感情、そして行動の総合的修正を達成させることを示唆しています(例えば、Balde, 2001; Brown, McGoldrick & Buchanan, 1997; Greenwald, 1999; Hofmann, 1999; Lamprecht, 2000; Levine, et al., 1999; Lipke, 2000; Lovett, 1999; Manfield, 1998; Shapiro, 2001a, 2002b. 2002c; Silver & Rogers, 2002; Tinker & Wilson, 1999)。

要するに心理的障害を起こす影響をもつ過去の体験を処理し，個人的発達の援助するためにEMDRを使用することは，それをさまざまな臨床的な状態に応用する基礎となります。例えば，醜貌恐怖の7症例中5症例が3セッション以下のEMDRで病因となる記憶の再処理を行うことで治療が成功したという報告があります（Brown, McGoldrick & Buchanana, 1997）。しかし，EMDRでは基本的に，その適用は臨床家の専門分野で受容されている考え方に適合させるべきだと考えます（Shapiro, 1995, 1998, 2001a）。このような統合への志向の例として，国際解離研究学会（International Society for the Study of Dissociation）の2人の前会長のリーダーシップのもとで，解離性障害の苦しむクライエントのためのEMDR使用のガイドラインの作成をしたプロジェクト・チームの誕生があげられます。さまざまな心理学的な専門分野に通じる実際的なガイドラインを注意深く統合することがクライエントと臨床家の両者のニーズに応えるための理想的な方法だと考えられます（Shapiro, 2002b, 2002cも参照してください）。

　各々の専門分野で熟達したさまざまな臨床家の症例が本書に組み込まれていることも，EMDRの総合的な目的と一致しておりますし，EMDRの文献に参加していただくことを歓迎するものです。このような応用に関しての今後の厳密な研究が我々の知識ベースをさらに広げてくれることを期待しています。

◆原著文献

Balde,P. (2001) Me andere ogen bekeken. The Hague: Uitgeverij Elmar.

Bohart,A.C. & Greenberg,L.S. (2002). EMDR and experiential psychotherapy. In F.Shapiro (Ed.), EMDR as an integrative psychotherapy approach: Experts of diverse orientations explore the paradigm prism. Washington, DC: American Psychological Association Press.

Brown,K.W., McGoldrick,T. & Buchanan,R. (1997). Body dysmorphic disorder: Seven cases treated with eye movement desensitization and reprocessing. Behavioural & Cognitive Psychotherapy, 25, 203-207.

Carlson,J.G., Chemtob,C.M., Rusnak,K., Hedlund,N.L. & Muraoka,M.Y. (1998). Eye movement desensitization and reprocessing for combat-related posttraumatic stress disorder. Journal of Traumatic Stress, 11, 3-24.

Chemtob,C.M., Tolin,D.F., van der Kolk,B.A. & Pitman,R.K. (2000). Eye movement desensitization and reprocessing. In E.B.Foa, T.M.Keane & M.J.Friedman (Eds.), Effective treatments for PTSD: Practice guidelines from the International Society for Traumatic Stress Studies (pp.139-155, 333-335). New York: Guilford Press.

Fine,C., Paulsen,S., Rouanzoin,C., Luber,M., Puk,G. & Young,W. (1995) EMDR dissociative disorders task force recommended guidelines: A general guide to EMDR's use in the dissociative disorders. In F.Shapiro, Eye movement desensitization and reprocessing: Basic principles, protocols and procedures (1st ed.). New York: Guilford Press, pp.365-369.

Greenwald,R. (1999). Eye movement desensitization reprocessing (EMDR) in child and adolescent psychotherapy. New York: Jason Aronson.

Hofmann,A. (1999). EMDR in der therapie psychotraumatischer belastungssyndrome. Stuttgart, Germany: Thieme Verlag.

Ironson,G.I., Freund,B., Strauss,J.L. & Williams,J. (2002). Comparison of two treatments for traumatic stress: A community based study of EMDR and prolonged exposure. Journal of Clinical Psychology, 58, 113-128.

Lamprecht,F. (2000) Praxis der traumatherapie: Was kann EMDR leisten. München, Germany: De Deutsche Bibilothek-CI-Einheitsaunahme.

Lazarus,C.N. & Lazarus,A.A. (2002). EMDR: An elegantly concentrated multimodal procedure? In F.Shapiro (Ed.), EMDR as an integrative psychotherapy approach: Experts of diverse orientations explore the paradigm prism. Washington, DC: American Psychological Association Press.

Lazrove,S., Triffleman,E., Kite,L., McGlasshan,T. & Rounsaville,B. (1998). An open trail of EMDR as treatment for chronic PTSD. American Journal of Orthopsychiatry, 69, 601-608.

Lee,C., Gavriel,H., Drummond,P., Richards,J. & Greenwald,R. (2002). Treatment of posttraumatic stress disorder: A comparison of stress inoculation training with prolonged exposure and eye movement desensitization and reprocessing. Journal of Clinical Psychology, 58, 1071-1089.

Levin,P., Lazrove,S. & van der Kolk,B.A. (1999). What psychological testing and neuroimaging tell us about the treatment of posttraumatic stress disorder (PTSD) by eye movement desensitization and reprocessing (EMDR). Journal of Anxiety Disorders, 13, 159-172.

Lipke,H. (1999). EMDR and psychotherapy integration. Boca Raton, FL: CRC Press.

Lovett,J. (1999). Small wonders: Healing childhood trauma with EMDR. New York: Free Press.

Manfield,P. (Ed.) (1998). Extending EMDR. New York: Norton.

Marcus,S.V., Marquis,P. & Sakai,C. (1997). Controlled study of treatment of PTSD using EMDR in an HMO setting. Psychotherapy, 34, 307-315.

Maxfield,L. & Hyer,L.A. (2002). The relationship between efficacy and methodology in studies investigating EMDR treatment of PTSD. Journal of Clinical Psychology, 58, 23-41.

Norcross,J.C. & Shapiro,F. (2002). Integration and EMDR. In F.Shapiro (Ed.), EMDR as an integrative psychotherapy approach: Experts of diverse orientations explore the paradigm prism. Washington, DC: American Psychological Association Press.

Perkins,B. & Rouanzoin,C. (2002). A critical evaluation of current views regarding eye movement desensitization and reprocessing (EMDR): Clarifying points of confusion. Journal of Clinical Psychology, 58, 77-97.

Power,K.G., McGoldrick,T. & Brown, K. (in press). A controlled trial of eye movement desensitisation and reprocessing versus imaginal exposure and cognitive restructuring, versus waiting list control in posttraumatic stress disorder. Journal of Clinical Psychology and Psychotherapy.

Rogers,S. & Silver,S.M. (2002). Is EMDR an exposure therapy?: A review of trauma protocols. Journal of Clinical Psychology, 58, 43-59.

Rothbaum,B.O. (1997). A controlled study of eye movement desensitization and reprocessing for posttraumatic stress disordered sexual assault victims. Bulletin of the Menninger Clinic, 61, 317-334.

Scheck,M.M., Schaeffer,J.A. & Gillette,C.S. (1998). Brief psychological intervention with traumatized young women: The efficacy of eye movement desensitization and reprocessing. Journal of Traumatic Stress, 11, 25-44.

Shapiro,F. (1998). Eye movement desensitization and reprocessing (EMDR): Historical context, recent research, and future directions. In L.Vandercreek & T.Jackson (Eds.), Innovations in clinical practice: A source book (vol.16, pp.143-162). Sarasota, FL: Professional Resource Press.

Shapiro,F. (1999). Eye movement desensitization and reprocessing (EMDR): Clinical and research implications of an integrated psychotherapy treatment. Journal of Anxiety Disorders, 13, 35-67.

Shapiro,F. (2001a). Eye movement desensitization and reprocessing: Basic principles, protocols and procedures (2nd ed.). New York: Guilford Press.

Shapiro,F. (2001b). The challenges of treatment evolution and integration. American Journal of Clinical Hypnosis, 43, 183-186.

Shapiro,F. (2002a). EMDR twelve years after its introduction: Past and future research. Journal of Clinical Psychology, 58, 1-22.

Shapiro,F. (Ed.) (2002b). EMDR as an integrative psychotherapy approach: Experts of diverse orientations explore the paradigm prism. Washington, DC: American Psychological Association Press.

Shapiro,F. (2002c). Eye movement desensitization and reprocessing: Basic principles, protocols and procedures (2nd ed; translated by M.Ichii). Osaka: Niheisha.

Siegel,D.J. (2002). The developing mind and the resolution of trauma: Some ideas about information processing and an interpersonal neurobiology of psychotherapy. In F.Shapiro (Ed.), EMDR as an integrative psychotherapy approach: Experts of diverse orientations explore the paradigm prism. Washington, DC: American Psychological Association Press.

Silver,S. & Rogers,S. (2001). Light in the heart of darkness: EMDR and the treatment of war and terrorism survivors. New York: Norton.

Sprang,G. (2001). The use of eye movement desensitization and reprocessing (EMDR) in the treatment of traumatic stress and complicated mourning: Psychological and behavioral outcomes. Research on Social Work Practice, 11, 300-320.

Stickgold,R. (2002). EMDR: A putative neurobiological mechanism of action. Journal of Clinical Psychology, 58, 61-75.

Tinker,R.H. & Wilson,S.A. (1999). Through the eyes of a child: EMDR with children. New York: Norton.

van der Kolk,B.A. (2002). Beyond the talking cure: Somatic experience and subcortical imprints in the treatment of trauma. In F.Shapiro (Ed.), EMDR as an integrative psychotherapy approach: Experts of diverse orientations explore the paradigm prism. Washington, DC: American Psychological Association Press.

Wachtel,P.L. (2002). EMDR and psychoanalysis. In F.Shapiro (Ed.), EMDR as an integrative psychotherapy approach: Experts of diverse orientations explore the paradigm prism. Washington, DC: American Psychological Association Press.

Wilson,S.A, Tinker,R.H. & Becker,L.A. (1995). Eye movement desensitization and reprocessing (EMDR) treatment for psychologically traumatized individuals. Journal of Consulting and Clinical Psychology, 63, 928-937.

Wilson,S.A., Becker,L.A. & Tinker,R.H. (1997). Fifteen-month follow-up of eye movement desensitization and reprocessing (EMDR) treatment for PTSD and psychological trauma. Journal of Consulting and Clinical Psychology, 65, 1047-1056.

# 目 次

ご挨拶　　崎尾　英子　　3

本書の刊行に寄せて　　フランシーヌ・シャピロ　　5

① トラウマとその文脈としての家族 ……………………………14
　　大河原美以

② 臨床家を育てるためのスーパービジョンへの応用 …………28
　　－安全感を高める意識的呼吸法の利用－
　　大河原美以

③ 「社会的引きこもり」症例への治療的アプローチ …………42
　　－EMDRの可能性－
　　鈴木　廣子

④ 対人恐怖症へのEMDR治療の試み ……………………………58
　　鈴木　廣子

⑤ 重病患者を抱える家族を扱った症例 …………………………74
　　外口　弥生／村田　玲子

⑥ 子どもへの援助と親のトラウマの整理について ……………90
　　宮島　陽子

⑦ 強迫性障害の治療におけるEMDR ……………………106
　　村田　玲子

⑧ 気持ちを語ることを援助する方法として
　　EMDRを施行した不登校事例2例 ………………130
　　曽根　美恵

⑨ 子どもを虐待する母親のPTSDに対するEMDRの活用 ………146
　　守山　由恵

⑩ 「ほんとうのことを言うと関係が壊れてしまうのではないか」
　　と恐れる女性のEMDR ……………………………160
　　－母親面接に導入した１例－
　　森　抄子／中野　三津子

⑪ 小児慢性疾患の治療過程でのトラウマへのEMDR治療 …………176
　　中野　三津子

⑫ EMDRが心の医療現場でもつ意義 ……………………202
　　崎尾　英子

⑬ EMDRの訓練システム ………………………………222
　　市井　雅哉

# 1 トラウマとその文脈としての家族

## *1* はじめに

「群盲，象をなでる」という故事がある。EMDR（Eye Movement Desensitization and Reprocessing）が教えてくれる世界は，このたとえがぴったりと当てはまる。この場合の「象」は人の「こころ」である。EMDRは，人の「こころ」にさまざまな方法でアプローチしようとしてきたこれまでの心理療法の統合された世界をみせる。精神分析，行動療法，認知療法，家族療法，そしてフォーカシングや動作法や自律訓練法などの身体にアプローチする方法など，それぞれに効果がある理由が実によくわかるとともに，それらの統合された姿をEMDRはみせてくれる。

EMDR中の生理学的変化と同時に起こる内的体験は次のように描写できる。EMDRにより解除反応が起こっているとき，過去の記憶や並行してすり込まれてきたイラショナルな認知や，適応のために解離されてきた恐怖や不安などの情動や身体感覚が，同時に「今，ここ」に浮上してくるのである。EMDRでは，「ここ」での安心感を感じることのできる「現在の私」と同時に「過去に生きていた私」を再体験するというパラレルワールドが構成される。治療者によってエンパワーされた「現在の安全を感じている私」が「過去に生きていた私」をサポートしながら，解離されていた記憶が統合されるとき，クライエントは過去のトラウマから解き放たれ，生きる力を得る。EMDRにおける「トラウマ」と「癒し」はこのようなプロセスであると，筆者は感じている。

本章では，いじめられにより不登校になった高校2年生の事例に対する治療経過を紹介する。本事例を取り上げた理由は次の2点にある。

まず本事例の治療プロセスは，子どもの「トラウマ」というものが，家族それぞれの人生とともに相互に絡み合い，連鎖しながら成長発達の中に織り込まれて生み出されていくものであるということをシンプルに浮き彫りにしたプロセスだからである。それは「トラウマ」が家族という文脈の中でどのように増幅されて育っていくものであるかということを実に端的に示していた。大人も誰もが昔は子どもであったことを思うとき，愛し合おうとする家族の中で「トラウマ」がどのように織り込まれてくるものであるかということを知ることには意義がある。

東京学芸大学心理学科／臨床心理士
大河原　美以

　そしてまた本事例は，筆者が他の多くの事例を通して経験してきているEMDR治療における共通の流れをシンプルにたどった事例であった。この共通の流れを明らかにすることは，EMDR治療と治療者の役割を理解することに役立つものと思われる。
　本章は以上の2点を明らかにすることを目的としている。したがって，EMDRの構造化された治療手順は省略して記述するものである。

## 2 事例の概要

【クライエント】A子，高校2年生。
【主訴】不登校。A子は，小学校2年生のときからずっといじめられてきたということを訴えた。友人だけではなく，教師からもひどい扱いを受けてきたという。中学3年のとき，1年間不登校であった。高校1年になり復学したが，ストレスによりアトピー性皮膚炎が悪化し入院。その後，9月より再び不登校となった。
【家族】父（会社員），母（主婦）とA子の3人家族。

## 3 治療の全体の流れ

　初診時の症状としては，身体が動かないので何もできない。考えがまとまらない。泣いたり怒ったりが激しく，気持ちのコントロールがつかない。人と話をするときに，とても緊張する，などを訴えていた。

初診時（X−1年12月15日），A子は医療に対する不信感が強く，担当した医師と会話が成立しないほど，いらだちが激しく，落ち着きのない状況であった。リスペリドンを0.2mg処方され，A子自身が「薬のおかげで，とても気分がよくなった」と感じたことで，A子の病院への信頼感は回復した。その段階で，筆者が担当することとなった（X年1月12日）。

治療の全体の流れは，表1-1に示した。A子との言語による支持的カウンセリングとEMDRを組み合わせて行い，医師による投薬も並行して行われた。必要に応じて，母面接も行った。EMDRを行う前に，準備として，安全感を高めるSafe Placeという方法を行った（第1～4回）。第2期の3月から8月の5カ月の間（第5～18回）に，EMDRを3回実施し，外傷記憶の再処理が行われた。その経過の中で，深くかかえていた母に対する怒りが表出できるようになった頃から，A子自身が「薬が多すぎる感じ」を訴えるようになった（X年6月22日）。以後A子自身の薬

表1-1　全体の治療の流れ

| 心理療法の流れ | 投薬（リスペリドン） |
| --- | --- |
| **第1期　準備期間**<br>（X年1月19日～3月9日）面接第1～4回<br>　　信頼関係の確立，Safe Place（EMDR）の実施 | 0.2mg×2 |
| **第2期　EMDRによる治療期間**<br>（X年3月23日～8月10日）面接第5～18回<br>　第5回（3月23日）EMDR①<br>　　（小学5年生のときのいじめられ記憶）<br>　第7回（4月20日）EMDR②<br>　　（母がかわいがっていた犬が死んだときのこと）<br>　第11回（6月1日）資源の開発（EMDR）<br>　第16回（7月13日）EMDR③<br>　　（母に怒られるという恐怖心） | 6月22日：0.1mg×2<br>8月10日：0.05mg×2 |
| **第3期　フォローアップ**<br>（X年8月31日～X+1年3月15日）面接第19～29回<br>○「私は自分を信頼できる」というテーマで，ソリューション・フォーカスト・アプローチによるフォローアップ<br>○進路の決定を機に終結。 | 9月28日：0.05mg×1<br>10月26日：0.025mg×1<br>11月30日：なし |

に対する身体感覚に従う形で，減量していった。第3期の8月から進路が決定する翌年3月まで（第19〜29回）は，ソリューション・フォーカスト・アプローチでフォローアップした。

## *4* EMDRによる治療経過 ━━━━━━━━━━

　筆者は，初回面接でのA子の話から，いじめられによる心的外傷後ストレス障害（PTSD）と見立て，長期にわたっていじめられてきたために，対人不安が強く混乱していると理解した。そこで，EMDRによる治療を行うことにした。

### 1）面接第5回（X年3月）：1回目のEMDR

　A子は，ターゲットとする記憶として，小学校5年生のとき，カンニングをしていないのに，みんなからカンニングしたと言われたときのことをあげた。そのことを思い出したときの，自分についての否定的認知（Negative Cognition；NC）は「私は信用に値しない」と表現され，どう思えるようになりたいかという肯定的認知（Positive Cognition；PC）は「私は信用に値する」と表現された。主観的なつらさを0〜10の尺度で表すSUDs（Subjective Units of Distress）は6であった。この記憶を思い出すと，とてもつらくて（感情），胸がぐさっとくる（身体感覚）状況で，眼球運動（Eye Movement；EM）を開始した。A子は，眼球を動かすと目が痛いと訴えたので，ひざの上を交互にタッピングする方法に切り替えた。

　そのプロセスの中で，「カンニングしていないと言っても誰も信用してくれなかったこと」「信頼していた教師にも疑われたことがショックだったこと」などの記憶がよみがえり，同時に身体がしびれて動かない，クラスメートに対する恐怖，胸の痛みなどの身体感覚が，解除反応として現れた。タッピングを続けるうちに，「頭からひゅーっと抜けていった感じ」「急に楽になった」と言い，SUDsは0に下がった。

## 2）面接第6回（X年4月）：1回目EMDR後のA子の変化

　　第1回EMDRの2週間後の第6回には「身体が動くようになり，よく眠れるようになった」「急に文章が書けるようになり，友達に手紙を書けた」と報告をした。一方で，木曜日の7時20分「学校へ行こう」というテレビ番組をみていると，2週続けて腹痛におそわれ，おなかをこわしたという。A子は感覚的に「これはEMDRの影響だ」と主張した。出演しているアイドルグループのファンなので，意識では番組をみたいと思っているのに，腹痛におそわれるとのことであった。母面接では，A子が母の聞いたことのない昔のいじめられの話をたくさん話したと報告した。

## 3）面接第7回（X年4月）：2回目のEMDR

　　2週間後に行われた第7回の面接で，A子は「2年前，飼っていた犬が死んだんです。入院していた病院から死にそうだと電話が来たのが，木曜日の7時20分だった」と話し始めた。6年生のとき，学校でいじめられていて，いらいらして犬を蹴とばしたりしてあたっていた。そのせいで脳炎になって死んでしまったのではないかと気になっていた，ということだった。「なんで思い出してしまったんだろう。後悔してもしかたないけど」と不安げな様子であった。よくなったことがたくさんある一方で，以前よりも「怖いこと」が増えたと訴えた。

　　筆者は前回のEMDRにより，外傷記憶のネットワークが開き，再処理のプロセスが急速に始まっていると理解した。そして，A子の腹痛は解除反応としての身体反応であることを再認識した。「木曜日の7時20分」は，忘れている身体記憶をフラッシュバックさせる引き金としての認知の刺激になったのだと理解した。

　　そこで，犬が病気になって死ぬまでの4カ月間の次のような記憶をターゲットにして，2回目のEMDRを行った。「犬が脳炎になり苦しんでいたが，その時期，自分も学校でいじめられていてつらい時期だった。それなのに母は犬の世話に夢中で，私は気分が悪かった。母は，犬の看病のストレスで胃を悪くした。最初，犬を飼うことを母は反対したのに，私が飼いたいと言い張って飼ったので，責任を感じてしまう」という記

憶である。

　その記憶にともなうNCは，「私は自分の判断を信用できない」であった。前回のEMDRにおけるNCも「私は信用に値しない」というものであり，「自己への信頼」ということがA子にとっての重要なテーマであることが，のちにさらに明らかになっていく。ここでの「自分の判断を信用できない」というのは，犬を飼いたいと思った自分の判断が結果として不幸を招いてしまったということからきているものであった。

　タッピングによる再処理過程では，身体と頭が締めつけられ息苦しいという身体反応が再処理され，SUDsは8から0に下がった。

　母面接において，犬の死のことを尋ねると，母は「犬を亡くしたのは，子どもを亡くしたようなものだった」と言い，みるみる涙があふれて号泣した。筆者は，犬の死は母にとっても特別に意味のある大きな外傷体験だったのだと，改めて認識させられた。

### 4）面接第8〜11回（X年5月〜X年6月）：2回目のEMDR後のA子の変化

　この後，約1カ月にわたって（第8〜11回），さらに不安定な状態が続いた。いじめられていた頃の夢をたくさんみるので，怖くて母のそばを離れられない一方で，A子は，母への怒りを激しく語り始めた（第9回）。

　母から「勉強しろしろと怒られ続けてきた」「親に怒られないために勉強してきた」「すべては親を喜ばせるためだけだった」「今までは，親に怒られるのは自分が悪いからだと思ってきた。でも，あんまり親に怒られてきたから，いまだに誰かに怒られるのではないかといつもびくびくしてしまう」と激しく訴えた。

　怒りを表出するにつれて，体調は落ち着いてきたが，今度は小学校3年生の頃の癖だった「爪かみ」が始まった（第10回）。A子は「身体が何となく小学校3年生の頃の感じになっている」と言い，自分で「この爪かみは，EMDRの影響だ」と母に説明していた。

　母面接で「小学校3年生の頃，何かありましたか」と尋ねると，母は流産したときのことを語り，また泣き始めた。「思い出したくもありません」と言って泣く母の様子から，この流産もまた，母にとって大きな

外傷体験なのだろうと察することができた。

その2週間後（第11回），珍しく，最近うれしかったこととして，祖母の家に遊びに行ったときのことを報告した。そのときは，安心していて，身体が楽な感じで「これが本当の自分だ」と思える身体感覚を感じていたという。そこでその感覚に焦点をあてて，タッピングを行った。これは「資源の開発」といわれる方法で，ポジティブな感覚を高める効果がある。A子はそのあとで，勇気づけられる感じがして，やさしい気持でいられる感じがすると話した。

### 5）面接第12回（X年6月）：A子の変化にともなう母親自身のトラウマへの気づき

祖母の家で落ち着いていられる自分に気づいたA子は，逆に「家にいるから」つらいのだということを自覚し始めた。自分を拒否する母への怒りを感じ，自分をわかってもらおうと話をすると，互いに責め合いになるという状況であった。

筆者は，同席面接をして，母とA子の関係にアプローチしたいと考えたが，A子は頑なに拒否した。

母面接で，母はA子を「全く気のきかない子」と憎しみをこめた言い方で表現し，これまでの「A子を何とか助けたい」という様子とは異なった感じであった。A子から怒りをぶつけられることで，それが刺激になり，母親自身これまで押さえ込んでいたいろいろな感情が吹き出してきたと思われた。

母には姉（A子の伯母）がいるが，実父（A子の祖父）が成績のよい姉ばかりをかわいがり，自分に冷たかったこと，A子は姉と実父にそっくりなこと，そのためにどうしても，母はA子を受け入れることができなかったということだった。A子が小学校3年のときに母は2番目の子を妊娠したが，その子はA子のような子どもではないこと，自分に似た子であることを祈って，楽しみにしていたと言う。だから流産したことは，母にとっては大きな喪失感をともなうものであった。A子が犬を飼いたいと言ったとき，最初は反対していたが，次第に失った子どもの代わりとしてその犬を溺愛していたと，自分で振り返った。A子を受け入

れられなかった自分に罪悪感を抱いていたということをしみじみと語った。

### 6）面接第13～16回（X年6月～X年7月）：3回目のEMDR

その後1ヵ月（第13～16回），母とA子との衝突は続いた。「あんたに叱られてばかりいたから，自分の判断が信用できない。あんたのせいだ」と怒りをぶつけるA子と，「A子が自分で判断したことは今まで全部うまくいっていないのだから，私の言うことをきいていればいい」と訴える母であった（第13回）。

そんな中で，A子はインターネットで自分の世界をつくり始め，メールフレンドを得ていった。しかし，お金がかかってもいいから昼間にやりなさいという父母と，父母に遠慮してお金がかからないように深夜にやろうとするA子との間でぶつかり合っていた。そこで筆者は，今度は強く同席面接をすすめた（第16回）。するとA子は「お母さんが怖い，お母さんが怖い」と泣きじゃくり，「犬が死んだのは私がストレスをぶつけていたせいなんです。お母さんに怒られる」と混乱して，ふるえていた。

そこで，筆者はA子の状態をすでに解除反応が起こっている状態と判断して，そのままEMDRに移行した。したがって，このときは通常の手続きは行わずにタッピングに入った。すーっと泣き止み，落ち着きを取り戻したところで，SUDsは8までしか落ちなかったが，本人が疲れたと訴えたので終了した。

### 7）面接第17～29回（X年7月～X年8月）：3回目のEMDR後のA子の変化

その2週間後（第17回）には，インターネット問題は難なく解決していた。そして，楽しい夏休みを過ごしていた。第18回には，つい先日まで筆者のところに来ては母への怒りをぶつけていたことが少し恥ずかしいかのように，「私は，怒られるのが怖かっただけで，別に母のことを嫌いなわけではないんですよ。むしろ母のこと大好きなんです。低学年の頃，母に嫌われていると思っていたから，私が悪くて怒られても，嫌われて怒られていると思ってしまって，それで怒られると必要以上に

怖くなったんだと思うんです。決して母のことを嫌いなのではなくて、学校行かなくなったりしてずいぶん迷惑かけているから、嫌われるんじゃないかって必要以上に怖がっていたんだと思います。学校でもみんなから嫌われていたから、怖かったんです」と話すのだった。あまりの急激な変化に、筆者のほうがあっけにとられてしまう感じであった。筆者が「今は、お母さんから受け入れられているって感じがもてるのね」と確認すると、「当たり前じゃないですか」と言った（第18回）。

　これ以後、急速に落ち着いた（第19～29回）。以後、A子の「自己への信頼がもてない」というテーマに対して、「自分の判断で行動したことでうまくいったこと」などを強化していくような、ソリューション・フォーカスト・アプローチをベースにした面接を行った。アトピー性皮膚炎も姿をみせなくなり、翌年4月より別の学校に再入学。友人関係においても適応できるようになり、高校生活を楽しんでいる。

# 5　考　察

## 1）トラウマとその文脈としての家族

　A子の最初の訴えである、学校でのいじめられという、意識されている外傷記憶を入口としてEMDRを開始したが、その後、クライエントの記憶のネットワークがおのずと適応的に再処理をしていくという形で展開していった。「いじめられ」の記憶を入口にして、その後のA子の身体反応に導かれながらたどってきた治療のプロセスを時系列に沿ってさかのぼると、A子のトラウマがどのように形成されてきたものなのかがみえてくる。それは母自身のトラウマとともに織り込まれてきたものであった（図1-1）。

　A子の母は、原家族との情緒的葛藤をA子に投影していた。自分を愛さなかった父やその父の愛を受けてきた姉に似ているA子を受け入れることができなかった。そのような関係の中で、A子は母から受け入れられていない不安を抱えて育っていた。小学校3年生のとき、母が次の子を妊娠し、A子のようではない子の誕生を期待するが、流産してしまった。同じ頃、A子は学校でいじめられ、「爪かみ」という形で不安を表現していた。流産により亡くした子どもの代償として、母は犬を溺愛するが、学校でいじめられてのいらいらや、犬に

図1-1 A子のトラウマとEMDRによる治療プロセス

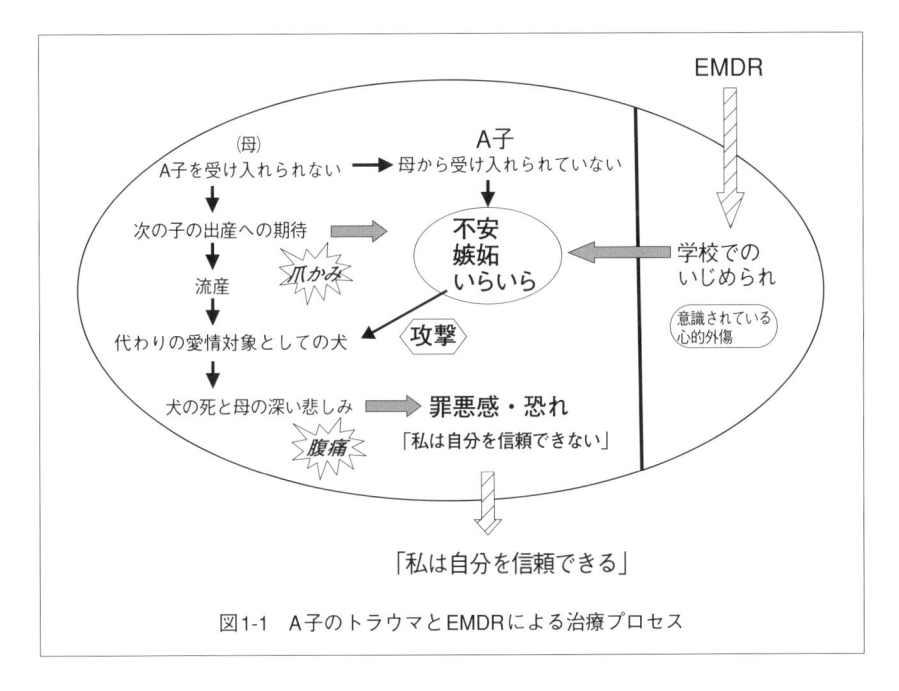

対する嫉妬から，A子は犬を蹴ったり殴ったりしていたという。しかし，その犬が脳炎で4カ月の闘病の末，母の深い悲しみとともに亡くなってしまった。自分が犬をいじめたせいで死んだのではないかという罪悪感や恐れは，母への恐怖となり，それらの感情や身体感覚を解離させることで身を守っていた。そしてそれは，A子の「自分を信用できない」というストーリーを生み出していったものと考えられた。

　EMDRを通してみえてくるトラウマの姿とは，このように親子の歴史とその関係性の中に織り込まれてくるものであることを示している。それはまた，家族というものが，人が何らかのつらい出来事を体験したときに，それが深刻なトラウマとなるかどうかを決めていく「文脈」としての役割を常にもつということを意味しているともいえる。

　家族療法を支えてきた認識論の貢献のひとつは，人間関係における文脈（コンテクスト）の存在[1]に焦点をあてたことにある。いかなるメッセージもいかなる出来事も経験も，そのことについての「意味」は，それらを取り巻く関係性という文脈によって常に決定されているのである。

西澤[3]は，トラウマ概念を理論的に整理した著書の中で，ある体験がトラウマとなるかどうかは体験強度[5]とこころの処理能力との相対的な関係によって決まるのであろう，と述べている。しかしながら，「同じ体験であっても人によってはトラウマになったりならなかったりするということから考えて，この処理能力の大小には個人差があるように思われるが，現時点では，その差が何によるものなのか，確たることは言えない」という。EMDRによる治療プロセスには，いまだ明らかになっていない，この個人差の理由の一部を明らかにしていく可能性がある。A子の事例に端的に示されていたように，家族の関係がトラウマを再生産していく文脈としての意味をもつということが，同じ体験がトラウマとなるかどうかという差を生み出していくひとつの要因であることを示しているといえよう。

　坂野[6]は，ソーシャルサポート研究の結果を踏まえて，「トラウマに関連するさまざまな問題の解決にとって家族の果たす機能は大きい」と述べ，「トラウマに関連する問題について語るときには，家族がこうしたソーシャルサポートの源としてどのように機能し，問題の解決に貢献しているかという観点からの議論が交わされることが必要」であると論じている。A子の治療プロセスに示された家族とトラウマとの関係は，家族がソーシャルサポートとしてどのように機能し得なかったかを示している。そしてその源は，親自身のトラウマにさかのぼるものであることが示されていた。村松[2]も，親自身が背負ってきたトラウマの回想を可能にするような関係をつくることが，子どもの治療を進めるうえで重要であることを論じている。EMDRにより世代を越えて抱えさせられてきたトラウマの治療を行うということは，次の世代への伝達を阻止していくためにも，必要なことであるといえる。

## 2) 治療をリードしていく身体反応

　EMDR治療において特徴的なのは，身体記憶を認知とばらばらなままで蘇らせるということである。A子の場合も，犬の死のことを思い出す前に，「木曜日の7時20分」というショックを受けた時間という認知への刺激によって，まず腹痛と下痢という身体の反応が再現され，その後に認知における記憶が戻り，解離していた認知・情動・身体感覚は統合に向けて再処理されていく。その後，今度は「爪かみ」という形で小学校3年生当時の身体記憶が再現され，母の妊

娠と流産，母から受け入れられていない自分という外傷記憶を意識のもとにもち上げ，再処理されていったものと思われる。

　EMDRは加速度化された情報再処理過程といわれるが，眼球運動やタッピングは，図2-1の矢印を加速度化して動かしていく道具（ターボエンジン）としての役割をもつものであると思われる。外傷記憶が再処理されるということは，解離することで身を守ってきた防衛の仕方を崩すことでもある。身体反応は，そのための水先案内人としての役割を果たすといえる。治療がどの方向に進むことがよいのかを知っているのは，クライエントの身体である。ここでいう「身体反応」とは，A子の例のような身体症状ばかりではなく，身体で感じる情緒反応も含んでいる。例えば，身体で感じる不安や恐怖などである。クライエントの身体のリードによって，治療者はクライエントの内的体験の世界へ導かれていく。EMDRの治療構造は「指を振る治療者」が「クライエントを治す」という印象を与えがちであるが，実質は完全にクライエント中心に，クライエントの身体に教えてもらいながら進んでいくといえる。

　図1-1に示した治療の流れは，EMDR治療における多くの事例に共通するものである。つまり，入口になる意識化されている外傷記憶から始まり，身体反応に導かれながら，人生に織り込まれてきた外傷記憶を処理していく。眼球運動やタッピングなどの刺激は，それらの記憶の旅を促すターボエンジンである。そしてその結果変化していくのは，現在の自己についてのストーリーであるといえる。EMDR治療のプロセスとは，このような流れを共通してたどるものである。

　西澤[3]は，「トラウマの内在化」とそれにともなう自己イメージ，対象イメージおよび対人関係パターンへの影響を試論として論じている。「トラウマが内在化され，トラウマを前提にこころが構成されることによって，こころの機能のさまざまな領域が影響を受けることになる。まず自己認知や対象もしくは環境の認知，そして自己と対象との関係に関する認知がトラウマの影響を受け，トラウマに基づいた内的スキーマ（枠組み）が形成される」という。A子の事例は，トラウマが内在化されていくプロセスにおいて，自己イメージ，対象イメージの中にどのように織り込まれていくかを，まさに具体的に示しているといえる。

## 3）クライエントの過去と現在，そして治療者

　EMDR治療を進めるうえで大事なのは，他の「トラウマの心理療法」[3]と同様に，治療者との信頼関係や，現在における安全感である。子どもの場合には，現在の家族に対する安全感があることが非常に重要である。家族が安全でない場合には，それを改善するための援助がはじめに必要である[4]。A子が，過去における母への怒りを表出し，母への恐怖の気持ちがEMDRで再処理されたあとの回復が急速であったのは，現在において，A子が愛されているという現実に助けられてのことである。過去のトラウマとしての関係のあり方が再処理されたために，現在の両親の愛情を受け入れることができるようになり，現在における全く新しいストーリーを織り上げていくことが可能になったのである。

　そういう意味で，EMDRは「過去の出来事」についての「現在における認知や体験様式」を変化させることによって，現在のストーリーを変えていく可能性を提供するといえる。外傷記憶の再処理が行われると，クライエントはあたかも白紙になったかのような感じを受ける。そこから新たに現在のストーリーを織り上げていく段階では，すでに自分の中にあるポジティブなリソースに気づかせていくソリューション・フォーカスト・アプローチなどの解決志向のアプローチが有効であると思われる。

　EMDRによる治療を行っていくと，我々の適応と解離というものがいかに密接したものであるかということを知らされる。したがって，治療者としての我々自身が，自らが解離させることで適応を図ってきた過去の記憶の統合を図っていくときに，確実にクライエントのこころの世界がみえるようになってくるものであると感じている。

　本稿を終えるにあたり，事例の発表を快く承諾してくださったA子さんとお母さんに感謝申しあげます。

● 参考文献 ●

1) Bateson,G.：Steps to an Ecology of Mind. Ballantine Books, New York, 1972.（佐藤良明訳：精神の生態学．思索社，東京，1980.）
2) 村松励：非行臨床におけるトラウマと回復について．家族療法研究，14(3)；160-164，1997.
3) 西澤哲：トラウマの臨床心理学．金剛出版，東京，1998.
4) 大河原美以：子供の不適応事例に対するEMDR活用の治療的枠組み．こころの臨床a・la・carte，18(1)；37-41，1999.
5) 岡野憲一郎：外傷性精神障害．心の傷の病理と治療．岩崎学術出版社，東京，1995.
6) 坂野雄二：トラウマの理解と家族によるソーシャルサポート．家族療法研究，14(3)；176-177，1997.
7) Shapiro,F.：Eye Movement Desensitization and Reprocessing：Basic Principles, Protocols, and Procedures. The Guilford Press, New York, 1995.
8) Shapiro,F. & Forrest,M.S.：EMDR The Breakthrough Therapy for Overcoming Anxiety, Stress, and Trauma. Basic Books, A Subsidiary of Perseus Books, L.L.C., 1997.

# 2 臨床家を育てるためのスーパービジョンへの応用
－安全感を高める意識的呼吸法の利用－

## *1* はじめに

　心理臨床家を育てるうえで，いわゆる教育分析や教育カウンセリングやスーパービジョン[3]が必要であることは，周知のことである。初心の臨床家が，クライエントとの関わりの中で，抵抗や逆転移[9]という概念で説明されるような状態に陥り，治療が困難になる場合には，自らの心の中に起こっていることをスーパーバイザーの力を借りながら解決していく必要がある。小川[4]は，アメリカの認定カウンセラーの資格要件には臨床家自身が個人的にカウンセリングを受けた時間数が定められていることを引用しながら，日本においても研修において個人カウンセリングをもっと重視する必要があることを述べている。小川は，日本の実情を憂いながら「十分な治療的配慮に基づいた個人ないし少人数の相互的な関係に基づく継続的なスーパービジョンのシステムを日本の臨床の土壌にしっかりと定着させること」が急務であることを論じている[4]。このような必要性から，臨床心理士の資質の向上を目指して臨床心理士養成のための大学院指定制度が設けられたが，それは臨床心理士養成のうえでの臨床実習とスーパービジョンをより強化することを目的としているものである[5]。

　筆者は，大学院における臨床心理士養成のためのスーパービジョンの一部に，EMDR（Eye Movement Desensitization and Reprocessing）を取り入れている。学生がクライエントとの関わりの中で逆転移を起こして治療が滞っているときに，学生自身が心の中を見つめ，その背景にある自らのトラウマを処理していくために，EMDRを活用しているのである。その結果，短期間に著しく成長することが可能になり，臨床家としてのバランス感覚が身についてくることを実感している。自らのEMDR体験は，クライエントの内面の世界への理解を深め，クライエントが投げかけてくるさまざまな情動に直面化していける力を育ててくれるようである。

　現在の学校社会の中で適応して生きているということは，多くの傷つきを抱えながら生きてきていることを意味している。ここで強調しておきたいのは，心理的に問題を抱えている学生だからEMDRを行うということではないということである。クライエントとの関わりから自らのトラウマが引き出され，さらにそれを見つめてトラウマの処理をすることができるということは，むしろ自らの内面に直面していける力をも

東京学芸大学心理学科／臨床心理士
大河原　美以

っているということを意味している。まっすぐにクライエントに向き合おうとする純粋な心が通常の防衛を崩して，その奥のトラウマを押し上げてくるのである。つまり臨床家としての専門的訓練を受ける準備のできている力のある学生なのである。むしろ「問題」なのは，そこに気づくことができずに，自分にはトラウマなどないと防衛し続けることであろう。

　本章では，スーパービジョンにEMDRを活用した2事例を紹介する。またこの事例を通して，EMDRを安全に，かつよりブリーフに行うために応用しているGilliganの「意識的呼吸法」[1]についても紹介する。EMDRの標準的プロトコルにおいても，眼球運動（Eye Movement；EM）による再処理過程の間に「深呼吸」をすることが求められている。この呼吸をより深く丁寧に行うことが，さらにブリーフに解除反応と統合を促進していくために有効なのである。まず，事例を紹介する前に，Gilliganの「意識的呼吸法」とEMDRがどのように結びつくのかということを，簡単に説明しておく。

## 2 Gilliganの「意識的呼吸法」とEMDRとの組み合わせによる「安全感」の確保

　EMDRに限らずトラウマに直接アプローチする方法をとるときには，クライエントが自らの力で安全感を感じることができるということが，治療の効果と安全を確保するために最も重要なことである。なぜなら，解除反応が起こっているときに，過去の情動や身体感覚と一定の距離をおき，現在の安全を感じることのできる現在の自分が存在していることによって，過去の記憶が統合され処理されていくからである。EMDRの標準的プロトコルでは，そのための準備として，Safe Place（安全な場所）という方法や，資源の開発という方法が示

されている。Safe Placeは，自分自身が安全を感じることのできるイメージを，音や身体感覚とともに想起してEMによって強化する方法である。資源の開発は，クライエントの中にあるポジティブな資源を見つけ，EMにより強化・増幅する方法である。

　Gilligan[1]は，「リラックスしながら注意関心を絞り込む基本技法のうちで，意識的呼吸法は最も重要である。呼吸ほど意識に影響を及ぼすものはない」と述べている。実際にストレス状態にある人は呼吸が浅く，緊張しているクライエントはゆっくりと呼吸をすること自体が困難であることが多い。意識的呼吸法はとりたてて特別なものではなく，ゆっくりと深く意識的に吐く息に意識を集中して深呼吸をすることである。Gilligan[1]は，「存在するという経験は，身体で感じられる自分の中心への気づきを通して育てられる」と述べ，その身体の中心への気づきを促すものとして，意識的呼吸法を重視している。「安心感」「安全感」とはまさに身体レベルで感じる感覚であり，「身体で感じられる自分の中心への気づき」にほかならないのである。

　EMDRを行うにあたっての準備状態としての安全感を身体のレベルで感じるために，意識的に深い呼吸を行うことは極めて有効である。クライエントが自分の意志の力で自らの中にある安全な場所（身体の中心）につながることができるということは，クライエントの主体的で能動的な力を引き出すことにもつながっていく。また筆者の経験からは，クライエントが自らの力で深い呼吸により安全感を感じることがまだ困難である場合には，EMDRを導入できる段階ではないと判断することが適当であると感じている。深い意識的呼吸により身体の安全感を感じることができるかどうかは，EMDRを導入することが可能かどうかの目安になると考えている。

　さらに筆者自身がGilliganのスーパービジョンを受けた際，意識的呼吸法により身体の中心を感じながら外傷記憶を想起したところ，EMDRで起こる解除反応と同じ状態が起こるという体験をした。つまり，意識的呼吸は，意識と身体との統合を促す役割をもつ可能性があるということである。その後，筆者はクライエントとの治療場面で，深い意識的呼吸により安全感を確保した段階で外傷記憶を想起し，その状態からEMDRに導入していくことにより，より安全かつ短時間で外傷記憶の再処理が可能になることを発見した。深い意識的呼吸により安全感を感じながら想起した外傷記憶にともなって起こる身体感覚や

情動反応は，すぐに処理されることを待っている記憶であると考えられるのである。実際にクライエントに行った場合，完全に解離状態にあり，まだ処理される準備のない外傷記憶は，意識的呼吸とともに想起しても，身体反応や情動反応を全く示さないことを多く経験している。その場合，身体反応や情動反応が起こるレベルでの記憶から扱うことが，安全にEMDRを行っていくための目安になるようである。

以上のように，EMDRの標準的プロトコルの応用としてGilliganの意識的呼吸法を組み合わせることは，EMDR前の安全感をより強固なものとし，EMDR終了後，クライエントが自らの力で安全な場所に戻ることをたやすくするという点で，大変有効であると感じている。

# 3 事 例 1

事例1では，上述した意識的呼吸法を活用した，EMDRの標準プロトコルのアセスメント段階（導入）を丁寧に記述する。それにより，EMDRにおけるアセスメントの意味を再検討する。

## 1）事例の概要

【クライエント】Aさん，24歳，女性，学生。
【担当事例の「死」にまつわるエピソードとAさんのトラウマ】
Aさんは筆者のスーパービジョンのもと不登校の小学生のプレイセラピーを担当しており，筆者が母親面接を行っていた。この事例の治療途上で，母親の兄の自殺という不幸な出来事が起こった。母親の兄の自殺は，母親にも子どもにも重大な影響と意味をもつものであった。Aさんが「母親の兄の自殺」を知った直後のセッションから，Aさんのプレイセラピーでの子どもとの関わりがぎくしゃくしたものとなった。そこで，Aさんは自分の関わりを見直すために，グループスーパービジョンのケース検討会で発表した。その際，経過を報告するレポートの中に，「母親の兄の自殺」というエピソードをより軽い意味合いをもつ「親戚の死」という表現で記述していた。それは全く無意識であったという。報告を聞いていた者が，その後の母親と子どもの反応と結びつかないイメージ

をもち質問した。Aさんは説明しようとしたとたんに，言葉が出ず泣き出してしまった。「自殺」や「死」という言葉が「口から出てこない感じ」におそわれ，泣いてしまっている自分にびっくりしたと，Aさんはあとで報告した。死にまつわるAさんのトラウマが事例との関わりの中でフラッシュバックしてきたのだった。

　筆者がAさんに何か思い当たることがあるかと尋ねると，次のような記憶を語った。

　7歳のとき，祖母が脳溢血で倒れた。そのとき，幼いAさんの手をぎゅーっと握りしめて倒れていったという。祖母は入院して何日かしてから亡くなったが，そのあたりの記憶はないという。心優しい幼い少女が大好きな祖母の死に直面したことが外傷記憶となっているのであろうと判断し，祖母の死の記憶をターゲットにEMDRを行うことにした。

## 2）EMDRのプロセス

　筆者がゆっくりと深い呼吸を誘導し，Aさんの身体の中心につながっている感覚を確認しながらEMDRのアセスメントのプロトコルを行った様子を，以下に逐語であげる。深い意識的呼吸により身体の中心につながりながら，外傷記憶，それにまつわる否定的認知（Negative Cognition；NC），肯定的認知（Positive Cognition；PC），身体感覚，感情などが自然に語られ，アセスメント段階ですでに解除反応が起こり始めた。開始から5分ほどで深い内的世界に入っている。

　　筆　者：吸って…，吐いて…。
　　Aさん：（深呼吸）
　　筆　者：吸って…，吐いて…。
　　Aさん：（深呼吸）
　　筆　者：お尻がソファーについている感じを感じていてください…。足の裏が床についている感じを感じていてください。
　　Aさん：（深呼吸）
　　筆　者：吸って…，吐いて…。
　　Aさん：（深呼吸）
　　筆　者：深ーく身体の中心に向かってゆっくり吐きます…。
　　Aさん：（深呼吸）

筆　者：手のひらをお腹にあててください…。手のひらとお腹の温かさを感じていてください…。
Aさん：（深呼吸）
筆　者：今日あなたが解決したいと思っている，つらかった出来事を思い出してください。
Aさん：（深呼吸）
筆　者：それを思い出したとき，身体のどこにつらさを感じていますか。
Aさん：すごいドキドキ…。
筆　者：ドキドキしていますか…。では，そのドキドキしているところに手をあててみて…。吸って…，吐いて…，吸って…，吐いて…。
Aさん：（深呼吸）
筆　者：今，頭に浮かんでいるつらかった経験について，ゆっくりと息をしながら，お話ししてみてください。
Aさん：今，頭に浮かんでいるのは，おばあちゃんが倒れているところ（外傷記憶）…。
筆　者：おばあちゃんが倒れているところ…，身体はどんな感じがしますか。
Aさん：動けない感じ（身体感覚）…。
筆　者：動けない感じですね，あなたが何歳のときでしたか。
Aさん：小1です。
筆　者：小学校1年生のときですね…。小学校1年生のときにおばあちゃんが倒れたんですね…。そのときの小学校1年生のときのあなたのことを思い浮かべてみて，ご自分のことをどう思っていますか。
Aさん：ちっちゃい，ちっちゃい，何にもできない（NC）。
筆　者：ちっちゃくって，何もできない…。私は何もできないという感じがしているんですね…。その出来事を思い浮かべたときに，どう思えたらいいと思いますか。しかたがなかったとか，もう終わったことだとか，私は精一杯やったとか，どういう表現がフィットしますか。24歳のあなたからみると，小学校1年生のあなたに対して何て言ってあげたいですか。
Aさん：しょうがなかった（PC）…。〔泣き出す〕（感情）
筆　者：吸って…，吐いて…。
Aさん：（深呼吸）
筆　者：今，感じているつらさを，0〜10で表すと…？
Aさん：9くらい。
筆　者：9くらいですね…。吸って…，吐いて…。目を開けて，私の指を目で追ってください…。

　EMを開始すると，Aさんは祖母が倒れたときの部屋にいる感じがよ

みがえり,「すごく大きいおばあちゃんの手」のみが浮かび,息苦しくなり,身体が動かず,深い悲しみにおそわれた。筆者がEMを続けながら「もしもあなたがその子のお母さんだったとしたら,なんと言ってあげたいですか」と問いかけると(認知の編込み),「怖かったね…」とやっとの思いで語った,筆者も「怖かったね…,怖かったね…」とつぶやいた。さらにEMをしながら「今,おばあちゃんになんて言いたいですか」と問いかけると,「ちゃんとお別れができなかったから言ってあげたい」「おばあちゃんがいなくなってすごく寂しかった。ありがとう」と言うことができた。EM15セットで,次第に息苦しさはなくなった。ゆっくりと深い呼吸を繰り返しながら,SUDs(Subjective Units of Distress;主観的なつらさの指標)は0に下がった。

AさんはEMDRのあと,「おばあちゃんが倒れているときにおばあちゃんの顔を思い出せなくて,顔を見ていなかったのかもしれない。とても怖くて,おばあちゃんじゃない気がして,手をつかまれてて,倒れて大変なのに,お母さんを呼びに行かれなくて,怖いって感じて,顔を見てあげられなかった。だからちゃんとお別れをしていなかった。しかたがなかったんだけど,助けてあげられなかった」と話した。筆者が「かわいい孫の手を握って意識を失うことができた。おばあちゃんは最期一人ではなかったんだよね」と言うと,「精一杯やったと思います」と力強く話した。Aさんが祖母の死の場面のことを口に出して話したのははじめてのことだったという。

その後,Aさんは再びプレイセラピーをしている小学生のクライエントとの関係をもち直すことができ,クライエントが表出するさまざまな情動にまっすぐに向き合える力をつけていっている。

### 3) 考　察

EMDRの標準的プロトコルによるアセスメントでは,ターゲットメモリーを決定して,それについてのNC,PC,VOC(肯定的認知の妥当性),現在の感情,身体感覚,そしてSUDsを尋ねることになっている。その目的は,処理しようとする外傷記憶に関する認知・情動・身体感覚・イメージなどを作動記憶という土俵にあげることであるといえる。崎尾[6]

は「このプロセスが十分に賦活され，かつ駆動されていなければ，EMDRによる情報再処理過程は起こらない」と述べている。したがって，この手続きを単に機械的に行うのではなく，深い呼吸とともに丁寧に自然な会話の流れの中で行うことが，次のプロセスであるEMを始める準備として大変重要である。このアセスメント段階を機械的に行ってしまうと，認知の領域での思考にとどまり，身体とつながった解除反応が導かれるまでに時間がかかることになる。

　Aさんの場合は，このアセスメント段階で外傷記憶のイメージと身体感覚と感情（泣き始める）と認知とが同時に想起されたので，次のEMによる処理は大変スムーズに短時間で行われている。このように，意識的呼吸法をEMDRのアセスメント段階に用いることによって，クライエントは身体での安心感を感じながら，過去の記憶の世界へ入っていくことが可能になるのである。

# 4　事　例 2

　事例2では，EMの使い方の工夫に焦点をあてて論ずる。この事例では，2回のEMDR終了後，最後に意識的呼吸法をつかったワークを行い，自らの統合された感覚を身体感覚として確認した。

## 1) 事例の概要

【クライエント】Bさん，22歳，女性，学生。

【担当事例の表出した攻撃性によりフラッシュバックしたBさんのトラウマ】

　Bさんは，いじめられにより不登校になっていた小学生のプレイセラピーを担当していた。母親面接と母子同席面接を筆者が担当していた。クライエントがプレイの場面において「人を車でひき殺す」という遊びを展開し，攻撃性を表出し始めたとき，Bさんは胸騒ぎがして，クライエントを受け入れられなくなる自分に危機感を感じ，スーパーバイザーである筆者に報告することができた。Bさんはプレイセラピーにおいて，子どもが攻撃性を表出できるようになることが治療上大切なことであ

り，プレイセラピーの展開としては順調であることを頭では十分に理解していた。だからこそ，そうわかっていながら胸騒ぎがして落ち着いていられなくなることを自らの問題として認識することができたのである。

　Bさんに，「人を車でひき殺す」ということに関連して，何かつらい記憶があるかどうか尋ねると，思いあたることとして，妹が交通事故にあったときのことを語った。そのときの妹への思いなどを語り，「車でひく」という攻撃性の表現がことのほかつらい感情を引き起こした理由を自己理解していった。しかしながら，その後もクライエントのプレイの中での象徴的な攻撃性の表現におそれを感じるようになっていた。このクライエントの攻撃性の表現は，あくまでも象徴的なものであり，直接暴力として向けられるものではなかったが，Bさんにとっては，おそれを感じるものとなっていた。そこでさらに自分を見つめるように筆者から求められたBさんは，高校時代の友人関係が関係あるのではないかと思い至った。そのことを筆者に伝えるためにメールを書いているうちに，パソコンの前で足がふるえ身体が動かなくなるという，フラッシュバックにおそわれた。

　Bさんが筆者の前にやってきたとき，身体は固まりおびえた表情をしており，自分の話したいことも十分に話せないという状態であった。高校のときの友人関係の記憶を思い出そうとすると苦しくなると，つらうに訴えた。そこでそのままEMDRを開始することにした。

## 2）EMDRのプロセス

### a　フラッシュバックの処理

　ターゲットとする記憶は「高校3年の夏休み明け，教室から特別教室へ移動するときのこと」で，そのことを思い出したとき，SUDs＝9，NCは「私は危険にさらされている」，怖くて（感情），胸が締めつけられ腕の皮膚で恐怖を感じる（身体感覚）とのことであった。どう思えたらいいかというPCは「それは終わったことだ，今は安全だ」であり，VOC＝3であった。

　EMを開始すると，次々と当時の記憶がよみがえり，思い出そうとし

ても思い出せずに止まっていた記憶があふれるように語られ始めた。本人の自然な流れにまかせて自由連想を促すように，47セットEMを行った。その時点で，SUDs＝10であった。

そこで，今度は自由連想を促す進め方を終わりにして，「背中で怖い感じがする」という身体感覚のみに焦点をあてて，EMを脱感作するためにだけ使うことにした。恐怖の身体感覚のみにとどまるよう毎回指示して，自由連想へ動いていかないようにした。そのうえで1セットごとにSUDsを確認し，恐怖感を処理することだけにしぼってEMを行った。EMではSUDsが下がらなかったので，ひざへのタッピングと深い意識的呼吸を繰り返し行ったところ，5セットでSUDs＝1に下がった。

終了後Bさんは，今まで思い出せなかったことがEMをしている間に次々と出てきたので驚いたという。数日して，高校のときの出来事をひとつのストーリーとして語れるようになった。それは次のようなストーリーであった。

高校1年生のときからの友人であったS子は，無意識のうちにリストカットした話や恋愛関係のトラブルなどをいつも明るくBさんに話していたという。高校3年の5月に1通の手紙がBさんのもとへ届いた。「S子さんの友人へ（私に）。S子さんを殺させないでください」と書いてあった。当時，BさんはS子自身が書いたものとは思っていなかったが，その後も2通の手紙が届き，次第にS子本人が書いているものであることがわかった。内容はいずれも脅迫状であった。S子がリストカットなどの話をしたときにBさんがS子の期待するような反応を返さなかったことで，見捨てられ不安を喚起されたためと思われた。Bさんは「S子の病気が怖くなって見捨てた人」として，S子から怒りをぶつけられ，非難，攻撃されたのだった。その後，他の友人をも巻き込んでS子が自殺をほのめかす騒ぎがあり，Bさんは罪悪感を抱えながら非難・攻撃に耐えて，高校生活を送っていたとのことだった。

おそらくは境界例的なアクティングアウトをする友人の見捨てられ不安による攻撃をまともに受けたことが，Bさんの心的外傷となっていたのだった。プレイセラピーの中で表現された小学生の攻撃性が，解離することで防衛していたBさんの記憶をフラッシュバックさせたのであっ

た。

　Bさんが EMDR で思い出した部分は，自殺騒ぎのことよりも，その騒動が落ち着いてからの学校生活の部分であったという。その頃，S子が他の生徒を味方につけてBさんに攻撃的な手紙やまなざしを向けていたことの記憶がすっかり抜けていたという。Bさんは「S子を傷つけたことをずっと忘れずに罪を背負っていかなければならないと思っていた」と言うが，EMDR後は「どうしてあれほど罪悪感をもったのか，自分でも不思議です」と言えるようになり，自分の身のまわりの起こったことを客観的にとらえられるようになっていった。

### b　半年後のプロセス

　高校時代の友人関係については，次第に自分の中でも整理がついていったが，半年後，両親との関係について，つらい思いがわきあがってくるようになったという。そこで2回目のEMDRを行った。

　ターゲットとする記憶は「幼稚園のときに両親が私のことで言い合いをしている。自分のことで両親がけんかをしているのが怖かった」という記憶であり，SUDs＝8で，そのことを思い出すと「怖くておびえている」（感情），「肩から腕が凍りついていて萎縮しちゃう感じ」（身体感覚）がするという。NCは「私は悪い人間だ」であり，PCは「私は私のままでいい」，VOC＝4であった。

　EMのプロセスの中で，父親の顔が浮かび，父親のことが怖いという感情が強烈に出てきたという。父親が怒るときのかっとなる顔とそれにともなう恐怖の感情がEMとともに処理されて，21セットでSUDs＝0に下がった。PCの確認を行うと，「それは終わったことだ。今は安全だ」に変更して，PCの植え付けを行った。終了後，Bさんは，父親を怖いと感じていたという自覚がこれまでなかったと言った。

　この1カ月後，呼吸を中心としたワークを行った。意識的呼吸により身体で感じる安心感を確認しながら，父親とのつらい記憶を思い浮かべたところ，胸が苦しくなり，涙を流した。このときはEMDRは行わず，静かにゆっくりと深い呼吸を続けることで，意識と身体感覚を統合していくことを促した。Bさんは「以前は泣いていると怒られたから泣くこ

とが嫌なことだったけれど,これはいい涙だと思えた。泣いている自分を受け入れられる感じがした。身体とちゃんとつながっている感じがした。自分でも一区切りついたと思う」と語った。そしてBさんは,青年期の自立の課題に正面から取り組み始めた。「父親を怖い」と意識的に自覚していなかったことにより,無意識に親にとっての「よい子」を常に演じていなければならなかったという呪縛から解放されることになった。他者から求められる「よい子」から脱皮して,自分の感情を大事にした生き方を模索し始めた。それはまた,臨床家として成長していくために必要なプロセスでもあるだろう。

## 3) 考　　察

　Bさんの1回目のEMDRでは,EMをしている間に,それまで思い出すことのできなかった解離されていた記憶が次々とよみがえってきた。BさんはEMDRを開始する前,この記憶を思い出そうとして思い出せずに,身体反応のみフラッシュバックしていたのだった。その状態でEMに入ったところ,EMは思い出せない記憶をつなぐ役割を果たすことになった。Bさんは,話の続きをどんどん思い出すように語り続けた。しかしながら,このような自由連想を促す形のEMでは,SUDsは下がらないままであった。外傷記憶が再構成されている段階なので,そのつらさがそのままであるのも当然のことである。そこで,ある程度ストーリーがつながった段階で,恐怖の身体反応のみに意識を向けて,その恐怖感を脱感作するようにEMを行った。EMでは動かなかったので,より身体感覚に直接働きかけるタッピングを行いながら,ゆっくりと意識的呼吸を繰り返したところ,SUDsは下がった。このようにEMという刺激は,クライエントの状況によっていろいろな役割をもつものである。稲川[2]もEMの周辺的な使用法として,「外傷性記憶の抑圧が起きていて,はっきりと思いだせないときに新しい情報を得るために使うこともある」と述べている。

　セッションを安全に終わるためには,クライエントが安全感を取り戻して終了する必要がある。通常の方法でSUDsが下がらないときには,意識的呼吸とともに,身体感覚のみに意識を向けてEMやタッピングを

することが有効である。意識的呼吸を促すと，おのずと身体での安心感につながりやすくなるのである。

# 5 まとめ

　以上の2事例が示しているように，臨床家として人の心の痛みに触れていこうとするときには，必ず自分の痛みにも触れることになる。その自らの痛みを無意識に避けて通ろうとするときに，さまざまな陰性感情がクライエントに対して起こってくるともいえるだろう。自分を見つめ，自分の問題に果敢に取り組んでいこうという意志のある学生は，EMDRを受けることによって，自分を呪縛していたトラウマから自由になり，新たな視点でクライエントと向き合うことができるようになる。

　スーパービジョンにEMDRを用いるということで学生の成長発達を促すためには，その後のフォローアップが非常に大事である。筆者が1章で論じたように，意識化されたトラウマを入り口としてEMDRを行うことで，さまざまなトラウマを連動して動かし，家族との関係におけるトラウマに行きつくことが多い。Bさんの事例もそれを示していた。したがって，継続した通常のスーパービジョンと並行して行われるべきであり，そのプロセスで常に学生の心理状態を把握しておく必要がある。学生は，EMDRにより自分ではみようとしてこなかった内的世界へ目を向けることができるようになると，自分の問題が一区切りした段階で，現在の新たな臨床経験を自らの力にしていく能力が開発されていくという印象をもっている。そういう意味では，非常に有効な臨床教育の手段であるといえる。

　しかしながら，EMDRには，適応している人だから安全であるという保障はどこにもない。むしろ適応しているからこそ，外傷体験を解離させることで防衛してきている可能性が高いともいえる。したがって，学生だからといって，安易に実験的にEMDRを行うべきではない。スーパーバイザーが最後までケアする覚悟がなければ，行うべきではないことはいうまでもない。

● 参考文献 ●

1) Gilligan,S.：The Courage to Love：Principles and Practiced of Self-relations Psychotherapy. W.W.Norton., 1997.（崎尾英子訳：愛という勇気－自己間関係理論による精神療法の原理と実践．言叢社，東京，1999．）
2) 稲川美也子：性的被害に対するEMDRの適用．こころの臨床a・la・carte，18（1）；49-55，1999．
3) Kaslow,F.W.（eds）：Supervision and Training：Models, Dilemmas, and Challenges. The Haworth Press, 1986.（岡堂哲雄，平木典子訳編：心理臨床スーパービジョン．誠信書房，1990．）
4) 小川捷之：心理臨床家とは－心理臨床家の領域・業務・専門性．小川捷之，鑪幹八郎，本明寛編：臨床心理学大系，13，臨床心理学を学ぶ．金子書房，東京，1990．
5) 大塚義孝編：臨床心理士入門［大学院編］．日本評論社，東京，1998．
6) 崎尾英子：ポストモダン時代の精神療法－ＥＭＤＲ施行中の脳波と身体感覚が示唆するもの－．こころの臨床a・la・carte，18（1）；15-24，1999．
7) Shapiro,F.：Eye Movement Desensitization and Reprocessing Basic Principles, Protocols, and Procedures. The Guilford Press, New York. 1995.
8) Shapiro,F. & Forrest,M.S.：EMDR The Breakthrough Therapy for Overcoming Anxiety, Stress, and Trauma. Basic Books, A Subsidiary of Perseus Books, L.L.C., 1997.
9) Weiner,I.B.：Principles of Psychotherapy. John Wiley & Sons, Inc., 1975.（秋谷たつ子，小川俊樹，中村伸一訳：心理療法の諸原則（下）．星和書店，東京，1986．）

# 3 「社会的引きこもり」症例への治療的アプローチ
## －EMDRの可能性－

## 1 はじめに

近年,「社会的引きこもり」のケースの増加,また同様に,大学に入学後いわゆる「不登校」状態にある大学生の増加も指摘されている。このようなケースでは自ら治療を求めてくることが極めて少ないが,治療的に関わっていくにつれて,集団から身を引くという行為の背景に同年代との関わり合いの中で受けた心的外傷の存在を確認することが少なくない。

今回,大学の目の前のアパートに住み,2年間大学に出席せず,自分の存在すら隠し続けた「引きこもり」のケースについて,EMDR (Eye Movement Desensitization and Reprocessing)[4]の治療経過と,本人が「自己」を確認する過程を,可能な限り忠実に報告したい。

## 2 事例の概要

【クライエント】Aさん,21歳,男性,大学生。
【主訴】[母親から]大学に行っていない。[Aさんの記載から]学生アパシー。
【家族歴】父親,母親,妹。
【生活歴および現病歴】

[母親から]生まれてから泣いてばかりで,幼稚園では人の輪の中に入れず,それが今までずっと続いてきた。小学校のときには担任からのすすめで,1,2回児童相談所のカウンセラーに会った。塾に入れようとしたときには,「成績は問題ないが,本人が来るとクラスがだめになる

すずきひろこ心理療法研究室／精神科医
鈴木　廣子

から」と断られた。本人は「いじめられた」とよく言っていたが（Aさんが「自分の思い込みです」とはじめて口をはさんだ），小学校では泣いて騒いで担任に問題にされたときもあった。中学校では友人をつくろうと自分なりに努力したようだ。成績はよかったが，高校は志望校に入れなかった。そんなに勉強はしないでいた。今の大学に合格したが予備校に行って受験し直し，やはり今の大学にだけ合格して入学した。親もとを離れてアパートに住み，親は大学には通っていると思っていたが，大学から連絡があり受講票すら出していないことがわかった。父親が知り合いに相談して，筆者を紹介されたという。

　初回面接では母親が主に話すばかりだったので，最後に筆者（以下，「治療者」）がAさんに治療目的を尋ねると，Aさんは「何をしたいのかを知りたい」と答えた。次回より隔週（EMDRを開始してからは毎週）50分の個別面接をすることにした。

# 3 治療経過

## 1) 第1期：面接第1〜4回（X年1月〜X年2月）－Aさんからの聞き取り

　Aさんは，うつむきながら小声で治療者の質問に誠実に答えてくれた。「小さい頃は，5つ年上の従兄弟（母方）がいて，よく遊んでもらっていたので楽しかったです。からかわれることもあったが，それはそれで楽しかった。今でも従兄弟は私より何でも知っている。母方の曾祖母について歩くのも好きだった。かわいがられましたね。小学校では仲のよい子がいて，妹も含めてよく遊んでいましたね，3年生で転校するまでは。それからのこと，あまり思い出せないですよ」と表情を曇らせた。

父方の祖父が亡くなり，Ａさん家族が父親の実家に戻るための転校だったという。「うまくいかなかった。帰り道とかはやし立てられ，下級生が多かったけど，同級生からは軽くあしらわれて，『迷惑な奴』と思われていた。自分はちょっとからかわれると怒り出して，被害妄想的でしたから，『いじめ』ととって反発した。親に相談したら，『ちょっとしたことに構えている。向こうはいじめているつもりはない。受け流せ』と言われて，自分はできなかったけれども。やっぱり親の言うとおりだと思うが，他に対処方法がない。親の言うとおりにやるが2, 3分しかもたない。また向こうがやってくるわけで，それで，『自分は悪くない，いじめる奴が悪いんだ』と思うが，自分の対処の仕方がまずかった。自分は度を越すと（周りに）迷惑をかける」と話す。

　小学5年から母親と妹とＡさんで転居し，転校した。のちにＡさんは母親から，Ａさんが「地域になじめなかったから転校した」と言われたという。小学5年から母方の従兄弟がいるマンションに住むようになったというが，Ａさんは「転校しても『まわりはみな敵だ』というのは同じ。ただ，まわりが以前よりはかまってこなくなったが，それでも自分がみな悪意にとってしまって，冷静に対処しないで騒ぎを起こす。上級生にからかわれてずっと追いかけていって迷子になったこともあった。また護身用として裁縫用ハサミをもって登校していた。自分は『いじめられている』と感じていた」と話した。「6年のとき変化があった。ある程度，冷静に対処できるようになった。大学生の家庭教師がはじめてまともに自分を扱ってくれる人だった。その人になついて，憧れて，その先生の真似をした。先生には気軽にばかなことも言えた。学校では悪いことは少なくなった。『まわりは敵だとやると，もっと敵をつくることになる』と気がついた。まわりも冷静になったと思ったが，そうではなくて，まわりが『道化役』に自分を据えて，からかうんですよ，それはまずいとさすがに思ったのです。まわりとはよくなかったってことですね」とつぶやいた。

　治療者が家族のことを聞くと，「父は月に1回は戻ってきて，週1回は電話を母によこしていた。自分は，父よりは目の前にいる母に対して反発心をもっていた，母のせいにしたり…。中学生になって，母親が不安

定になった時期があった，あるいは自分が冷静だったので母がそうみえたのかもしれないが，何も母には言わなくなった」と多くは語らなかった。

「中学に入って，こちらも落ち着いて，まわりも変わってリセット。運動部にも入って，ある程度の友人もできて…」．治療者が「『まわりは敵だ』というのは？」と聞くと，Aさんは「反対に，『自分がまわりに迷惑をかけるのではないか』という恐れがあった。他の同級生と話ができなく，会話が続かない。『ちょっと話しただけでこちらの本性がわかって嫌われるのではないか』と思った。実際，自分は嫌な奴だったから。『表面を取り繕って，中身は変わってないから』と…．まわりの対応が変わったから自分が楽になったのですよ。家庭教師の先生は，中2までやってもらった」．治療者が「中学生の頃，家庭では？」と尋ねると，Aさんは「従兄弟とはうまくやっていた。母はちょっとしたことで怒っていた。こっちがそれをわかって，『はい，そうでしたか』として，母親には敬語を使うようになった。刺激して母親が怒り出さないようにするためで，妹も母親に敬語を使うようになった。母は私に似ている，非論理的で。母は，僕の成績と友人がいないこと，まわりの親戚は成績がよいこと，父親が無関心なこと，従兄弟の家庭が離婚問題で調停中であったことで，不安定だったと思う。中3になって，気軽に話せる人が1人できた。特徴のない人で席が一緒だった。自分がその人に恐怖心がなかったと思う。受験の実感はなかった。勉強はしなかったが成績はよかった。母には『勉強しろ』とよく言われた。高校には期待していなかった。『中学時代はたまたまだ，運だ。人間関係がうまくいくはずがない。高校は行ける成績で行く』と思っていた。まわりの期待に実感はなかった。公立と私立を受けて，自分の意見で私立（進学コース）に進学した。母が反対したが，父は何も言わなかったと思う。高校に入学した時点では成績がよかったが，どんどんと落ちていった。模試はよかったが，親にも『完全な怠け者』と思われて，家にいづらくなりました。妹は俺以上に母親とは仲が悪く，母親とは口もきかなかった。僕のほうが母親とはケンカしましたね。1年生の夏休みの夏季講習をサボったことを母親に見つかり叱られた。はじめてTVゲームにはまったが，それも母親に

見つかり没収。結局，私の趣味は本，それなら親も了解できる。高校の授業中も本を読んでいた。2年生になってさすがに安定した。学校に居場所ができて安定したのか，家でも安定していた。3年で進学のことが問題になったが，自分の希望が一応，認められた。中学時代の友人が家に来たりして，母親が驚いていた，『友人ができない』イメージがあったから。でも『悪い友人』という感じで母親には思われていたようだった。何とかやっていた，高校時代は。予備校に入って決定的なことがあった。寮に入った。人と全く交流しなくなった。ある程度，努力しないと友人はできないタイプ。全く友人ができない。それで，過去がよみがえってきた。予備校に行くのがつらくなった。今と似た状態，もともとひとりでいるのは嫌いではなく，『高校時代に友人とは馴れ合っていたのではないか，受験だからひとりでいい』と思った。最初はそれでうまくいっていた。夏季講習に入る前くらいから，つらくなってきたのか，『このままずっとひとりだろうな』と…，『みんなが自分に気がつかない』と…。授業から逃げ出して…，教室に行っても誰の顔も覚えられなくて，相手も自分を知らないのがつらくなったのか，劣等感，『自分はまともじゃない』，教室の中で『自分は異物』という感じがするというか，他の人にあまりよい感情はもてなかった。寮に帰ると隣の部屋がわずらわしかった。自分はひとりでいるのに，隣がみなで騒いでいるとイライラした。ねたんでいたのかな。このへんで，『気が狂った』という感じで，家に帰ってTVゲームをして，親に見つかり没収された。成績は下がるし，何をどうしてよいのかわからない状態。何をするにも『怖い』と思うようになった。予備校からの状態がずっと今も続いている」と，ほとんど無表情でAさんは話した。Aさんの右手はいつも後頭部を触っていた。

### 2）第2期：面接第5〜8回（X年3月）－EMDR施行期

#### a 面接第5回：小学校でのいじめられ体験が浮かぶ

EMDR[2]について説明。Aさんの「安全な場所（中学の終わり頃，友人と話している場面）」の確認を行う。

○嫌な場面：予備校時代，まわりから自分が逃げている場面，人に顔

を伏せて目線を合わせないようにしている自分の姿。
- ○否定的認知（Negative Cognition；NC）：自分はろくな者じゃない，自分は卑怯者だ。
- ○肯定的認知（Positive Cognition；PC）：自分のやり方でやればよかった，自分は他人を気にしない（認知の妥当性；VOC＝1）。
- ○感情：後ろめたい。
- ○主観的障害単位（SUDs）＝7
- ○身体部位：頭の後頭部，首の後ろあたり

（以下，〈 〉内の数字は眼球運動（Eye Movement；EM）1セット24回の回数とする）

EMを開始する〈3〉。Aさん：「…〈3〉。人と目を合わせられない，小学校の頃のように…，結局〈3〉。小学校の頃，僕が机に座ると，隣の席の女子が遠くに離れようとする。中学生に入った頃，もっていった弁当（サンドイッチ）を部活で落とされて，自分がヘラヘラと笑って怒ってもいない。やっぱり目を合わせられない。名前を覚えられない〈3〉。部活の顧問に，『ある程度，明るいふりをしても隠せないぞ』と言われた。怖くなった，当たっていたから。まわりがこっちをゴミ並みに思っているのがわかったから，何もしないわけにはいかないので。男子のほうが，ゴミじゃないが，いじめやすい相手とみていて，女子は完全に汚い者として『寄るな！』って感じで，入学した頃から感じていた。でも，小学校からの延長って感じがあったから。部活で友人だと思える子ができた。その子が転校することになって，グループで遊びに行くとき，その約束の時間に行ったら僕だけだった。自分だけが変更された時間を知らされなかった。『やっぱり，基本的に小学校と変わっていない』と思った」。

治療者：「これより，小学校のほうがもっとつらかったのね」

Aさん：「ええ…」と言って泣き出し，「中学校になって演技をするようになってから，後ろめたくなったんですね〈3〉。やっぱり，女子は嫌ってましたね。特に小学校が同じだった女子，いかにも楽しそうにしていると殴りたくなりましたね。それでも女子の態度も少し変わりましたね，『からかいがいのある奴』って，

以前の男子に似てきて，表面的には友好的だけれど，こちらをばかにしている。こちらも表面的に友好に，自分は『死んでしまえ』ですね。以前は ゴミ扱いですからね。だんだんに演技かどうかわからなくなってきた。明るく，ふざけて，適当に，まわりの連中の真似をしていた。本当は演技をやめて，話も顔も合わせたくなかった。他人は関係ない，自分が気にしなければいいのですから，人も名前も覚えられないですから」と言ってまた泣いた。

治療者：「今，あなたは涙を流していますね」

Aさん：「本当は仲間に入りたかったし…，本当は…，でもできなかったし…。クラスの中に階層があって，底辺にいると思うとつらいです。演技でいるしかなかったが，演技をやめられなかった。やめたら何も残らないから…。予備校に入って，演技をすることをやめた。人と付き合わない道を選択したんです」

EMを6セットするが，SUDs＝2，身体部位は「少し楽になった」，VOC＝5で，「演技でも自分はよかった」と安全な場所を確認して終了した。

**b　面接第6回：いじめられ体験①**

○嫌な場面：3〜4年生のこと，学校の帰り道で，低学年の子どもたち10人以上が自分をひやかしている場面，ほぼ毎日，そして，こちらがムキになって追いかけていく，追いかけても何もならない。かえって増長させるだけ。

○NC：自分はアホだ，愚かだ，知恵がない。自分は感情的な人間だ。

○PC：何もしないほうがいい，受け流す。自分は理性的な人間だ（VOC＝2か3）。

○感情：ばかにしやがって，腹が立つ。

○SUDs＝2

○身体部位：後頭部。

EMを開始する〈3〉。Aさん：「石を投げた，1回ばっかり，あまり

ひどいので石を投げた。それがきっかけになって投げ合いになった。どっちかが怪我をした。担任に呼ばれて説教された。向こうも一緒だ〈3〉。からかってきた奴を追いかけていって，その子の家の前で1時間待っていた。向こうが出てきたときには，こっちのことなんか忘れている感じで，これはこれで悲しい，空しい…。こういう対応をされるということは，向こうは何とも思っていないのだ。上級生だったかもしれない。散々こちらが興奮しているにもかかわらず，向こうは自分のことを忘れている。どうしたらよいのかわからない。やりきれない思いで家に帰る。親には言ったが，どうもなかった。報告もしなくなったのは5年か6年になってから。報告するだけ損だ〈6〉。相手は複数だった。近所なんですよ。自分はただわめくしかない，泣いて，わめいて，ヒステリーみたいになって。向こうは冷めているから，自分はあしらわれる。『こっちが悪い』って感じになってきて，どうしてよいかわからなくて。帰りはひとりでトボトボと…」

治療者：「親に相談して具体的にはどうなったのですか」
Aさん：「対処ですよね。自分じゃ何も思わなかったから，どうして対処してよいのかわからなかった。親から言われてやっても何の効果もなかった。『泣くな！』ばっかり。興奮しているときはたいていそうだった。泣いて，わめいて，ヒステリー気味だった」
治療者：「興奮して，というエピソードは学校の行き帰りですよね，クラスでは実際にはどうしていたのでしょうか」
Aさん：「クラスの中では孤立ですよ。はやし立てられることもなかった。こっちが縮み込んでいるのかな，ビクついている。『邪魔』とみられてねえ。…そうか，追いかけるほうが感情的に対等だったんだ…。クラスの中では多数対1になる。ひとりが問題を起こすとまわりに迷惑をかける。『いなければいい』と思われていた。実際に面と向って，『いなければいい』と言われた。班では足を引っ張ることがあったから。抜けたくても抜けられなかった。クラスで抑えた分，穏やかではある，つらいけ

ど。集団に溶け込めはしないけれど、まあ、楽ですよね、ヘタに相手にされると、自分は人と関わると何か起こすでしょう。ヒステリー的なもの、発狂的なものを…」

治療者:「ずいぶん、自分に悪いイメージですね、でも、何かバランスがとれているような？」

Aさん:「ああ、そうか、抑えるから出るのか…、そうか…、抑えるから出る…」

EMを3セットして、SUDs＝0、身体部位は「何か楽」、VOC＝7。「自分にはバランス感覚がある」と言いかえた。

### c 面接第7回：いじめられ体験②

Aさん:「前回、発狂が抑え込んだ反応だと思って、いくらか該当することがあった。5〜6年のこと、同じクラスしか付き合わないようになって、発狂する相手と抑える相手に分かれて、何か区別していた。5年生のとき出会った家庭教師は話を聞いてくれる。先生という、打ち解ける相手ができて、その先生に憧れて、その先生の真似をするようになったのかな。はじめは従兄弟の前で、わりと受けがよかった。具体的には、何も話をしないでいたが、何か話をする、成功するんですねえ。学校では、自分を発狂させる側、性格が悪くても友人がいる。それで、まわりをよくみるのではなく、自分が自分をよくみるようにした。とにかく、対処を考えた。自分の行動を考えた。感情は入れなくていい。感情を出したのは家庭教師の先生にです。柔らかく自分にいろいろと言ってくれました。私が感情的なものもみせても拒否感を示さなかったので安心できた」と表情よく話した。

　　○嫌な場面：5年生の合宿で、食事の時間に友人同士で座るが、僕には友人がいないし、男子の席がなくて女子のほうに座らされた。「悪いのはこっちなんだ」と感じるので、余裕がなくなる。鍋物を何人かで一緒に食べるのだが、向こうが箸をもって嫌そうにしているので、こっちも自分の具を他のと接触しないようにして、ほとんど生で食べた、野菜も肉も。抑えている典型です。嫌です。

　　○NC：早く食べ終わって行こう。自分は消えてしまいたい。自分が

悪い。
- ○PC：相手がどう思おうと自分は自分。自分はここにいていい。自分は大丈夫だ（VOC＝1）。
- ○感情：矛盾している。悔しい，悲しい。
- ○SUDs＝3
- ○身体部位：首。

EMを開始する〈6〉。Aさん：「自分でこういう状況にしたわけではない。実は僕ほどではなかったが，同じようにされている男子が1人，隣のクラスにも男子が1人いて，興味があった。この2人は僕にとって研究の対象になった。どうしても共通点があった。僕はその2人の間くらい。妙に生真面目で，全く冗談が通じない，やっぱり妙に興奮するところだ〈3〉。対処方法をやってみると反応があるので，相手に全く信用してなくても。成果が大きすぎた，変化が大きすぎた。同級生を全く信用していません。技術的なことで相手が変わることでも不信感が出る〈3〉。担任から不安定だと言われて，児童相談所に行った。クラス内だけで抑えるほうと，出すほうと極端だから，相談所へ。相談所の人のことを自分は全く気に入らなくて，反抗的で口をきかなかったので面接ができず，1回で終わった〈3〉。入塾テストで，『学力は問題がないが，性格が問題だ』と言われて断られた。何もしていないのに〈6〉。映像なくなった」

- ○SUDs＝1
- ○身体部位：楽になった（VOC＝6）。「自分は対処できた」と言いかえた。

**d　面接第8回：中学校時代に入る**

Aさん：「ここしばらく忙しかったです。両親が来たりして，不安がっているみたいですね。自分はわりと調子がいいんです。メガネを買いかえようと思って注文して，とりにいったのですが，道に迷ってしまって，5時間くらいウロウロして，人に道なんか聞いたりして，そんなこと，自分はしたことがなかったのに。おもしろかったですよ，久しぶりに」

治療者:「もう少しおもしろかった話を教えてください」

Aさん:「久しぶりで歩いたということでしょうか。歩くって,やはりいいですね。実は引越しをしたんです。それがよかったのかな,いろいろと歩かなければならないので。気分がいいんです」とすっきりとした表情。

- 嫌な場面:中学のとき,部活でまわりに部の連中もいる中で,顧問の先生が,説教ではなく怒っている調子でもなく,「演技している」と指摘した。
- NC:後ろめたい,演技をやめたら話ができない,自分はだめだ。
- PC:演技をやめても自分は大丈夫だ。ひとりでも自分は大丈夫だ(VOC=5〜6)。
- 感情:不安だ。見抜かれて不安。
- SUDs=2
- 身体部位:喉のあたり。

EMを開始する〈6〉。Aさん:「塾に通い始めて,はじめは下のクラスに入って,演技じゃなくて過ごせていた。交流はなかったが気軽にやっていた。それが上のクラスに編入された際にやっぱり居心地が悪かった。でも,嫌だったけれども演技はしていなかった。塾ではそれほど同世代を嫌ではなかった。視界に入っているが『敵』ではなかった〈3〉。『演技する』ことは,同世代からの『防衛』であり,その結果,自分は友人を得た。うまくいっていた」

治療者:「演技をする場としない場とあったんですね」

Aさん:「そうなんですね,よく考えてみると,そうなんですね」

- SUDs=0
- 身体部位:楽になった(VOC:7)。「演技は自分にとって必要だった,自分は大丈夫だ。」

## 3) 第3期:面接第9〜14回(X年4月〜X年6月)−まとめの時期

### a 第9回:自分が受け入れられた体験

Aさん:「演技しない場所,塾以外にもありました。従兄弟と家庭教師の前では演技はいらなかった。家族には距離をおくようにな

った，母親に期待しなくなったということかも。従兄弟が僕をかわいがってくれた。従兄弟は両親が離婚調停中で，成績も下がって，『だめ人間』みたいに言われていたが，自分は従兄弟を慕っているので。従兄弟は釣り，熱帯魚，車とか趣味が豊富な人で，外にも連れ出してくれた。同世代に関する知識は従兄弟から仕入れた。ゲーム，マンガとか，おもしろいから聞いている，そして，僕の話も聞いてくれて，会話が展開するんです。いちばん覚えているのが熱帯魚，水槽の掃除を手伝ったりした。煙草はすすめられたが断った」

治療者:「あなたが"NO"と言えるんですね，従兄弟には」

Aさん:「そうです，そう言っても問題ない。家庭教師の先生もそうですね，『負』を自分が出しても安心感があった。学校でさらけ出せない分，こっちではさらけ出していたんですね。『自分の存在』を否定されることがなかった。『こうすればいい』とは言わないで，感想しか言わなかった。(笑いながら) ほめられることはなかった，絶対に。家庭教師の先生が大学のことを話してくれたし，自分のことも話してくれた。会話があったんですね。学校の写真で自分が穴を空けてしまったのも，先生にはみせられた。『同級生は嫌いだ』と言った。『みせても大丈夫だ』と思って…，自分だけで処理するのがつらかったのもあったと思う」と実に明るい表情で話した。

b 第10回:現実的な目標設定

Solution-Focused Approach[1]で，Aさんと「気分よく生活すること」を目標にすることになった。Aさんが考えた方法は，①朝早く起きて，窓を開ける，②食事を自分でつくる，③歩く，④睡眠時間をたっぷりとる，などであった。

c 第11回:小さな成功体験①

Aさん:「気分いいです。それで，大学に行ってしまっているんです。ついでに授業も受けているんです。暇つぶしには授業は最適で

すね，講義はおもしろいです」と突然言い出して，治療者をびっくりさせた。

治療者：「どうやって大学で過ごしているのですか」

Aさん：「まだ人込みは嫌なので，お昼にはお弁当をつくってもっていっているし，今はあまり人気のない講義を中心に選んでいる。大学まで30〜40分歩いていくのも気分転換になっている。川沿いを歩いて，小鳥の声を聞きながらは本当にいいですよ。『授業は，家にくすぶっているよりはまだまし』と思う，新鮮ですよ。新しい情報も入ってくるので。まだまだ人は気になるし，嫌ですよ」と笑いながら話した。

d 第12回：具体的な目標設定

Aさん：「最近は大学には行ってませんね。何か生活リズムが崩れたのか，やはり，気分がよい日がいいですね，そうするといい感じで動ける。無理をする気はない」と話した。再度，「気分よく生活する」ことを考え，Aさんは①川沿いの散歩，②陶器をみて歩く，③朝起きが大事，と再確認した。

e 第13回：小さな成功体験②

Aさん：「家事は気分転換にいい，自分はスーパーをみて歩くのも好きだし，料理も実験みたいにしてつくっている。牛の骨を買ってきて，スープをつくってみましたよ，今度は野菜を入れるといいかも。朝，気分よく起きるために，前はクラシックだったが，かえって気分が暗くなるので，今は演歌にしている。大学に行っても座る場所を工夫している」と話した。

f 第14回：治療終了

Aさん：「満員の講義に出ても，まわりが気になることはなくなった。予備校のときは左右に人がいると座れなかったのに，今は何ともない。やはり，朝早く行くのがよいみたいです。驚いたことに早く来ているのは自分だけではなかったのです。相変わらず

人の顔を覚えられないし，話はしていないが，自分は時間がかかるんでしょうね。何とかやれる感じがしています。大学は自分で考えて選んだ道で興味はあるんで大丈夫です」とさわやかな表情で話し，定期的な面接の終了を自ら決めた。

# 4 考 察

　このケースの面接を開始したときに，筆者はEMDRを治療に導入することは考えてはいなかった。クライエントは母親に促されてしかたがなく受診していて，治療には極めて協力的ではあるが，消極的な様子であった。そのために，まずクライエントに幼い頃から順に語ってもらった。クライエントは自分のこれまでの歴史を語るのだが，全く表情がなく，淡々と他人事のように話していた。

　その中で筆者が注目したことは，「小学校3年生以降のことはあまり覚えていない」というクライエントの「解離」を思わせる発言だった。さらに「いじめ」という表現を使いながら，極めて自嘲的で，「自分の思い込み」「被害妄想的」「自分がまわりに迷惑をかける」が次第に変化して，「自分はまともじゃない」「自分は異物」「何をするにも怖い」と，内容にクライエントの「心的外傷」の存在を感じた。

　EMDRを開始すると，クライエントが人前ではじめて涙を流しながら「いじめ」体験を語り，「演技をしないと人の中にはいられなかった。予備校に入って演技をすることをやめた。それは人と付き合わない選択をすることで，大学に入っても続けた」と話し，引きこもらなければならなかった選択を生々しく語ったのである。特に「いじめ」が始まった3～4年生の頃の記憶は，崎尾[4]が指摘するように，トラウマの断片は必ず否定的自己認知をともなうため，クライエントは「自分が泣いて，わめいて，ヒステリー気味，発狂的」と否定的自己認知に彩られていた。筆者が思わず「何かバランスがとれているような…」とつぶやいたことから，クライエントが「（いじめで）クラスで抑えられていたから，（学校の行き帰りに）出ていたのか」と認知が変わり，ようやくトラウマの再処理が完了したのだった。その面接後，クライエントの表情が変化をみせ始め，生活も変化し始めた。

筆者は「社会的引きこもり」の青年たちの中には，小学校や中学校などの同世代の集団の中で，このクライエントのように「いじめ」を経験した者が少なくないとの印象をもっている。いいかえると「いじめ体験」に匹敵するような「心的外傷」の存在を確認することが少なくない。「社会的引きこもり」の一部の青年たちは，心的外傷後ストレス障害（PTSD）をもち，集団の中に参加することが困難になると考えられる可能性もあると思う。

　このクライエントの場合，EMDRは市井ら[2]が指摘するように，治療中に記憶の再処理がされ，肯定的な認知が小学校3年以来，回復したといえるだろう。EMDR治療で再処理されたあとにみせたクライエントの表情は穏やかで，きりっとした青年らしさを感じさせた。EMDRはクライエントの劇的な変化をも治療者に提供してくれるのである。

　また，第1期で，クライエントはいつも右手を後頭部にあてていたが，第2期のEMDRでクライエントは身体部位を問われると，「首の後ろ」と答えていた。第1期で，「自分について＝過去の出来事」を語ってもらったが，その際，感情は出てこなかったが，過去の身体感覚は想起（フラッシュバック）していたのである。EMDR終了後，「首が楽になった」と発言，身体記憶もEMDRによって再処理された瞬間であった。

　第3期のまとめの時期では，Solution-Focused Approach[1]を利用している。田中[6]も指摘しているが，EMDR後の面接でのまとめには有用である。クライエントが最初に示した治療目標である「何をしたいのか知りたい」は，「自分が選んだ大学で，興味があるので大丈夫」と自分の選択を再評価する形で達成された。

　最後に，目を動かし続けてくれたAさんに感謝します。

● 参考文献 ●

1) Berg,I.K., Miller,S.D.（斎藤学監訳）：飲酒問題とその解決－ソリューション・フォーカスト・アプローチ．金剛出版，東京，1996.
2) 市井雅哉，熊野宏昭：EMDR（眼球運動による脱感作と再処理法）．こころの臨床a･la･carte, 18（1）；3-6, 1999.
3) 熊野宏昭：EMDRの誕生と発展．こころの臨床a･la･carte, 18（1）；7-13, 1999.
4) 崎尾英子：ポストモダン時代の精神療法－EMDR施行中の脳波と身体感覚が示唆するもの－．こころの臨床a･la･carte, 18（1）；15-24, 1999.
5) Shapiro,F.：Efficacy of the eye movement desensitization procedure in the treatment of traumatic memories. Journal of Traumatic Stress Studies, 2；199-223, 1989.
6) 田中ひな子：児童虐待を受けた摂食障害女性のEMDR．こころの臨床a･la･carte, 18（1）；77-82, 1999.

# 4 対人恐怖症へのEMDR治療の試み

## *1* はじめに

　筆者は思春期・青年期の代表的な神経症である対人恐怖症を，数多く経験してきた。対人恐怖症には多くの治療的アプローチが試みられてきた歴史があり，筆者も薬物療法や精神療法を試みてきた。今回，EMDR（Eye Movement Desensitization and Reprocessing）<sup>4)</sup>を治療に導入することで，対人恐怖症の症状形成がより明らかとなり，これまでの治療法と遜色ない経過をたどった症例を経験したので，できる限り治療経過を忠実に報告したい。

## *2* 事　例1

【クライエント】Bさん，27歳，男性。
【主訴】人目が気になる。人込みの中にいると落ち着かない。
【生活史および現病歴】中学生の頃から，人前で顔が赤くなって，目がパチパチして，顔が引きつるようで，まわりから「変な奴」と思われている気がした。自分は小さな町に生まれ，親は地元の名士。自分が少しでも発言すると「生意気だ」という反応を先生方にもされるので，なるべく「目立たないように」してきた。気が強くないので，まわりを気にするほうだと思う。高校に入って，3年間同じ担任だったがうまくいかず，「お前は家が裕福なのだから，…しなければならない」とか，何か言うと「生意気だ」などと言われた。人目がとても気になり授業中に顔を上げられず，顔が引きつって能面のようになった感じがした。何とか卒業して予備校に行って，顔を上げずに授業を受けても何も言われない

すずきひろこ心理療法研究室／精神科医
鈴木　廣子

ので，少しよくなった。大学に入って，「大分よくなった」感じがしていた。だんだん学年が上がるにつれて，実習で人と1対1で接しなければならないことも多くなり，留年を続けてきた。それも限界と感じられて，「ここ1年で何とかしたい」と考えて受診したという。
【治療目標】言いたいことが言えて，自信をもってコミュニケーションがとれるようになりたい。

# 3 治療経過

1）第1期：面接第1～7回(X年6月～X年8月)－EMDR施行(面接60分/週)

  a  面接第1回：顔の違和感のはじまり

EMDR[3]の説明後，「安全な場所＝自分の部屋にいてほっとしている時間」を確認。

- 嫌な場面：中学1年のとき，好きな女の子と廊下ですれ違う瞬間，緊張して顔が赤くなって，身体が自然に女の子を避けてしまった。
- 否定的認知（Negative Cognition；NC）：自分に自信がない自分が嫌だ。
- 肯定的認知（Positive Cognition；PC）：小さい頃から皆と同じに親がやらせてくれていたら自信がもてたのにと思うので，自分に自信があれば。（認知の妥当性VOC：1）
- 感情：緊張する。
- 主観的障害単位SUDs：2
- 身体部位：胸がドキドキ，ギュッとしめつけられる感じ，ほっぺが熱い。

（以下，〈　〉内の数字は眼球運動（Eye Movement；EM）1セット24回の回数とする）

　　EMを開始する〈6〉。Bさん：「映像が変わって，授業中の場面になって，社会科の先生が何かのスポーツの話をしていて，自分の顔が赤くなった〈3〉。場面が変わって，人とすれ違うときに自分の顔が赤くなって，逃げ出したくなっている〈3〉。自分はやれば何でもできるのに，やるチャンスがなかった。親は何もわかってくれない。勉強なんて，人間の価値に何の意味もない，勉強なんて意味がないんだ〈3〉。自分が理想とした，思い描いた中学生像と自分とのギャップが…，本当はいろいろと経験したかった。経験していれば…。恥ずかしい自分。親は『時間をかけると治る』と言うけれども，治らないと思う。チックで怒りが出ていたのか，親がいちばん自分からチャンスを奪っていた〈3〉。まわりの大人が『こうしなければならない』とか言って，自分はもっと強くなりたかった。反発もした。ケンカもした。まわりからよくされたのは親のせいかもしれない。自分は粗暴なのかも…（最初の場面に戻ってもらって）〈3〉。彼女と目が合った瞬間，心臓がギュッとして，顔がぽっとなって…，これは嫌な熱さではないのかな。彼女の目は，『どうしてこの人は私を見ているのかな』って感じで，キョトンとしていた。その後，席替えでその子が僕の後ろの席になって話もできるようになった。『友人』としてみてくれた」

　　○SUDs：0
　　○身体感覚：胸がキュンとした感じは嫌な感じではなくて，うれしいような。ほっぺの熱さは感じなくなった。
　　○VOC：7「自分はその子が好きだった」と言いかえた。

　b　**面接第2回：母親との関係**
　　○嫌な場面：小学校4年の頃，母親に「問題を解いてみて」と言われて，できないと怒られ，「自分がこんなに働いているのに，こんな問題もできなくて，馬鹿な子」と泣かれて困っている。
　　○NC：自分はだめな奴。自分がどうというより泣いている母親が心配。

- ○PC：自分は自分の考えを伝えたい，「野球がしたい」と（VOC：3）。
- ○感情：悲しい，自分がすごく悪いことをしていたようで。
- ○SUDs：3
- ○身体部位：頭，額が締めつけられる感じ，胸に圧迫感，ホラー映画を見たような感じ。

EMを開始する〈6〉。Bさん：「頭の中，真っ白。母親が泣いているのをずっと見ている。問題が解けないと母親が泣くので，答えを見てごまかすこともあった。母親は泣き始めると嫁姑のことやら愚痴を言い始め，自分はただ聞いている〈3〉。母が泣き始めて，話をずっと聞いた〈3〉。母親が自分を怒るのは問題ができないとき，母親が泣くときは嫁姑の問題のとき。母自身は後妻の子どもで，先妻の子どもたちがいて，家族関係が複雑な中で育ったと言い，『自分は苦労した。勉強して皆を見返すために頑張った。お前にはそういう意地がない』と言う。母が実母から言われたように，僕がいい学校に入ることで姑を見返してやりたかったと思う」

- ○SUDs：1
- ○VOC：6「僕は勉強ができないほうがいいと本気で伝えたい」と言いかえた。
- ○身体部位：何も感じない。

c **面接第3回：はじめての挫折体験**

- ○嫌な場面：小学校のとき，自分が野球でエラーをした。小さな学校で，男子は全員が野球をする地域だったが，自分は学校でしか練習をさせてもらえなかった。それでも練習で頑張って，練習試合のときに自信をもって守備をしていたら，イレギュラーボールが来てエラーしてしまった。それでベンチに下げられ，同級生からは冷たい視線を浴び，先生からはひどく叱られた。
- ○NC：自分はこれで「だめな奴だ」と思われるだろう。自分はついていない。自分には悪いことしか起きない。
- ○PC：自分はやった。自信がもてた。自分にもよいことは起こる（VOC：1）。

○感情：がっかりした。悔しい。冷たい視線がつらい。恥ずかしい。
　　○SUDs：5
　　○身体部位：胸が苦しい，ぽっぺが赤い，カッとなった。
　EMを開始する〈6〉。Bさん：「あっと思ったが，足が…。仲間のひとりがやじった，『びびるな！』と，僕が打球を怖がっていると思われた。自分の心の中では，『こんなはずじゃない，何をやってきたのか』と思った。ベンチに帰ってまわりの子たちから，『こいつはできない奴』と思われるのが嫌だった〈3〉。練習のときに同じようなボールはキャッチしたのに，どうして本番で人目があるときに失敗するんだ，こんな大事なときに。また，何で恥をかく野球を自分がやらなければならないのかと…。好きでやっているわけではない，無理にやらされている，恥をかいて，『また，今日もか』。悔しい，恥ずかしくて…。前から，チームのエースが投げて僕がヒットを打つと，エースが先生に怒られる，僕は先生にも認められていない。親父は野球が得意で，最初，先生は僕に期待して，『お父さんは野球がうまかった』と。ルールも知らないで入ったのに。練習はすごく厳しくて，試合の前には遅くまで練習して，野球が学校のほとんどを占める。野球の失敗は学校で失敗すること。野球部に入る前まで，『劣っている』とは思わなかった。むしろ，『優れている』と思っていた。野球をやって自信がなくなった。勉強ができても野球ができないと意味がない〈3〉。家で母に怒られることと同じで，しかたがなくやっていて，逃れられない，『早く終わらないかな』という思いは野球と似ている。胸に溜め込むというか，胸にグッと力が入る。中学校になってから，胸に溜め込んで，それが顔にくるような。恥をかいたときに胸にグッときたのを我慢できたのに，頬のところが熱くなる感じ。小学校では恥をかいたけれど，前は胸でグッと溜めていた感じ，それが顔に上がった感じ…〈3〉。子どもの頃は転んでよく泣いて帰って親に怒られたが，全然何ともなかった。皆には『どんなに怪我しても怒られても泣かない』と誉められた。泣いて親に会うと怒られるので，胸に力を入れる訓練になっていたのかもしれない。対処方法として，『胸に溜めているといい』と，そうすると胸に力が入っていいのかもしれない〈3〉。最後の映像で，ボールをうまくとれた」

- ○SUDs：0
- ○VOC：7「自分はボールがとれた。自信をもっていい」と言いかえた。
- ○身体感覚；何も感じなくなった。

### d 面接第4回：感情と顔の感覚の関係

Bさんは「小学生の頃に，胸に力を入れて，何か言われたときに，みぞおちあたりに溜め込むスペースがあって，そこに溜まっていくような，それが中学生になってできなくなって，容量オーバーになってしまったのか。今もストレスがくると，胸のあたりがジーンとくるが，そこから入っていかない。以前は染み込む感じだった。小学校の頃は，『いずれ，時が来れば変わるだろう』と希望をもっていたかもしれなくて反抗した。それから母親の愚痴が軽くなった。胸にジーンと染みなくなった」とEMDR前に語った。

- ○嫌な場面：中学生になって，母親の期待どおりの点数をとれなくて，夕食時に怒られた。中学生の頃には，先が見えたような，自分に対しての不安が生じた。嫌なことを聞き流さなくなった。顔が赤くなり始めた頃，母親に「これ以上，干渉しないでくれ！」と言って，母親がいろいろと言い出した。自分も「あんたのために勉強をやっているわけじゃない。勉強ができても野球ができないと言われてきた。自分のペースでやらせてほしい」とまくし立てて母親を突き飛ばした。あとで「母に悪いことをした」と思った。母親はびっくりした顔をして，「もうこれで」と言った。
- ○NC：これでいいのか，自分がしたことを後悔した，もう手遅れだ，自分はだめだ。
- ○PC：自分がやったことはあれでよかった，反抗はベストだった（VOC：1〜2）。
- ○感情：怒りとやるせなさ。
- ○SUDs：3
- ○身体部位：額とぽっぺが熱い。

EMを開始する〈6〉。Bさん：「母親が『こんな成績でいいと思って

いるの！』と吐き捨てるように自分の背中に向かって言い放った。『母親に愛想をつかされた，見捨てられた』と感じた。いざ突き放されてみると，『自分はあきらめられている』と不安に。複雑。解放感の反面，不安で，『見捨てられる』ような…〈3〉。不安のほうが怒りよりも大きくなった。ほっぺに額に感じるが，今は胸にくる，何で…，自分に…，爽快感もあるが…，うれしいのと不安とが入り混じって…，胸がワサワサと…〈3〉。額と目が熱い，胸が不安と不快感がワサワサとあったのが，上にあがってきて。ワーッといったのが…，不安と爽快感が胸にあって，怒りが額と目のところにある〈3〉。胸で考えているのか…，首のあたりに遮断，境界線があって，額と目のあたりで解決しようとしている。胸の不安がなくなって…，額と目のあたりがグルグルと回って…，胸に行かない。今と同じでほっぺと額とグルグルと回る。怒りだが，不安は見捨てられ不安ではなくて，ここで怒りの感情をもつと頭の中のグルグルが始まるという不安。TVを見ても，自分の意見と違っていると顔が引きつり，涙が出たりして，顔が赤くなる〈3〉。最初の映像は薄れた。母親からの解放感よりも悲しみが残っている」

- SUDs：2
- VOC：「はっきりしない感じ」と表現。

安全な場所を確認するために，EMをもう3回して面接を終了。

e 面接第5回：母親との関係

- 嫌な場面：母親が自分に背を向けて話している。
- NC：母親に怒られているほうがよかったのでは。今までは文句を言われるのが嫌だったが，相手にされていた。自分は不安だ。自分は恥ずかしい奴だ。
- PC：母親に言ったことは正しい。自分は正しいことを言えた（VOC：5）
- 感情：悲しい，客観的にみると，文句を言われて逆上するのは恥ずかしい。
- SUDs：3
- 身体部位：胸のあたり。

EMを開始する〈6〉。Bさん：「母親に『勝手にしろ』と言われて，ムカッとか，恥ずかしい気持ちが胸のあたりに入ってきたが，何か，母親から文句を言われると胸にグッと溜まってくるが，父親から文句を言われても溜まらない。母親から言われると全部，胸の中に入っていく。自分がワァーと言ったときに，母親がいつものように逆上してくれたら，安心したと思う。中学生になって顔が赤くなって嫌になっていたときなのに，母親に言ってから，胸に溜まらない〈3〉。すごく小さい頃，僕は砂を食べている。それを母親が見つけて，『ワーッ』と叫んで駆け寄ってきて，僕を抱いて泣いている。僕は母親に『何かされる』と思ったが，母親は僕を抱いて泣いている〈3〉。おじいさんの家。母親と二人で食事，嫌いな物を残して，『お腹がいっぱい』と大げさに言って席を離れようとしたら，母親に怒られた。母親が何を言っているのかわからない。『何で母親がこんなに怒っているんだろう』と思っている〈3〉。おじいさんの家。隣の1つ年上の子がいて，よく遊んだ。母親がその子を嫌いで，父親に『その子の家に遊びにいくと変なことを覚える，遊ばせないで』と訴えている。自分は悲しくて，ショックで，身体が震える感じがした。『何でこの人はこんなことで怒るんだろう』と『ショック』と…。自分の姿が見える〈3〉。小学校，仲のよい友人と家で遊んでいる。今の家で友人が空缶を蹴って，それで僕が手を切った。軽い気持ちで母親に『指を切った』と言ったら，母親が友人を怒り始めた。『指ですんだからいいものの，口でも切ったらどうする気だ』と言っている。『友人に悪いことしたな，恥ずかしい』と自分は思っている〈3〉。今は何もない」

○SUDs：0か1
○VOC：7
○身体部位：全然ない。

## f 面接第6回：挫折体験の再現（1）

○嫌な場面：高校に希望をもって入学した。「野球はできない」けれども，普通にやれば跳ね返せるだろうと思っていた。担任に，「勉強はできるだろうが，他には何もできないだろう，部活はやったことあるのか」と聞かれてショックで，「卓球と陸上をやっていた」と

答えたら,「野球はやらないのか」と言われた。その先生が3年間担任で, 最初, 成績はよかったが, だんだんに下降。担任に,「おい, 馬鹿坊ちゃん, この成績では親の入った大学には入れない, お前から勉強をとると何も残らないぞ」と言われた。陸上部は3年生まで意地でやっていた。担任がニヤニヤしながら,「お前はどうせ何もできないだろう」と言っている場面。
- ○<u>NC</u>：自分はできない奴, 野球ができないだめな奴。
- ○<u>PC</u>：聞き流しておけばよかった。自分はやれる（VOC：1）。
- ○<u>感情</u>：悔しい, 泣きたい。
- ○<u>SUDs</u>：9〜10
- ○<u>身体部位</u>：胸や目が熱くなる, 口も引きつる。

EMを開始する〈6〉。Bさん：「本当に悔しい, いろいろと場面が変わる。教室だったり, 呼び出されて職員室で言われたり, 2〜3場面が浮かぶ〈3〉。やっぱり, 悔しい, 悲しい。何で担任がこういうことを言うのか, 自分が野球ができないことをわかるのか, 結局, 自分は村にいても, 町に出てきても, ばれて…, 自由がない。自分がちゃんと野球をやってそれでできないのなら, 納得。『もう1回, 昔に戻りたい』と…, 『戻れないのか』…, 『これではだめだ』と…〈3〉。後悔, 自分の行動に自信をもって行動したかったが, 野球のことがつっかえ棒になって, 跳ね返すことができなくて…, はしゃいだりしても。野球ができていれば活動ができたと…, 惨めだ。野球なんだ」
- ○SUDs：5

以後, EMを6セットするが変化しなかった。安全な場所で6セット行い, 終了とした。

### g　面接第7回：挫折体験の再現（2）

- ○<u>嫌な場面</u>：担任から言われたこと。自分の知っている先輩がラグビーをやっていたが, 有名大学に合格した。自分は成績が下がって,「そいつはスポーツをやっても大学に入った。お前は何だ。陸上はスポーツじゃない, 野球とかラグビーはスポーツ, お前はスポーツもやってないで, 勉強もやっていないとは何だ。お前は女々しい」

と言われた。
- NC：今までの繰り返し，どこに行っても変わらない。自分はだめな奴。
- PC：自分は人並みに自信がある（VOC：6〜7.）。
- 感情：悲しみと怒り。
- SUDs：9〜10
- 身体部位：額とか目，顔が引きつる，泣きたくなるような感じ。胸のあたりがジーン。

EMを開始する〈6〉。Bさん：「ホームルームで，担任が，『何もやってなくて勉強もしないのは最低』と言っている。『自分のことを言われている』と思ったら顔が赤くなった。職員室に呼ばれて，『お前は修行したほうがいい』と言われて，悲しくなった。怒りも出た，顔にしか出ない。校内のマラソン大会後にホームルームで，『速かったのは意外だ』と言われて，馬鹿にされていると感じ，顔が赤くなった。また，模試の成績を返すときに，担任が『何もやっていないのに勉強もやらない奴がいる』と言ったので，『自分のことを言われた』と思うと，顔が赤くなり，目がパチパチ。悲しいとか怒り，どうして人は自分をかまうのか，まわりの大人も他の人と違う感じでかまってくる，高校に入っても，勝手に進路を決められて，自分の全然知らないところで動かされて。放っておいてもらいたかった。進路でも，人生設計にしても決められている。閉塞感，それが顔のほてりにきている感じがする。先生と二人で話していて，『お前は中学校の勉強の貯金で食べているようなもの，このままではどうにもならないから勉強しろ，馬鹿坊ちゃん』と，また，『お父さんは立派な人なのにどうしてお前は馬鹿坊ちゃんなんだ』と言われた。仲のよい友人が皆の前で担任に馬鹿にされて，赤くなっていた。『自分だけが赤くなる』と思っていたのが友人もそうだったので，ああ言われると誰でもそうなるのかと安心した〈3〉。クラスの女の子から馬鹿にされた場面，ソフトボールをやっていて，女の子に，『あんた，鈍いんだね』と言われた。顔が赤くなった〈3〉。体育の時間に，走るタイムを測っていた別の女の子に，『足が速いんだね』と誉められた。『もし，野球ができたら，自信がもてただろうな』と思った。高1のとき，担任から

級長をやらされた。まわりの皆は『成績じゃないよ』と言ってくれたが，だんだんにやる気がなくなって，皆の期待を裏切った。野球も同じ，最終的には期待されたのに裏切った。期待を裏切ってしまう自分，情けない，時計を戻せたら，やり直ししたかった。大学受験はしなかった。『記念受験しろ』とか言われたが，自分のデータを使われたくなかった，絶対に。1年予備校に行って，今の大学に入学した」
　　○SUDs：2
　　○VOC：7「自分はだた一人大学を受験しなかった。自分は意志を貫いた」と言いかえた。
　　○身体部位：ない。

## 2）第2期：面接第8～12回（X年8月～X年10月）－まとめの時期
### a　面接第8回：顔に集中する感覚の変遷①

Bさんは「小学校までは，悲しい，悔しい，恥ずかしい思いが胸にジーンと染み込んでいく感覚。それが中学校に入ってからは，首にスジができて，胸の中に入っていかなくなった。悲しいときには，顔→胸にジンとくるが溜まらない。顔の中でグルグル回る感じ。高校に入ってからは，担任に言われると顔に力が入って（目がパチパチして，顔が引きつる）→胸にジーンと入って→顔に戻る感じ。大学に入って，顔が赤くはならないが，顔が引きつり，目がパチパチ，顔でグルグルと回っている感じ。悲しかったりすると，胸がジーンと入るが，顔に戻る感じ，泣き出しそうなときに顔にグッとくる」と説明して，「マスクをしたときは平気だった。全然，顔が引きつらなかった。そういえばマスクをしているということは目が出ているわけだが，目もパチパチしなかった。口元が引きつるのが最も怖い，にやけているように見えるから」と話して，自然に中学生時代の話題になった。「『絶対にニヤけている奴はだめだ』と思い，意識すればするほど口元が緩んでしまって…。仲間うちでも得意な顔をしたくなかった。野球で恥をかくのがあったので。得意気にならないように，誉められてもニコニコしてはだめだ。躍起になっているうちに赤くなったり，目もパチパチした。自分が大喜びしているときに，父親に『調子に乗るな』と怒られた。父親に『こうして成功したよ』と

言うと,『だけど,…で失敗しだろう』と言われた。父親の前ではとにかく,自己批判をするようにしないと何か言われるので。最後には自分の悪いことを話すようになった。道徳心や倫理観,正義感の強い父親は,自分の子がいい気になって大きく見せるのが許せなかったと思う」

治療者:「あなたの顔,表情について,お父さんに具体的に言われたことはあったのですか」
Bさん:「父親に顔については一度も言われたことはなかった。『言われるかもしれない』と,『そこでニッとするな,調子に乗った顔するな』と言われるかもしれない,『ニッとすると言われるかもしれない』と思った。父親に言われるのが怖いので…。頬のあたりの力を抜くと口元が緩んだように感じられて,頬のあたりに力を入れるともっとニヤけるような気がする」
治療者:「今,君が『調子に乗っている』とどうなりそうなのですか」
Bさん:「『調子に乗っている』と心配になるのは,横断歩道で反対側の人たちに対してニヤけてしまうこと」
治療者:「『調子に乗らない』をもう少し肯定的に表現するとどうなりますか」
Bさん:「『自分に自信をもつ』ことでしょうか。例えば,野球とか,まわりの子よりできるようになれば」
治療者:「自信をもつために,今,何ができるようになればいいのかな」
Bさん:「一般常識がない,人と交際する機会が少ない。知識が障害になっている気がする。他の若い人がもっている一般常識が全くないので」

b　面接第9回:顔に集中する感覚の変遷②

Bさん:「顔の引きつりを指摘されたこと,中学生のときに母親に,『あなたは,半分泣き顔のようになっている,おかしいからやめなさい』と言われて,自分でも『今,変な顔しているな』と思ったときだった。母親は『情けない顔はやめなさい』と言ったので,『やっぱり,そうなんだ』と思った。父親からは"調子に乗るな=ニヤけない",母親からは"半泣きの情けない顔をするな=表情がない"ということになった」

治療者:「あなたはそれを守ってきたことになるのですね。前回,一般常識がないと言っていましたが,もう少し,具体的に教えてください」
Bさん:「服装の基本がわかっていない,個性がわからないので,『服装がおかしくないか』と友人に聞いたりする。『場違いな服装ではないか

　　　　　と思ったり,『人に不快感をあたえるのではないか』と思ったりする」
　治療者:「服装は首から下？」
　Bさん:「はい,でも,髪の毛も…。美容室に行ったことがない,知り合い
　　　　　の人に切ってもらっている」
　治療者:「今の自分でできそうなこと,これは少しでも自信をつけることに
　　　　　なるのですが,野球を今からやるのは無理ですからね」
　Bさん:(笑いながら)「やってみたいことはある。人目がなければ,海,床
　　　　　屋,洋服も友人に頼んで買ってきてもらったり,母親が送ってくれ
　　　　　たりする。誰にも頼らずにやれるようになりたい。最初は床屋に行
　　　　　ってみたい。次は服も見てみたい」

　そう話すので,床屋と服を見るための具体的な方法を検討した。

### c　面接第10回：現実的な小さな目標の設定

　Bさん:「髪の毛を切ってきた。週末だったが,洋服も店に行って買ってみ
　　　　　た。久しぶりで少し緊張したが,買えました」
　治療者:「普通のことができましたね」
　Bさん:「床屋さんが切ってくれたので,トラ刈りにもならなくて,やっぱ
　　　　　り違う。洋服も週末に行ったのにちゃんと買い物もできたし…,実
　　　　　際,やってみるとそうでもなかった,少し自信が…」
　治療者:「人通りの多いときの買い物をどうやったのでしょうか」
　Bさん:「まわりのお客さんが自分のことを奇妙に思っているのではないか
　　　　　と少しは思ったけれど,買い物をするという目的があったので。帰
　　　　　り道は満足感が出ましたね」
　治療者:「床屋は長い時間,1対1ですよね,どうやって過ごしたのですか」
　Bさん:「あまり混んでいない床屋さんを選んでいったけれども,ギクシャ
　　　　　クはしたけれども,話をしたり,何だか終わった。帰り道は買い物
　　　　　と同じで満足感がありましたね」
　治療者:「実際にやってみて,想像していたのと違ったことは？」
　Bさん:「『本当に変な目で見られるのではないか』と思ったが,実際には指
　　　　　さされることもないし,自分が想像したほどではないとわかりまし
　　　　　た」
　治療者:「次にやってみたいことは？」
　Bさん:「駅の改札とか,人が多いですよね。列車に乗って小旅行がいいの
　　　　　かな。貸し自転車で回って,でも,人とはすれ違いますよね。どう
　　　　　したらいいんでしょうね,目のやり場に困る」

具体的に「目（視線）の置きどころ」の対策を考えた。

d　面接第11回：小さな成功体験

　　Bさんは「週末，駅から電車に乗って，アメフトの試合を見て，電車で帰ってきた。人は気になったが最後まで試合が見られた。人が気になる感じがしたときには，風景を見たり，他のことに関心を向けたりでうまくいった。できるだけ人の顔よりも道路の石コロ，山のほう，他のことに集中する努力をした。100パーセント試合に集中できた感じがあって，周囲が全く気にならない時間があった。いろいろと工夫ができそうな感じがしている。緊張しやすいのは自分の性格なのかも，ずっとこのまま生きていくかもしれない。これと付き合っていくんだなと，『あきらめ』が出てきた」と話した。

e　面接第12回：「自己」を受け入れ，治療終了

　　Bさんは「あまり，まわりを極端に気にしないように工夫をしてみた。いい意味で『あきらめ』というか，この緊張しやすい性格と付き合っていこうかと，嫌は嫌だけど，この性格と長く付き合っていくのだから，対処が少しずつよくなればと思っている。前に比べて，緊張しても落ち込まない。これまでは外出も控えていたが，普通に生活を同じようにやっていこうと思う。恐れていたような，自分がおかしくないし，人通りの多いところにも少しずつ出てみたい。対処する方法が身についていくのだと思う。自分が前向きになったと思いますね」とこれから試みる対処方法を表情よく話し，治療の終結を自ら決めた。

# 4　考　　察

　筆者は治療者として，クライエントとともに対人恐怖症の症状形成の過程を忠実に体験できたのははじめてであった。それほど，EMDRでクライエントは症状に関わる記憶を再現する。しかし，症状に関わる記憶が再現されるばかりでなく，EMDRは市井ら[2]が指摘するように，治療中に記憶の再処理がされる点が非常に興味深いといえる。クライエントは，「小学校までは，悲しい，

悔しい，恥ずかしい思いがあっても胸にジーンと染み込んでいったのが，中学生になって，母親に反抗して突き飛ばしてから首に境界線ができて，悲しみや怒り，悔しさが顔に出るようになった」と回想しながら，母親に対して抱き続けた罪悪感を再処理した。また，母親と同様に時間を要した高校の担任教師に対しても，悔しさ，怒りを再処理した。EMDRは，その記憶が症状に影響している程度について，SUDsが「数字」で表現され，再処理されたことを示すVOCも「数字」で表現されることで，クライエントおよび治療者にも了解しやすく，かつ，再処理されたことも「数字」で表現され，身体部位（ボディースキャン）で表現される身体的記憶をも確認できることで，治療効果をクライエントと治療者が認知し，共有できることも大きな特徴と考えられる。EMDR治療で再処理された瞬間に見せたクライエントの表情がすべてを物語っていたと思われる。

　この症例では，母親と担任教師とのエピソード以外にも，野球に代表される人前で失敗している場面の記憶も再処理されたあとに，クライエントから語られたことは，対人恐怖症の始まりが，父親の「調子に乗るな＝ニヤけない」の一言と母親の「半泣きの情けない顔をするな＝表情がない」の一言ということだった。ここで，クライエント自身が長年，形成してきた物語，すなわち「小学校時代に，まわりの子たちと同じく野球を練習できていたら，野球で自信がもてていたら顔に出ることなどなかった，人前で恥をかかなくてすんだ」が変化して，「緊張しやすい性格と付き合っていくしかない，よい意味で『あきらめ』が出た。対処していけるだろう」と語ったのである。クライエント自身が長年，受け入れられなかった自己を受け入れた瞬間でもあったと思う。

　面接第8〜12回では，筆者はSolution-Focused Approach[1]を行っている。田中[5]も指摘しているが，EMDR後の面接でのまとめには有用であった。対人恐怖症の治療的アプローチのひとつとして，EMDRは有効であると考える。

　最後に目を動かし続けてくれたBさんに感謝いたします。

● 参考文献 ●

1) Berg,I.K., Miller,S.D.（斎藤学監訳）：飲酒問題とその解決－ソリューション・フォーカスト・アプローチ．金剛出版，東京，1996．
2) 市井雅哉，熊野宏昭：EMDR（眼球運動による脱感作と再処理法）．こころの臨床a・la・carte，18(1)；3-6，1999．
3) 熊野宏昭：EMDRの誕生と発展．こころの臨床a・la・carte，18 (1)；7-13，1999．
4) Shapiro,F.：Efficacy of the eye movement desensitization procedure in the treatment of traumatic memories. Journal of Traumatic Stress Studies, 199-223, 1989.
5) 田中ひな子：児童虐待を受けた摂食障害女性のEMDR．こころの臨床a・la・carte，18 (1)；77-82，1999．

# 5 重病患者を抱える家族を扱った症例

## *1* はじめに

　国立小児病院は子ども専門の総合病院であり，本来患者は小児期の年齢の者に限定されるという建て前がある。しかし，小児期に発症した難病のため，成人になっても長期にわたり治療が必要となるケースが増えている。小児の患者にとっては，単に疾患による影響だけでなく，成長発達段階において入退院を繰り返すことや，非常に怖いと感じられる手術やさまざまな検査・処置などを受けることは，トラウマとして残る場合が多い。このような状況下では，子どもの親への依存が強くなりやすいし，親が子どもの気持ちを大事にしようとして，子どもが感じるのを待たずに子どもの気持ちを想像し代弁することが多い。この関係が成人まで持ち越されることも珍しくなく，親離れとともに子離れも難しくなる。このような環境が続くと，子どもは自分の感情や体の感覚に鈍感になっていく。そのため，大人になって主治医と治療方針を話すときも，自分で自分の気持ちを整理することができず，親や配偶者に決定してもらうことになる。

　しかし，現実感がないままに治療が進んでいくと，実際に手術や危険を伴う検査の直前にパニックにおそわれることがある。本来の治療を進めるうえでスムーズに物事が運ばないため，身体的な治療を行う科から当科へ依頼があり，患者を両科でともに診ることが増えているのは，このような経緯がある。

　今回報告する症例は，このような経過をたどった患者の配偶者についてである。すでに「本来の患者」（以下，B夫とする）である夫は当科での治療を始めていたが，病状が悪化する中で配偶者への情緒的な依存度が次第に大きくなっていた。患者（以下，A子とする）は，B夫とその家族に生じる葛藤の中に身をおき，混乱していた。B夫が自分自身の病気や治療を現実感をもって引き受けられないため，A子はこれまでは親がしてきた決定や気持ちの代弁を任される立場になっていた。A子は徐々にB夫のサポートをすることに困難を感じるようになり，自ら治療を希望して当科を受診した。サポート役を滞りなくこなすために，自らがトラウマの処理を求めることは少なくない。A子がサポート役を引き受けるうえで生じた内的な葛藤の対象は，「B夫の家族」「B夫」「A子の原家族」との関係へと進んでいった。A子がはじめに目標とし

元国立小児病院心療内科・精神科／精神科医
外口　弥生
武蔵野中央病院／精神科医
村田　玲子

たのは，これらをEMDR（Eye Movement Desensitization and Reprocessing）によって処理していく中で，サポート役としての今の自分の成長を図るものだった。しかし，11回のEMDRによってA子が通過したのは，自分自身の問題であり長い間抱えてきた苦しみだった。次第にA子はサポートするために自らの変化を起こすのではなく，サポートするときにつらいのは自分の奥深い場所に閉じ込めてきた感情を強く刺激するためだ，ということに気づいていった。そして，「本来の患者」であるB夫を中心におくのではなく，自分自身のこととして受け入れるという挑戦に立ち向かった。

## 2 事例の概要

以下の記述はプライバシー保護のため，事実関係を一部改変してある。

【クライエント】A子さん，28歳，女性。

【主訴】2年前に結婚したB夫（26歳）の看病を続けることに困難を感じたため，希望して当科を受診した。B夫は小児期に発症した難治性疾患のため，当院に入退院を繰り返していた。

【治療までのA子の背景】

A子の喜びは，生まれてからずっと誰かの役に立つことだった。誰かに必要とされるときだけ，自分の存在の重みを感じた。幼い頃，体の不自由な妹や弟の世話をすると，大好きな母親にほめられた。それは，母親が自分に注目してくれると実感できる数少ない瞬間だった。A子は，

母親の眼差しがいつも妹や弟に向けられているように感じていた。友達との付き合いでも，相手の気持ちを推し量り自分が何を望まれているかに意識を集中させたため，A子が自分の気持ちを相手に伝えることはなかった。

B夫とA子が幼い頃から果たしてきた役割は相補的である。難病を抱えて育ったB夫は，周囲に気をつかってもらうことが多かった。親は，家族の生活でB夫の体のことを何よりも優先した。また，幼いときからの延長で，大人になってからもB夫の病状をいちばん詳しく把握するのはC夫（B夫の父親）だった。医者と治療方針を決めるときもC夫が中心だった。おかれた立場は異なっていたが，A子とB夫のわき起こってくる自分の感情をそのままに受け止められないという状況は共通のものだった。自分の感情に鈍くなることは，その場に適応するためには必要なことだった。

結婚後B夫の病状が悪化したため，B夫は休職し治療に専念しなければならなくなった。自宅でのB夫の看病はA子の役目となった。B夫が入院となり，いよいよリスクの大きい治療が必要となったとき，B夫は激しく拒絶した。周囲に説得される中，ある日B夫は「退院したい」と騒ぎだし無断外出をした。連れ戻されたB夫は医者との話し合いに応じず，C夫の判断で退院となった。その後，A子は医者から，B夫の不安定な精神状態は付き添いのA子の看病が不十分だったと責められたように感じた。A子はそのことにつらさを覚えながらも，憤りとしては感じられなかった。反対に，本当に自分のせいでB夫の精神状態が悪くなったのではと思うようになった。このように，さまざまな出来事を通してB夫が抱えるB夫自身の問題を，A子は自分のこととして引き受けていった。

A子は他人の人生の重みに苦しみながらも，B夫のために尽くすことが喜びでもあったようだ。看病をする中でB夫が甘えてくると，自分の存在価値が大きくなるような気がした。しかし，A子は，抑制をかけてきた感情がひとたび爆発すると自分で止められないことも知っていた。病状の悪いB夫に，激しい怒りの感情をぶつけることも多々あった。そして「自分の感情の出し方が，B夫の精神状態に悪影響を及ぼしている」

という思いを徐々に強め，A子自ら当科を受診した。

# *3* 治療経過

### 1）面接第1回（X年12月）：初診

　　心療内科を受診したA子の初診時の印象は，疲れてはいるがニコニコと穏やかで礼儀正しい様子であった。

　　しかし診察室に入り面談が始まると，A子は堰を切ったようにつらかったことを涙ながらに話し始めた。A子の初診時の訴えは，B夫のことで医師にA子がもうちょっと頑張るように言われたことから，A子としては自分の看病が十分でないと批判されたように感じられてつらいということであった。

### 2）面接第2回（X年12月）

　　2回目の受診時の際にも，A子は溜まっていたつらさを話した。B夫の家族との葛藤，A子が以前に流産したこと，B夫が死ぬのではないかという不安が次々と語られた。話している間には感情が高まって泣くこともあったが，話題が変わるとすぐにニコニコと穏やかな表情に戻った。

### 3）面接第3回（X＋1年1月）：1回目のEMDR

　　3回目の受診時には，義父C夫が自己の価値観を強要してくることへの葛藤に焦点が絞られてきたので，これをターゲットにして1回目のEMDRを行った。

　　○映像：C夫がどなっている場面。
　　○否定的な認知（Negative Cognition；NC）：私はつぶされる。
　　○肯定的な認知（Positive Cognition；PC）：私は私のままでいい。
　　○認知の妥当性（以下，VOCと略し，「完全に間違い」の1から「完全に正しい」の7までの数字で表す）：3
　　○情動：わからない。
　　○つらさの尺度（以下，SUDsと略し，「つらくない」の0から「最も

つらい」の10までの数字で表す）：10
　　○身体感覚：眼の奥が変な感じ。
　EMDRを行っている間に，A子に価値観を強要するC夫の話と，逆にA子にやさしくしてくれるC夫の話が入り交じった。C夫にB夫が向き合っていないことも話された。
　A子の話は涙を流しながらではあったが，感情を語るというよりは状況の説明を3〜4分ずつ続けるという感じで，1回に話される量も多く，筆記が困難なほどであった。
　14セットの眼球運動（Eye Movement；EM）のあと，SUDsは2まで下がり，A子から「絶対者であったC夫が一人の人間になっています。眼の奥が変だったのが楽になりました」という感想が話された。

### 4）面接第4回（X＋1年1月）：2回目のEMDR

　4回目の受診以降は，毎回EMDRを中心に週1回の治療を行った。2回目のEMDRは，A子がB夫のことで医師にもうちょっと頑張るように言われたことから，自分が弱いからB夫に負担をかけているのではないかと思っていることをターゲットにした。

　　○映像：いつも重大なことを宣告されていた部屋で，医師から「もうちょっと頑張ってくださいね」と言われている場面。
　　○NC：はっきりしない。
　　○PC：はっきりしない。
　　○情動：不安，悲しい。
　　○SUDs：8
　　○身体感覚：眼の奥が重い。

　日本人の場合，「私は…です」という形のNC，PCを述べることが難しい場合も多く経験する。A子の場合もNC，PCを表現できないときがあり，その場合はNC，PCを保留のまま，EMによる脱感作過程に入った。
　EMDRを行っている間のA子の話は，医師についての話から，先の見えない生活への不安，B夫の病状を悪化させてはいけないという緊張感，B夫がB夫自身の気持ちと向き合っていないため，それがA子の負担に

なっているということに変わっていった。

　11セットのEMのあと，SUDsは0まで下がり，「あの部屋が全然怖くなくなっています」という感想が話された。

　C夫や医師に対する反発をターゲットにしてEMDRを2回行う中で，次第にB夫に対しての思いがクローズアップされてきた。

　小児期より長期にわたり療養してきたB夫の治療に関しては現在でもC夫が決定しているような状態であり，B夫はC夫へ依存的であった。またB夫がC夫に反発を感じることがあっても直接言えないような状況であった。

　病状が悪化し，治療としてはリスクのあるものしか残されていないという状況で，入院中のB夫が精神的に不安定な状態になり無断外出してしまうこともあった。

## 5) 面接第5回（X＋1年1月）：3回目のEMDR

　5回目の受診時には，「具合の悪いB夫に対して傷つけることを言ってしまったこと」をターゲットにして3回目のEMDRを行った。
- ○映像：B夫を傷つけることを言ってしまった場面。
- ○NC：私は彼を傷つけてしまう。
- ○PC：はっきりしない。
- ○情動：怒り。
- ○SUDs：5〜6
- ○身体感覚：胸がムカムカする。

　EMDRを行っている間のA子の話では，A子のせいでB夫の病状が悪化してしまうのではという自己に対しての否定的思いに続いて，流産したときのこととその悲しみが浮かんできた。

　12セットのEMのあと，SUDsは3まで下がり，「手足が重い，悲しい。でも悲しみを出してしまうとB夫の面倒がみられない」という感想が話された。

## 6) 面接第6回（X＋1年1月）：4回目のEMDR

6回目の受診時には,「流産のときの悲しみ」をターゲットにして4回目のEMDRを行った。
- 映像：流産の場面。
- NC：私は身勝手だ。
- PC：はっきりしない。
- 情動：悲しさと悔しさ。
- SUDs：9
- 身体感覚：眼の奥に悲しさ,悔しさは胃のあたりが硬くなる感じ。

EMDRを行っている間のA子の話は,流産は自分のせいだという自責の念と,B夫が安心して子どもをもてるような状態にしてくれないこと,A子のことを気づかってくれないことに対しての悔しい思いが語られた。

10セットのEMのあと,SUDsは3まで下がり,「眼の奥は楽になったが,まだまだ泣き足らない」という感想が話された。

## 7) 面接第7回（X＋1年2月）：5回目のEMDR

7回目の受診時には,前回SUDsが9から3まで下がった「流産のときのつらさ」が8まで上がっていたため,前回と同じ映像の場面で5回目のEMDRを行った。
- 映像：流産の場面。
- NC：私は悪いことをした。
- PC：はっきりしない。
- 情動：悲しい。
- SUDs：7～8
- 身体感覚：眼の奥が痛い。

EMDRを行っている間のA子の話は,前回同様に自責の念に続いて,B夫から大切にされていない思いが語られた。8セットのEMのあと,SUDsは3まで下がった。

## 8）面接第8回（X＋1年2月）：6回目のEMDR

　8回目の受診時には，「B夫からひどいことを言われ，私は大切にされていないと思ったこと」をターゲットにして6回目のEMDRを行った。
　○映像：B夫からひどいことを言われた場面。
　○NC：はっきりしない。
　○PC：はっきりしない。
　○情動：悔しさ。
　○SUDs：9
　○身体感覚：胃が小さくキュッとなる感じ。
　EMDRを行っている間，私は大切にしてもらっていない，病気とわかっていて結婚したので大切にしてほしいと思うのは私のわがままかな，夫にも子どもにも迷惑をかけたかな，私がいけない，という思いが語られた。
　10セットのEMのあと，SUDsは7となった。

## 9）面接第9回（X＋1年2月）：7回目のEMDR

　9回目の受診時には，「自分がすごく疲れたと感じているのにB夫の世話をしていて，やりきれなくなり，自分はB夫に安楽を与えているのにB夫は自分に苦痛を与えていると思ったこと」をターゲットにして7回目のEMDRを行った。
　○映像：B夫の足をもんでいる場面。
　○NC：はっきりしない。
　○PC：はっきりしない。
　○情動：悔しさ。
　○SUDs：10
　○身体感覚：胃がムカムカして頭にカーッと血がのぼる感じ。
　EMDRを行っている間，悔しいという思いよりも，B夫も努力してくれるしB夫の家族も気をつかってくれることが多く語られた。
　10セットのEMのあと，SUDsは2〜3となり，「手足がフワーッとなって脱力感があり，すごく楽になった」という感想が語られた。

## 10）面接第10回（X＋1年3月）：8回目のEMDR

10回目の受診時には，「腰が痛くて休みたかったのにB夫の世話をしなければならなかったこと」をターゲットにして8回目のEMDRを行った。
　○映像：B夫の世話をしている場面。
　○NC：はっきりしない。
　○PC：はっきりしない。
　○情動：悲しみと悔しさ。
　○SUDs：10
　○身体感覚：手足，お尻のところが穴にストーンと落ちていく感じ。

EMDRを行っている間，結婚前も女性として大切にされていなかったこと，自分の両親が結婚に反対であったこと，自分がB夫のために学校をやめなければならなかったこと，B夫が経済的に支えてくれないこと，B夫は自分のことばかり考えて私の不安な気持ちを感じてくれないので悔しい，という思いが語られた。

17セットのEMのあともSUDsは10と変わらなかった。最後に「悔しい」という言葉が述べられた。

第6〜8回までの3セッションにわたるのEMDRは，いずれもB夫から大切にしてもらっていないという場面であったが，第6回は「私がいけない」，第7回は「まわりの人も自分に気をつかってくれている」，第8回は「B夫に対して悔しい思い」というように，自責の念からB夫への怒りへと感じ方の変化が認められた。

しかし3セッションのEMDRにもかかわらずSUDsは高い値であったので，この思いは，もっと以前の経験につながって空回りしているような状態ではないかと考えた。

## 11）面接第11回（X＋1年3月）：9回目のEMDR

そこで11回目の受診時に，最初に自分は大切にされていないと感じたのはいつかと尋ねたところ，A子は親子関係で大事にされていないと思っていたことを話し始めた。

好きな母にわかってもらえないこと，自分は大事な人とはうまくやれないという思いをターゲットにして9回目のEMDRを行った。

- 映像：4～5歳頃，母が体の不自由な妹を訓練させていた。妹は泣いていたが母は一生懸命なんだなあと思って，隣の部屋でテレビを見ていた。そのとき，母から「妹が泣いているのにどうして平気でテレビを見ていられるのか」と叱られた場面。
- NC：私は大事な人とはうまくやれない。
- PC：私はうまくやれる。
- VOC：3
- 情動：悲しい。
- SUDs：8
- 身体感覚：眼の奥が重い。体が石のように固まる感じ。

EMDRを行っている間，「私は母の負担にならないようにしているだけなのに，かまってもらいたいだけなのに認めてもらえない，同じことをB夫に対してもしているのではないか。なんでB夫と結婚したんだろう，妹のように守ってあげなくてはならない人だったからかな。母は結婚も妊娠も喜んでくれなかった。私は妊娠した自分の子どもを守ってあげることができなかった」ということなどが語られた。

19セットのEMのあとでのSUDsについて，A子は「わからない」と表現した。最後に「悲しい感じはない。体が落ち着いて力が抜けていくのを感じました」という感想が話された。

## 12）面接第12回（X＋1年4月）：10回目のEMDR

12回目の受診時に，人とうまくやれないと感じた子どもの頃の体験について尋ねたところ，小学5年生のときに仲のよい友人に対して，他の人と一緒になって悪口を言ってしまったことを話してくれた。

このことをターゲットにして10回目のEMDRを行った。

- 映像：ソフトボールの試合で相手チームの友人にやじをとばした場面。
- NC：私は嫌なやつ。
- PC：私はそれから学んだ。

○VOC：6
　　○情動：自分に対する嫌悪感。
　　○SUDs：6
　　○身体感覚：上胸部に吐き出したいような気持ち悪さ。
　EMDRを行っている間，母は病気の妹や弟のことで大変で自分は寂しかったこと，二人は両親が守ってくれるが自分は誰にも守ってもらえなかったこと，小学校のときにいじめられたことを言えずに悩んでいたことを母がわかってくれなかったことなどが語られた。
　12セットのEMのあとでSUDsは4と下がり，最後に「悲しい気持ちは今もあります」という言葉が述べられた。

### 13）面接第13回（X＋1年5月）：11回目のEMDR

　13回目の受診時は，母がわかってくれなかったことをターゲットに11回目のEMDRを行った。
　　○映像：4歳下の体の不自由な弟がいじめられていた。そのことで私自身もいじめられていたため，つらくて母に「弟を養護学校にやったらどうか」と言った。母に「どうして」と聞かれたとき，自分がいじめられていたことを言えなくて弟が太っているからだと言ったら，母に「そんなことが恥ずかしいなんてひどい子だ」と言われた場面。
　　○NC：私はわかってもらえない。
　　○PC：私は言える。
　　○VOC：3
　　○情動：悔しい，悲しい。
　　○SUDs：8
　　○身体感覚：手が重くなる，眼の奥が重くなる。
　EMDRを行っている間，「自分はみんなが傷つかないようにしていたのにうまくいかなかった。母に自分の話を聞いてほしくてそばによっていったら，『自分にくっついてばかりいないで』と言われ，悲しかった。母は同居の祖母や父の兄弟から妹と弟は父の子じゃないと言われていて，私が母を守ってあげなければと思っていた。しかし，それはとても

負担が大きかった。髪の毛を抜いていたこと，頭が痛い，足が痛いと言って学校をよく休んでいたことを思い出した」ということなどが語られた。

12セットのEMのあとでSUDsは1と下がり，最後に「普段，悲しい気持ちがわいてくることがあるけれど，あちこちに悲しいことがあったんだなと思いました」という感想が話された。

児童期の体験をターゲットにした9～11回目のEMDRでは，8回目までのEMDRに比較して，A子の表現が説明的でなく，NC，PCについても明確に述べることができた。

また，8回目までの，自分が相手を傷つけているという思いと相手が自分を傷つけているという思いの間を空回りしていたA子の意識が，奥にある記憶に向かってジャンプし，児童期のつらかった体験が言語化され，自己の感情とつながって，より広い空間の中で語り始めることができたように思えた。

# 4 考　察

　本症例ではA子本人が治療を受けようという動機が強く，EMDRへの導入はスムーズだった。また，EMDRを継続して行うことができたのは，A子がはじめの数回のEMDRによって楽になる感覚をもち，自分の中に新しい発見を見出せたことが大きな要因だったと思われる。最初の2回のEMDRを通過し，義父や医師とのことが処理されたため，A子はより大きな問題であるB夫とのことを語ることができた。

　1回目のEMDRでは，義父との場面をイメージしたときにどんな気持ちになるかを尋ねたが，よくわからないとの返事だった。また，EMDR中も感情が語られることは少なかった。2回目のEMDRも感情の部分よりも説明的な語りが多かった。B夫とのことをターゲットに3回目のEMDRをする中で流産のことがでてきたが，流産のことを語っているときのA子は，それまでと異なり深い悲しみにふれているような表情だった。

　A子は自分の身を削ってまでもB夫に尽くし，持病の腰痛に苦しみながら，

体調の悪い日もB夫の看病をやりとげる。B夫が頼りにしてくると，応えずにはいられない。そしてB夫に尽くせば尽くすほど，B夫が自分を大事にしてくれないと感じるときのA子の感情の爆発は大きくなる。心の奥深くではB夫に腹立たしさや悔しさを感じているため，普段は自分の感情を鈍くしなければ，B夫に尽くすことはできない。A子がB夫に尽くすのは，自分には価値があるということを確認するためだった。A子が感情を抑えている力はかなり大きいため，一旦感情が噴き出すとA子は抑えることはできない。抑える力が大きければ大きいほど，抑えられるものの力も大きくなりやすい。A子がいつも自分の感情を抑えずに自分のものとして引き受け，周囲に伝えるという形で自分の思いを言葉にし自分の感覚を認めていくことが，感情をコントロールするうえで必要だと考えられた。

6～8回目のEMDRでは「B夫から大切にしてもらっていないこと」をターゲットにした。EMDRの目的は，A子の中の「自分が苦しむのはすべてB夫のせいだ」という思いに固執することから，さまざまなやりとりの中でA子が何を感じ，どんな気持ちをB夫に知ってほしかったのかに焦点を移すことだった。しかし，EMDRによって出来事がより現実感を増すと，A子の内面で怒りが増大した。B夫への思いは，過去のこととして振り返るどころか，現実の二人のこととしてさらに過熱した。SUDsも下がらず，下がってもまた上がるという状態だった。つらいのはB夫のせいだ，という怒りから離れられなかったため，思いはB夫に向き続け，自分の内面へ向けられなかった。そのためこの間のEMDRでは，「私は…」と表現するNCやPCははっきりと出てこなかった。また，不当に扱われたと感じることから離れられず，自分がどうなりたいのかに気持ちを向けることができなかった。3回続けてもEMDRの効果が明らかでなかったため，Shapiro[1]のいうところのブロック化された反応の状態に入っていることが考えられた。主治医は，B夫に対する悔しさは，それ以前にA子の内部に蓄積された思いにつながっているように感じた。

そのため，記憶の中でいちばん古い「大切にされない」と感じた出来事を9回目のEMDRで扱った。過去の不快感を伴う体験が適切に脳内情報処理された場合には，その後類似の体験をしてもそれが刺激となって過去の断片記憶が再び呼び起こされることはない。しかし適切に処理されなかった場合は，それと類似の体験が心の傷となっている過去の記憶を刺激するために，過剰な情緒

的認知的反応が起こりうる。そして，崎尾[2]のいうように「心の傷の治癒」を目指すためには，機能不全を起こすような形での記憶である「心の傷」が「心の傷」として存在し続けるのをやめ，「過去の記憶の一部」として統合され情報処理される必要があると考えた。A子は，幼い頃から愛されるために健気に母に尽くしてきたことを思い出した。しかし，母の関心はいつも妹や弟に向けられていると感じ，誰も自分を見てくれないという悲しみを抱き続けてきた。A子はこれまでのEMDR中の表情とは異なる，力の抜けた悲しい顔をしていた。そして，言葉の勢いも弾丸のような速さから心の奥底から絞り出すものへと変化した。9回目のEMDRをする直前にA子は「母とのことは，もう何年も前に解決しました」と言っていた。しかし，A子の中にはまだ幼い頃の寂しさがたくさん残っていたのだ。B夫から受ける大切にされない寂しさは，母との間に起こった感情に重なっていた。B夫との間で幼い頃と同じような傷つき方をしたとき，A子の中で抑えてきた感情が爆発し，置き去りにされた悔しさを静めることができなくなったのだ。

10回目のEMDRは，人とうまくやれないと感じた子どもの頃の体験をとりあげた。しかし，浮かんできたものは母のことだったため，11回目のEMDRも母とのことをとりあげた。この2回のEMDRでも，9回目と同様にA子の悲しみが溢れ出た。9～11回目のEMDRは，NCとPCが迷うことなく決められた。これは，さまざまな思いを自分の感情として引き受けられたためだと考えられる。9～11回目のA子の子ども時代の体験をターゲットにしたEMDRではSUDsも下がり，前3回の隘路にも思えた状況に出口が見えたように感じられた。

また，A子が11回目のEMDRの最後に述べた「普段悲しい気持ちがわいてくるのは，あちこちに悲しいことがあったからなのですね」という感想は，A子の自己理解と世界理解に何らかの「変容」が起きたことを示唆するものだった。これまでの漠然とした悲しみにはそれだけの理由があったとわかり，A子の緊張感は少しずつ緩んでいった。悲しみがそのままの形で悲しみとして存在してよいのだとA子自身に受け止められたとき，A子の感情ははじめて大切に扱われたのかもしれない。

本症例の治療は，毎回二人の医師によって行われた。EMDRを行う際には一人の医師がEMのための指振りをし，もう一方は患者の後ろで気持ちを支える

ようにした。必要時には患者の了解を得たうえで体を支えることもあった。患者が自分の問題を再経験する中で注意関心を維持する能力が不安定になり，その経験と「ともにいよう」とするのが困難である場合，体に強い緊張が感じられたり呼吸が浅くなったりする。このような状態では，医師の一人が力を抜くように背後からサポートすることで，その経験と「ともにいる」ことを容易にし，EMDRを効果的に行うことができる。この方法は患者との合意があれば，患者にとって守られているという安心感を強めるものである。また，医師の側にとっても，患者の語る内容が重ければ重いほど冷静な治療者にとどまるのは難しいが，二人の医師による治療の場合は，より安定感をもって受け止めることが可能となる。そして，医師の安定感が患者へ安心感として伝わり，治療にポジティブに作用していくと考えられる。ただしこの場合は，二人の医師間に相互的な信頼関係が必要だということはいうまでもない。本症例では，A子の訴えと入院中のB夫の状況から困難な症例であることを予測し，最初から二人の医師による治療を行ったが，実際にブロック化された状態への対応など二人の医師の協力により効果をあげられたことも多かった。

# 5 まとめ

　本症例では，患者の内的な葛藤の対象となっていたのは，最初は「本来の患者（B夫）の家族」のことであったが，EMDRを行っていくうちに，対象は「本来の患者」へと推移していった。この段階で患者は，「ブロック化された反応」といわれる再処理中断の状況に入ったが，過去の体験（患者自身の原家族との関係）をターゲットにしてEMDRによる治療を進めることにより，患者は今まで自分の中に抑え込んできた感情に触れ，自分の気持ちに自分の中で居場所を与えることができた。そして，患者は自分の感情を抑えるか爆発させるかの二者択一ではなく，感情を自分のものとして受け止め，それが存在することを許可し，周囲にも伝えるという形で思いを外に出しながらコントロールするという新たな選択を獲得したのである。

● 参考文献 ●

1) Shapiro, F.：Eye Movement Desensitization and Reprocessing：Basic Principles, Protocols, and Procedures. The Guilford Press, New York, 1995.
2) 崎尾英子：ポストモダン時代の精神療法－EMDR施行中の脳波と身体感覚が示唆するもの－．こころの臨床a・la・carte，18(1)；15-24, 1999.

# 6 子どもへの援助と親のトラウマの整理について

## *1* はじめに

　困難の中にいる子どもが身動きできずに助けを求めているときに，親あるいはそれに代わる大人ができる援助を考えてみたい。

　親は子どもを助けるために状況の解明や修復を図り，事態が収まるように働きかける。必要な援助がなされれば，子どもは生来もっている力を取り戻していく。しかし，親の努力や働きかけが子どもへの適切な援助にならないという場合は多い。そのようなときに，親がとりうる行動の選択肢として，親自身のトラウマの整理が考えられる。子どもの力になろうとする親にとって最も望ましいことは，親がまず「自分自身のこと」を引き受けていくことである。これが「よい親」になるいちばんの方法である。「自分自身のこと」とは，原家族との関わりで生じたトラウマやそれに付随する主観的なつらい体験のことである。

　親が自分のことを引き受けていくと，自分の問題と他者の問題に境界を引くことができるようになる。子どもの問題とみえていたものが実際に子どもに属するものなのか，それとも親自身の問題が混在して子どもの問題であるかのようにみえていたのかを判断できるようになり，頭で考えるのではなく，自分の身体全体で子どもを支えられるようになる。このような意味において，親のトラウマの整理は子どもへの援助にとって大切な方法である。専門家としての治療者の仕事は，親の身体の中で滞っている部分が流れるようにすることである。

　ここでは，子どもが動いていくときに親のトラウマの整理が担うものについて，親へのEMDR（Eye Movement Desensitization and Reprocessing）治療を通して考察したい。

元国立小児病院心療内科・精神科／精神保健福祉士
宮島　陽子

# 2　親へのEMDR

　親のトラウマの整理が子どもに対して大切な理由は，以下のとおりである。親が自分自身の感じ方をこれでよいのだと自分に許可できてはじめて，子どもが感じていることを感じるままでよいと許せるようになる。トラウマとなった記憶の再処理の中では，必ずありのままの自分の姿に触れる。この作業は，忍耐と勇気と愛を要求する[1]。それらが有効に働けば，身体の内部で凍結していた部分や滞っていた部分が解け，緩まっていく。親の身体の緊張がほぐれれば，自分自身への安心感が生まれ，子どもに対して心身を開いて向かい合えるようになる。すると子どもの身体にも同じことが起き，子どもが自分の内部の感情に気づくようになる。

　安心感は援助の出発点であり，援助を受ける側にとって最も感度の鋭い部分である。親が安心感をもってはじめて，子どもにもそれが伝わっていく。親が自分自身の感じ方をそのままでよいと自分に許すことによって得られた安心感は，身体の中から相手を包容し許す力をもつ安心感である。親がこの力を得ることによって，確実に子どもとの関係が変わっていく。

　子どもの問題といわれるものは，子どもとそれを取り巻く環境や人々との関係性の中で生じる。そこには，子どもが自覚するとしないとにかかわらず，「広義の心的外傷」があると考えられる。子どもが行き詰まってさまざまな症状や問題を呈するのは，他の方法を知らないからで，外部に現れた形がどうであれ，内部には緊張から解き放たれるのを待っている心細い子どもがいる。このとき，親や家族も事態の意味がみえず

に混乱することが多く，親自身の抱えている「心的外傷」が子どもや周囲との関わりの中で現れる場合も多くみられる[2]。

　問題や症状に対して親が強い緊張を覚えたり，自分の心の傷（我々のすべてが主観的に何らかの心の傷をもつと考えられる）の再現に不安を感じていたりする場合にEMDRを用いることは，親を守り支えるうえで効果的である。EMDRは，自己に対して肯定的に展開していく枠組みをもつ治療技法で，しかも治療者の介入が少ないからである。親は自分の問題を処理するという大きな仕事をしながら，同時に子どもを保護し援助する役割も背負わされるため，治療の場と治療者にしっかりと支えられる必要がある。

　EMDRは，自身の中に抱えられてきた記憶が，言葉になる部分もならない部分も含めて，情動および身体感覚を伴って表出されるのを再体験し，再処理する過程である。この過程を通して，自分がもともと日常的にとらわれていた認識（「○○は××でなければならない」など）から離されていくために，内部から自由になっていく感覚を得る。治療を通して親が自分の中で動きやすくなっていくにしたがって，子どもの心と身体も楽になっていく。

## 3 事例の概要

【クライエント】Eさん，女性，40歳，A君の母親[注1]。
【家族】夫，子ども（小学6年－A君，小学3年）。
【主訴】
　EさんはA君が学校を長期にわたって休みがちであること，不安が強く，思うようにならないことがあると泣きわめいたり，物に当たり散らしたりすることなどから，A君のことを心配して来院した。
　A君は出産時より病弱で，内科の入退院を繰り返しながら成長した。幼児期から顔面にチックがみられ，幼稚園は半分近い期間を病欠，小学3年頃から登校しづらくなり，1週間に1日程度の登校となった。学校の教師からは子どもを登校させるように指導され，Eさんは登校したくない子どもと教師の方針との間でどうしたらよいのかわからなくなり，自

らもさまざまな不定愁訴が出現した。数カ所の医療機関に通院するという生活の中で，迷うことばかりが増え，疲労が重なっていった。来院当初のA君は，診察室に入るとベッドに倒れこむように突っ伏し，話すこともほとんどできなかった。

Eさんは医師にA君のことを相談するうちに，A君に対する自分の気持ちや行動に注意を向けるようになり，自分が他人から何か言われると自分の意思がわからなくなって混乱することや，自分がずっと家族関係の中で苦しんできたことについても気づくようになった。

【Eさんのトラウマ】

Eさんは，自分が困っていることとして，「ちょっとしたことがエンドレステープのように頭の中を回ること」「母親や夫から言われる言葉に傷つくこと」をあげた。相手に対して，どのようにものを言い，どのような顔をし，どのように振る舞えばよいのか常に不安であり，自分がしゃべったことをいつまでも後悔したり逡巡したりすることが多かった。子どもに対しても同様で，A君の言ったことや行動にどう応えたらよいかわからないことばかりで，当初は多くのことに医師の判断を仰がなくてはならなかった。

Eさんは治療を通して自分自身の人間関係のあり方を見つめ，特に自分の母親との関係について深く思いを巡らせるようになった。母親との間で味わったつらい思いとそれにつながる記憶は，今もEさんを苦しめていた。例えば，Eさんが小学生のとき，起きあがれないほどのひどい頭痛におそわれたことがあったが，母親から本当だと信じてもらえずに何時間もひとりで苦しんでいた記憶である。母親から助けてもらえなかったことや信じてもらえなかったことは，その後もEさんの生活と人間関係の中で，繰り返し嫌な思い出として蘇り，自分の感じ方や判断に対して「これでいいのだ」と考えられない状態が続いていた。いわばEさんは「私は何をやってもうまくいかない」という否定的思いの中に埋もれていた。

またEさんは，幼いときから喘息，頭痛，チック，帯状疱疹や交通事故の後遺症，その他，目や耳の痛み，腰痛など，絶えずさまざまな症状に悩まされてきた。しかし，家族から気づかってもらった記憶はなく，

そのつど対症的な治療を受けてきた。これまで体調がよいという経験はほとんどない。

過去の記憶と現在とがつながってくる中で，Eさんは，自分がいかに他人がどう思うかを気づかって行動してきたかということがわかってきた。子どもや夫が不機嫌になると，Eさんの感情はそこで止まってしまうのである。Eさんは自分のことを明確にするために，母親の立場からではなく，自分のためにEMDRの治療を受けることにした。

EMDRは安全が保障された場所で行われることが必至である。さらに，治療の場を離れても継続していく変化を本人が抱えていられる環境があることも重要である。自分の課題に取り組もうとするEさんが，「いちばん安心できる場所は現在の家庭である」と感じていたことは，治療のうえで大きな力であった。

## *4* 治療経過

EさんへのEMDRは，医師の面談と平行して別の治療者（筆者）が担当することになった。

2回目の面接からEMDR治療を始めた。プロトコールどおりには行っていない。治療のプロセスが速やかに進まないときには，枠組みに沿ってゆっくり部分的に練習しながら治療の流れをつくっていく。Eさんの場合には自分の感情や身体感覚に気づくようになるために，毎回深呼吸をする時間を設けた。はじめは効果が小さいように見受けられるが，回を重ねるにしたがって，自分の内部への気づきが養われ深まっていくことが実感された。

### 1）面接第1回（X年5月）：トラウマを語る

Eさんは初対面で人柄のよさが伝わってくるような女性であった。しかし表情は硬く，目は不安そうで遠慮がちであった。声は小さかったが，話す内容はよくわかった。改めてEさんの口から生育歴を話してもらい，何がEさんのトラウマになっているのかを確認した。

ターゲットである母親の記憶を話すにあたって，Eさんの中では大き

なためらいがあった。Eさんは自分の中で，他人のことを憎んだり不満に思ったり批判したりすることを許していなかった。そのようなことはとんでもないことであった。Eさんの話では，母親は子どもから甘えられるのが嫌いな人であった。家業が忙しく世話をしてもらえなかったこと，学校で仲間はずれにされたことやその寂しさを話しても相手にしてもらえなかったこと，自分のやりたいことやほしいものを口にすると，ことごとく否定されてしまったこと，幼児期からずっと母親へのつらい思いを抱えてきたこと，いつも愚痴を聞かされてきたこと，一日中怒っている母親だったことなど，今までほとんど誰にも言わずにしまってきたことが語られた。

## 2) 面接第2回（X年6月）：安心できる場所をつくる

Eさんは前回母親について話したあとで，胃痛が起き，あんなに話してよかったのかと思い巡らし心臓がドキドキした，と話した。治療者は，Eさんが自分の中で安心できる場所を確保することが大切であると考え，楽しい思い出があるかどうか聞いてみたが思い浮かばない。続いて安心できる場所があるかどうか聞くと，居間と答えた。居間がEさんにとってどのような場所であり，そこにいるとどういう気持ちがするかを尋ねたが，情感を伴った言葉は出なかった。しかし居間がEさんの本拠地であることがわかったので，しばらくその話題を続けた。そのあとで再び楽しい思い出について尋ねると，今度は複数の場面が思い出された。最も快い思い出は夫と付き合っていた頃のものであった。

その場面を思い出しながら眼球運動（Eye Movement；EM）を行った。そこで出てきた思いは，「私にはよいことが起こってもいい」であった。Eさんは疲れた様子で「私はかいこの繭のようなものにいつもくるまっていたい」と心細そうに述べた。

## 3) 面接第3回（X年7月）：安心感を感じる

Eさんは面接のはじめに「今は繭の中にくるまっていたいというより，前向きでいたいと思う」と話した。「人に会ったら，相手がどういう人であっても，どういう反応が戻ってきても，私のほうから挨拶をしたい。

もしうまくいかなければ自分が否定されたようには感じるが，そういう思いは通り過ぎ去らせていかれる」と言う。次いで楽しい場面を思い浮かべてもらうと，「今の暮らしの中で何があるというわけではないが，問題なく過ぎていく時間が楽しい。例えば家族で同じテレビをみたり，子どもとゲームをして盛り上がったり」と実感を込めて話した。

　安心感を強めるために飼い犬の様子を思い浮かべてEMを行った。Eさんは目を動かし始めると，うまく目が動いているのだろうかと気になり始め，落ち着かなくなった。また，これまでわずらった身体のいくつかの部分の痛みが誘発されて目を動かすことが苦痛になったため，膝のタッピングに切り替えた。タッピングは気持ちよく感じられたが，その間にも何か答えなければと思って落ち着かなかった。気持ちと身体が別々の方向を向いているようであった。

### 4) 面接第4回（X年11月）：自分の身体の中に居る

　前回，目を動かしたところ頭痛になったが，鍼治療をして少し軽くなったと話す。口内炎と目の痛みが続いている。安心感の増幅を図るために膝のタッピングを行う。Eさんの心の落ち着く場所である居間にいるときの自分の感じを思い浮かべてもらいながら，治療者も一緒に深呼吸をし，タッピングと深呼吸を交互に行った。ゆっくりした呼吸とタッピングで，Eさんは椅子に落ち着いて座っていられるようになった。そして「まわりの人が怒っているとき，いい気持ちはしないものの，その人が怒っているのだと思える」と言う。

　この日の医師との会話の中で，Eさんは「夫が怒っていても，自分が怒っていても，気にならなくなった」と話している。

### 5) 面接第5回（X年12月）：自分の身体感覚を味わう

　深呼吸をしながら，自分の内部に注意を向け，自然にわいてくる感情や身体の感覚に気づきを向ける練習をした。これはGilligan[1]による自己間関係理論の原則のうち，自分の中心を感じ取るという課題[注2]で，Eさんが自分の中心を感じて，そことつながることができるようにするためである。この作業は，自分の内面で変化する身体の感覚や自分の感じ

方を知り，安心感を増すことに役立つ。

　Eさんは，幼い頃のEさんを後見すべき母親から無視されたために，「身体で経験される自分」[注3]が取るに足らないものとして扱われ，その自分がEさんの内部に受け入れられないまま成長した。発達の途上で停滞したEさんの「身体で経験される自分」が「認知で経験される自分」によって後見されるようになるためには，自分の感じ方を批判することなく「あってもよいもの」として受け入れることが大切である。

　深呼吸は自分に近づく最も優れた方法である。EMDRの技法は身体感覚を重視し，情動と認知を伴って脳の神経回路に閉じ込められた記憶を解きほぐしていくが，自己間関係理論の枠組みの中での身体感覚を知る練習（深呼吸，センタリング，リラクゼーションなど）を取り入れることで，治療プロセスにおける「安心できる場所」の増幅が図れ，また解除反応が起きたときに患者が自分の中心から離れないように支える力が養われる。

　Eさんは，このときの深呼吸では息が鼻から上へ通らず，不快なことを思うときにいつも感じる身体の反応（腹部と後頭部がムズムズする）が出た。

　その後，母親への感情が率直に語られる。Eさんは幼児期から現在まで，母親の押しつけがましさや決めつけ，人の話を聞かない態度などに我慢をしてきたが，心の中では傷つき，寂しさをこらえ，腹を立てていた。以前からEさんには「何かすべきだった」「あのとき，ああ言えばよかった」「あんなこと言わなければよかった」と，あとから腹の立つことがよくあった。この感情が消えるまでには毎回時間がかかり，家で大きなため息をついたり「ああ腹が立つ」などと言ったりすると子どもが自分が怒られたと錯覚してしまうため，そうではないと取り消さなくてはならなかった。

　Eさんの話は自分の様子を的確に伝えていた。「私は一日中しゃべっていたい」と言い，聞く相手がいるならば話したいことが本当にたくさんあるのだということがよくわかった。

　その後EMDRで取り上げる出来事について話した。ターゲットは前述の母親との場面であった。小学生のEさんが，朝，激しい頭痛におそ

われて起き上がることができなかったとき，起こしにきた母親に訴えると「頭が痛いはずがない」「起きてくるんじゃない」と言って部屋を出ていってしまった。昼過ぎに母親が来て「ほんとに痛かったんだね」と言ったという記憶である。

　Eさんにとって，このことは現在まで母親に対する嫌な思いの根源になっており，「私は傷を癒すことができない」「私はつらい状況から抜け出せない」「私はうまく生きられない」「私は何をやってもうまくいかない」など多くの否定的認知と結びついていた。特に「私は何をやってもうまくいかない」は日常生活でよく思うことであった。

### 6）面接第6回（X＋1年1月）：自分の感情をみる

　深呼吸をすると，足の裏が地についた感じがなく，左上肢の怪我の後遺症で足が冷え，膝下がモヤモヤした。

- 否定的認知（Negative Cognition；NC）：私は何をやってもうまくいかない。前回と感じ方に変化があり，前ほどつらくはない。母親に対して「あの人はああ考えるんだなと思える」と話す。
- 肯定的認知（Positive Cognition；PC）：私はこのままでよい。
- SUDs（主観的障害単位尺度）：5
- VOC（認知の妥当性尺度）：6

　膝のタッピングでEMDRを行う。SUDsは変わらなかった。VOCは3〜4に下がったが，一方で足が地についた感じや身体がリラックスした感じは増した。

　Eさんは絶えず身体の症状を抱えており，自分の内部で起きていることを言葉よりも身体そのもので語った。自分の生き方を見直そうと思っても，幼児期以来否定的な思いの中で過ごしてきたために，Eさんの身体はあたかも別の方法がないかのように，あきらめることをしつけられていた。Eさんには，自分が感じた感覚を打ち消さないで，そのままでいる練習が必要であった。

　医師との面談の中で培われてきたものがEさんの言葉になって出てくるのを受けて，その感じ方のままでいながら深呼吸をした。また，治療と治療の間に変化していく家族関係の中で生じた違和感や気づきを，タ

ッピングと深呼吸の組み合わせで，感じるままに通過させた。肯定的な記憶と合わせた深呼吸，膝および肩のタッピング法によって，たびたび現れる身体症状の処理を試みた。

　ここまでの治療では安心感の増幅にほとんどの時間を費やした。

## 7）面接第7回（X+1年4月）：自分と他人との分離

　Eさんの感情が出やすくなった。自分が一生懸命言うことが夫や母親にうまく伝わらないのがつらい，さみしい，孤独だと言う。自分とA君は感じ方が似ているが，夫とは違うと実感するようになった。

　Eさんは不満や不公平感など自分の感情を率直に言葉にするようになって，受診時に医師に話したことがあとまで気になるという状態が緩和し始めた。

- 「周囲の人と違ってもよいと思える」
- 「家族の中では暮らしやすい」
- 「子どもに何か言われてもオロオロしない」
- 「夫に，行動を改めて，と言える」
- 「夫とトラブルがあったとき，前は夫の機嫌が直るまで無防備で，その空気にのまれていたが，今は違う」

　Eさんの言葉に勢いが感じられるようになった。現在の家族の中では大変暮らしやすくなったという。Eさんは，自分の母親が子どものEさんにいつも愚痴をこぼすのを聞いてきたが，自分がされて嫌だったことは子どもにはすまいと，はっきり決める。

　以前ほどひどい落ち込みがなくなり，夫にものを言いやすくなった。「夫とケンカしても自分は壊れていない」と感じるようになった。また，家に悪質な勧誘電話がかかってきてEさんが恐怖でドキドキしたときに，夫が膝をタッピングしてくれたら怖さがピタッと止まったという報告もあった。

　母親との間で不快な出来事があったが，「私は自分を取り戻せる」と思えた。その気持ちを思いながら，久しぶりにEMを用いてのEMDRを行った。このときのPCは「私は大丈夫」である。目を動かすことができるようになった。目が左右にきれいに動く。頭痛が起きなかった。途

中で目が疲れてきたが，Eさんがその場にちゃんといる感じがある。母親の出てくる場面では夫の存在が支えになったことが語られた。

### 8）面接第9回（X＋1年6月）：自分への信頼

「今の家族の中で居心地がいいので，母に対しての以前のつらさが10とすれば，今は1くらい」と話した。

Eさんは，治療の時間に自分のことをきちんと語ることを通して，自分自身の変化を感じるとともに，夫との関係がよくなったことや，夫が変わってきたという思いをもつようになった。「夫が自分とは別のことを考えていても，または不機嫌でも，私とは別の人だ」と言い，だから自分がどうこうしなくてよいと思えるようになった。

またA君については，本人のペースで暮らしていて楽しそうだし，嫌だと思うことを嫌と言うようになってきたと話した。EさんはA君が不機嫌になっても，それは子どものことだと感じることができるようになった。

この日は，今までのターゲットとは別に，現在直面していることでEMを行った。

　○映像：会いたくない知人に会わなければならないときの場面。
　○身体感覚：胸からおなかにかけてグサグサと突き刺さる感じ。
　○感情：自分がぐらぐらしてしまう。
　○NC：私は対処できない。
　○PC：私はこのままでよい。
　○SUDs：10
　○VOC：1

5セットで，「つらさとは別に自分の力を感じる」「私は大丈夫」と話す。

## 5　Eさんの変化と家族の関係

Eさんは他人との関係をよくしたいとずっと望んでいた。他人のことに注意を払い，他人がどう思うかを優先させてきたがうまくいかなかっ

た。しかし，自分のことに注意関心を向けることの大切さに気づき，自分の身体と気持ちを尊重して行動してみると，他人との関係が改善することに気づいた。

　30年以上も前に経験した出来事がトラウマとなって，長い間Eさんの自由な行動を阻んできたが，Eさんが自分の意思でトラウマの整理を決意すると，凍結していた感情と身体の感覚は徐々に変化し，Eさんに自分自身の感じ方があることを思い出させた。治療プロセスの間に，Eさん自身の変化は，子どもとの関係，夫との関係，母親との関係に平行して波及していった。

## 1）子どもとの関係

　Eさんが自分のことに関心を向けるようになると，外からの刺激に対して自分の身体がどう反応するかがわかるようになり，自ずとA君の表情や行動からA君の思いを想像する場面も増えてきた。そして，Eさんは自分が今まで子どもをコントロールしようとしていたことに気づいた。Eさんの機嫌が悪いときに，A君が自分が怒られているのだと思って不安になるらしいことや，何か失敗をしたときにA君がさっとEさんの顔色をうかがう様子をみて，その意味を了解したからである。Eさんの母親からEさんへ，Eさんから子どもへと続こうとしていたわが子をコントロールする図式を，Eさんは自分のところで解消しようと決めた。

　A君は通院を続ける間に，診察室では相変わらずベッドに伏してはいたが，医師に挨拶をし，医師からの問いかけに答えるようになっていた。Eさんが自分のトラウマの整理を始めてからしばらくして，A君は親から離れてひとりで医師と会えるようになった。緊張すると腹痛が起こることはあるが気持ちは落ち着いている，と自分から言うことができた。

　約1年後，A君は「自分でよくやれていると思う」と医師に話した。そして，「人にうまく話しかけられない」「言いたいことが言えない」など自分の困っている感覚について話せるようになるとともに，欲しいものもたくさんでてきた。

　それから半年後，A君は親に対しては言いたいことが言えるようにな

り，自分で順調だと感じていると話した。Eさんが夫にものが言えるようになってきたのと同じ時期であった。

## 2）夫との関係

　Eさんははじめ夫について，子どものことでなら協力できる関係にいると思っていた。しかしEさんが自分の気持ちに気づけるようになると，夫との考え方や感じ方の違いがあることがはっきりして，落ち込み，孤独感におそわれた。夫とも母親とも考えや行動が違う，自分が間違っているのだろうかと自問自答しながらも，次第に自分自身の感じ方でよいと思えるようになった。その頃から夫への不満を感じるようになり，実際に言葉に出してみた。家族一緒に出かけての帰り道に，夫から「帰ったら子どもに何食べさせるの？」と聞かれることが，日頃からEさんにとって非常に嫌なことのひとつであったが，ある日Eさんは夫に，その言い方はやめてほしいと言ったところ通じた。以来，今まで言えなかったさまざまな事柄について，Eさんが夫に伝え，夫が改めるという場面が増えた。

　最も安心感を共有することが望ましい家庭という場で，親密な関係にある者同士（夫婦）が直接に思ったことを言い，それを受け入れて互いに変わっていかれる経験は，Eさんが育った家庭では実現しなかったことである。

　この経験がEさんの身体と心を緩め，話すことが大好きなEさんの生活を次第に明るいものに変えていった。Eさんは子どものこと以外の話でも，以前ほど躊躇せずに自分の気持ちを夫に伝えられるようになった。一歩ずつ自分を確かめながら進むEさんを夫が支える役割を果たし，Eさんと夫の関係も変化し始めた。

## 3）母親との関係

　母親との関係は表面上は変わっていない。しかしEさんは母親から不快なことを言われても，内心で「私が悪いのではない」という自分の声を聞くことができるようになった。母親に対して異論があるときや嫌な感情がわいてきたときも，その感情を打ち消したり，自分のせいだと思

> ったりすることがなくなった。Eさんは母親との間に起こったことが自分の心の傷になっていることに気づき，それを話すことができたときに，心の中で思ったり人に話したりすることは悪いことではなく，結果として世界が崩壊するようなことは何も起こらないという経験をした。話したあとで胃痛が起き，心臓がドキドキするなどの症状が出たが，現実面では何ひとつ心配すべきことは生じなかった。その後，Eさんの話の内容は他者のことから自分のことへ，また自分を主語に語れるようになった。
>
> Eさんのトラウマは幼い自分が母親にとらわれたまま凍結して動けなくなったもので，まだ終了してはいない。しかしEさんは自分の中で母親との分離を経験しつつあり，同時にA君からの分離が起きている。EさんはEMDRの枠組みに守られて内部から開かれた状態をもてるようになった。今後はEさんが主体的に自分と他者との関係を築いていく時期がきたと考えられる。

# 6 考 察

　EMDRは，安心感がどのくらいあるかによってその効力が変わる。不安の強い患者には特に準備の時間を十分にとり，自分の状況を抱えて立ち戻る場所を確保しておくことが大切である。解除反応には身体症状を含むさまざまな状況が現れるので，治療者にとっても，患者とともに「落ち着いている」という課題が負わされる。

　患者がトラウマについて語ることに罪悪感をもっている場合には，「話してはいけない」「心の中で思ってもいけない」という観念に縛られて身体を緩めることができない。このようなときには，「心の中にあるものはそのままでよい。そのことと人の価値とは別である」ことを治療者は安心感とともに強く伝える必要がある。

　Eさんが，自分について「周囲の人と違っていてもよい，これでいいのですね」と語った同じ時期に，A君が「自分でよくやれていると思う」と話している。A君の身体症状と学校生活への適応の程度が比例して改善されつつある時

期であった。A君は友だちもでき自分のペースで生活するようになった。

　親のことを処理することは，子どもの問題を処理することでもある。そのプロセスを効果的に起こせるのがEMDRであるといえる。親が親としてのアイデンティティで子どもを何とかしようとしてもなかなかうまくいかない場合に自分自身に立ち戻ることは，よい親になる効果的な方法である。

　親は自分のトラウマを整理することによってありのままの自分を知り，心細い自分と力強い自分に出会い，さらに今の自分が何によって支えられているのかにも気づく。これらの過程を経て，親は自分のやわらかくなった身体の中に子どもを迎え入れる場所をつくることができる。

　困難の中にいる子どもは，自分の感じる感じ方を親あるいはそれに代わる大人に許されてはじめて，まわりのことがみえるようになり，安心感を基地にして一歩を踏み出すことができるのである。

注1）　Eさんに関しての記述は細部を変えてある。
注2）　Gilliganによれば，どの人間の中核にも破壊されることのない「しなやかで柔軟な部位」がある。この部位は多くの場合，心臓のあたりか太陽神経叢の所在する腹部である。ここを人間の心身の中心と呼ぶ。苦痛を伴った問題を抱えた患者は，内なる中心とのつながりを見失い，彼らが本来もっている力強さや有能さや自信を発揮できない。深呼吸の練習は，呼吸や心拍など無条件に人間存在に与えられている側面に穏やかに焦点をあて，そことのつながりを促す。中心とのつながりが維持できれば，特定の条件下に現れる現象がもたらす否定的要素が失われていく。
注3）　自己間関係理論によれば，人間は2つの部分からなる。それらの関係が存在の基本の単位となる。1つは「身体で経験される自分」で「しなやかで柔軟な部位」を中心とする。もう1つは「認知で経験される自分」で，社会的に最重要な自己アイデンティティである。人間はこのどちらか一方とのみ同一化するならば苦しむことになり，2つの自分を同時に抱えられるなら，自分自身および住む世界への支持的後見技術を獲得することになる。

● 参考文献 ●

1) Gilligan,S.：The Courage to Love：Principles and Practices of Self-relations Psychotherapy, W.W.Norton, 1997.（崎尾英子訳：愛という勇気―自己間関係理論による精神療法の原理と実践．言叢社，東京，1999．）
2) 大河原美以：子供の不適応事例に対するEMDR活用の治療的枠組み．こころの臨床a・la・carte, 18（1），1999．
3) Shapiro,F.：Eye Movement Desensitization and Reprocessing：Basic Principles, Protocols, and Procedures. The Guilford Press, New York, 1995.

# 7 強迫性障害の治療におけるEMDR

## *1* はじめに

　強迫性障害の患者は，自分の内面的な感情に対して無意識に抑制をかけるため，代償として知的な思考が活発になる。さまざまな出来事において生じた感情は，遠い場所に置き去りにされる。自分に起こったことは知的に認識しているが自分の感情には触れないようにしていく中で，意識は強迫行為へと向いていく。なぜ強迫行為をせずにはいられないのかという根本的な苦しみに治療者が触れ，患者が鈍くしているつらさそのものに近づくのは確かに困難だ。しかし，強迫行為はトラウマを回避するための解離状態で起こりうるということを確信したとき，治療のひとつとしてEMDR(Eye Movement Desensitization and Reprocessing)があげられた。主治医がEMDRによって，強迫性障害の患者の心に近づこうとしたのは大きな挑戦だった。面談，薬物療法，他患者とのやりとり，外泊や面会での家族とのやりとり，そして16セッションにわたるEMDR。これらを通して，患者は凍りついていた感情を頭ではなく自分自身の感覚で受け止め始めていった。以下に記す患者と主治医のやりとりは，およそ10カ月に及ぶものである。

武蔵野中央病院／精神科医
村田　玲子

## 2 事例の概要

【クライエント】A君，15歳。9歳で強迫性障害と診断される。
【家族歴】父，母，弟。父は43歳，会社員で，家族の将来を考えると不安や焦りを感じる。母は40歳，専業主婦で，気分が落ち込むことが多い。弟は9歳で小学校3年生。幼い頃に自閉症と診断される。いじめの対象になりやすいため，小学校1年から不登校となる。
【主訴】Aは幼稚園に入園後，場面緘黙が出現した。年々行動面でのこだわりが強くなったため，9歳で当院を受診する。

## 3 治療経過

### 1) EMDR導入までの経緯

　Aの症状は悪化したが，学校には行き続けられたことと弟の症状のほうが大きかったために，Aについての親の病識は十分ではなかった。Aの治療は継続できなかったが，14歳になると学校へ通えなくなり，家の中でまる一日動けないまま1つの場所にとどまっていることも増えた。このときAは，食事や排泄もスムーズにできなくなっていた。対応に困り果てた親が再び当院を訪れるようになった数カ月後，Aは「このままでは死んでしまう」と思い，「奇跡的」に病院に来ることができ，その場で入院となった。

　入院後，Aは病棟の規則的な生活にのることはできたが，強迫行為は依然としてあった。目立った行動は次のようなものである。トイレに入ってから出るまでにかかる時間が長かった。トイレの狭い空間で壁にぶ

つからないように気をつけるためだった。廊下を歩くときも壁にぶつからずに歩けたかどうかが気になり，その場を何度も行ったり来たりした。壁にぶつからなかったという確信がもてるまで同じ場所を歩くというのは，Aにとって「やりなおし」の行為だった。また，歩くときの道順は，どこに行くときも帰りを行きと同じ道同じ場所にするよう気をつけていた。

　ある日，病院のレクリエーションで患者が外に出る機会があった。このとき，Aは帰り道が行きにとった経路と違ったことに戸惑いを感じた。しかし，他の患者には自分の強迫行為を知られたくなかったため，「やりなおし」ができないまま皆と一緒に病棟へ帰った。その後，Aは落ち着かなくなり，「やりなおしをさせてほしい」と主治医に言ってきた。「やりなおし」をしたいのにできない状況におかれたのははじめてだった。

　Aは落ち着いて座っていることができず，病棟の中を行ったり来たりしていた。これまでAは，強迫行為の「やりなおし」や「繰り返しの確認」に毎日相当な時間を費やしてきたので，かなり疲労しているようだった。そこで尋ねてみると，Aはこれらの強迫行為はやめたいと強く思っていることがわかった。しかし，これまで決められた強迫行為をしている間は，自分の身に起きた嫌なことや苦しいことを思い出さなくすんできたという。さらに話をきいていくと，強迫行為をしている間はいつものAと違って頭の中が真っ白だということもわかった。解離状態になり自分自身をコントロールできない状態におくことで，Aは冷静に考えるとばかげているとも思える強迫行為を受け入れることができるようだった。

　主治医はAの強迫行為の刺激となるつらい出来事をトラウマとして扱う必要性を感じ，この治療の最も適当な手段としてEMDRを選択した。今回は他人の目があったために強迫行為をできなかったことを取り上げた。そして，Aに「やりなおし」をさせないままEMDRへ導入していった。

　本来のEMDRの評価をしていくうえで，Aが表現できたものは限られている。Aは，感情を頭で理解しても自分自身の感覚として感じられな

かったため，否定的認知（Negative Cognition；NC），肯定的認知（Positive Cognition；PC），VOC，体の感じは答えられなかった。ゆえに，PCの埋め込み，ボデイ・スキャンはできなかった。評価では画像，感情，SUDsは答えられた。これらに加えて最後の感想も毎回尋ねることにした。

## 2）第1回EMDR（X年8月）：強迫行為について

　　○画像：レクリエーションの後，病棟に戻る場面。
　　○感情：何かそこに大事なものを置き忘れた感じがして，「やりなおし」をするべき場所に「早く戻らなくては」と落ち着かなくなっている。
　　○SUDs：よくわからない。正確な数を決められない。
　　○脱感作：まるで待ちかまえていたかのように，視覚的な映像が約20分間にわたって飛び出した。それは次のような言葉だった。

> ［小学校の校舎。中学校の廊下。昔の古い家。電車。タクシー。通学路。電車。公園。ビル。街。家の前の道。ブランコに乗っている感じ。箱庭。下見に行った中学校。小学校のプール。家の中。昔見た夢。駅名が3つ。古い家の2階。車がたくさん通るビーチ。診察室の前の廊下。世界地図。博物館。病棟内のトイレの壁。中学校の合唱コンクール。売店の前の廊下。遊歩道。昔の家の居間にあったテレビ。中学校の教室。小学校の修学旅行で行ったお寺。母方の祖父母の家の近くの道。中学校の校舎。ブランコに乗っている感じ。小学校の保健室。駅の前。トイレ前の壁。昔の家の2階。酔っているような感じ。タクシーに乗って病院に来たときの道。暑い。中学校の放課後。家族旅行で泊まったホテル］

　　○SUDs：数はよくわからないが，つらさは減った。
　　○最後の感想：夢から現実に戻った感じ。目が疲れたので眠い。

映像が次から次へと移っていった。Aは感情を言葉で表すことは普段

からなかったが，1回目のEMDRも視覚的な記憶のみが羅列した。次の日，1回目のEMDRでどのような変化があったのかをAに尋ねると，「レクリエーションでのことは，過去のことになりつつある」と返ってきた。その後，散歩のときに帰り道を行きの経路と別にしてみたが，Aは前より気にならなくなったと言っていた。

　次にAに起こった大きな出来事は，Aが病棟の生活に慣れ始めた頃のことだった。壁に触ってしまったのかどうかが気になり，Aが部屋の中で立ち続けていたところ，いつもは親切な同室児がイライラしてそれを罵った。どなられたことに加え，この同室児は年上の成人男性であったため，Aの感じる怖さは倍増し，部屋の中で安心していられなくなった。恐怖心は強迫行為を増強し，Aの動きをさらにぎこちなくしていった。Aは他人を悪く言ったり，告げ口にとられるようなことを話したりしたがらなかったため，はじめは主治医にもAの落ち着かない理由がわからなかった。しかしAが事情を教えてくれたあとで，なかなか消えない恐怖心をEMDRで扱うことにした。

### 3) 第2回EMDR（X年11月）：恐怖について

　　○画像：同室児にどなられた場面。
　　○感情：安心できない感じ。
　　○SUDs：8.3（Aは，いつも執拗に正確さにこだわった）
　　○脱感作：Aに浮かんだものは，1回目と同様に視覚的な場面だった。
　　　15分ぐらいの間，次々に言葉が飛び出した。

> ［落ち着かない。船。病院の裏の道。診察室の前の廊下。運河。高速道路。海。どこかの国の渓谷。山。酔ったような気分。公園。野球のバット。小学校の体育のとき校庭でやった手打ち野球。中学校の教室の壁。小学校の手洗い場。遊園地。頭がクラクラしてきた感じ。映画館。中学校のプールと音楽室と体育館。病棟。病棟に行くエレベーターの前。病院のレクリエーション。駅前の広場。病棟］

Aの表情は，どんどん思いつめたものに変わっていった。主治医は，これ以上Aに言葉を出し続けさせると，戻らなければならない病室への緊張感がさらに高まると考え，EMDRを終了した。今回は終わりのSUDsと感想を尋ねられなかった。

　実際にこのとき同室児は自分の病状が悪化していることからイライラし，周囲の人に暴力的な言葉を使っていたので，Aの感じる恐怖は妥当なところがあった。そこで，このまま同じ部屋にいることは，Aが今飛び越えるハードルとして高すぎると思われ，EMDR終了後はAの病室を移動した。その後，Aは緊張感はもちながらも徐々に落ち着きを取り戻した。

　その後Aは，病棟の生活を送るうえで行動面で困ることはほぼなくなっていった。トイレにかかる時間は1時間近かったのが15分ほどになっていた。シャワーは週に3回になり，1回にかかる時間は40分から20分へと減った。はじめの頃40分もかかっていたのは，シャワーが壁に接触してかかっているため壁に触らないように気をつけていたこと，シャンプーが頭に残っているような気がして流すのに時間がかかったことのためだった。しかし，この時期はシャワーのときもかなりスムーズに動けるようになっていた。

　また，Aは壁の存在は時々気になりながらも，気にならないときは自ら壁に触ってみて，不安にならないことを確かめたりもした。

　また，Aはそれまで立ちっぱなしのことが多かったが，ベッドに横になって休める時間も増えていった。これまでAは休みたいと思っても「やりなおし」をしなければならなかったので，横になることができなかったのだ。休めるようになったとき，Aは「体に疲れがたくさんたまっているから，今はゆっくり休みたい」と言っていた。Aには，いまだにこだわったり気になったりすることがあるが，病棟では「やりなおし」はしていない。

　Aが病棟で落ち着いて暮らす様子を数週間観察したあとで，主治医はAに治療の目標を改めて尋ねた。Aの返事は「家の中で自由に動けること」だった。昔から動けない程度は，家の中がどこよりもいちばん大きく強迫行為も多かった。そのためAは，病棟で強迫行為をすることなく

自由に動けるようになった今でも，家に帰ったら入院前と全く同じように強迫行為を繰り返し，スムーズには動けなくなるだろうと思っていた。

　家での強迫行為は，例えば次のようなものだ。Aは家の床の細かいマス目をすべて覚えていて，決められたマス目を正確に踏むというこだわりを幼い頃からもっている。そのため，5メートルほど進むのにも30分ぐらいかかる。また，怖いことやつらかった出来事を家の中で思い出すと，その場から前に進めなくなる。壁に触ったような気がするとその場に戻り，触っていないと確信がもてるまで行ったり来たり「やりなおし」をする。Aは，「これらのような強迫行為をしている場面が思い浮かんでくると自信がなくなり，これからもずっと自由に動けないのではと思い，つらくなる」と話してくれた。強迫行為をやめられないことに関する自信のなさは，トラウマとして現在のAの強迫行為を刺激しているようだった。

　そこで家での動きにくさを感じる場面を画像として，1カ月間にわたり合計5セッションのEMDRを行った。

## 4) 第3回EMDR（X年11月）：家での動きにくさ①

　　○画像：家で夜中に怖いことを思い出し，立ちすくんでいる場面。
　　○感情：怖い。
　　○SUDs：9
　　○脱感作：中学校の放課後。ゴキブリ。病棟でどなられたこと。中学校1年のときの道にまつわるエピソード。（はじめの画像に戻す）病棟での食事風景。（はじめの画像に戻す）テレビに映っている心霊写真の前で動けなくなっている。昔の家が火事になり炎が迫る夢。怖いので夜は窓の外をみられない。夜中に光ってみえるポットの電源。昔の家のとき，ベッドの横に掛かっていた老人の顔のお面。（この後，怖いと感じるものが続いたあと，家で動けずに苦しんだことが浮かんでくる）中学校に通っているとき，スムーズに動けず朝，焦っている様子。キャンプで山に行ったとき，寂しいと感じたこと。家で椅子に座ったまま動けなくなり，夜中一人で座っている

のが孤独で寂しかったこと。
　主治医は，AがEMDRで気持ちを語るのをはじめて聞くことができた。Aの体の緊張感が緩んでいくのを感じたところで終わりとした。
　○SUDs：7か8
　○最後の感想：今回は酔わなかった。

　1回目と2回目のEMDRは，映像が次々に流れ表情も緊張感でかなり固かった。しかし，今回のEMDRは頭に浮かぶことに表情が柔軟についていった。おびえた顔，苦しそうな顔，悲しみが映し出された顔。主治医は，心の奥深くから聞こえてきたAの声に重みを感じた。

## 5）第4回EMDR（X年11月）：家での動きにくさ②

　○画像：家で体の動かし方を忘れてしまったかのように，足が前に進まない場面。
　○感情：不安。
　○SUDs：7
　○脱感作：家の廊下。空港。移動教室で行った海。特になし。（はじめの画像に戻す）昔の家の鳩時計。遊びに行った大学の文化祭。山登り。（はじめの画像に戻す）焦っているのにいつも時間がない。間に合わないので朝必死に宿題をやっているが，まだご飯も食べられていないしトイレにも行けない。中学生になると学校でも動けなくなった。家のトイレ。食堂のテーブル。朝，中学校へ向かって走っている。すごく焦っている。今思い出してもつらい。塾。学校に行こうとして玄関で靴を履いているところ。家のトイレ。階段。2階の部屋。苦しそうに立ち止まっている。病棟。昔の家で育てていた朝顔の花。小学校の運動会の閉会式で，疲れながらも充実感やさわやかな感じをもっているところ。新しい家を建てているところ。食堂のテレビがついている。テーブルには食事がのっている。自分は椅子に座っているが，腰が椅子にぴったりくっついて動けない。小学校の同窓会に行った。そのときもたいへんだった。

30分ぐらいのEMDRのあとで，SUDsは変化しなかった。しかし，家でのつらさをひととおり感じたようだったことと，表情がすっと穏やかになり話題の焦点が動いたことから終わりにした。

- SUDs：7
- 最後の感想：外泊してなんとかなるかもしれないという気持ちと，やっぱりたいへんかもしれないという複雑な気持ち。

Aは不安を感じたままの状態でいられず，意識がはじめの画像から離れがちだ。3回目のEMDRでも同様のことが起こっていたが，これは感情をキャッチすることを避け，強迫行為に意識を向けていった構造によく似ている。そのため，主治医は何度もはじめの画像に戻すことが必要だった。

### 6) 第5回EMDR（X年11月）：家での動きにくさ③

- 画像：家の中で肩が固くなり体も動かず，足の裏が冷たい床から離れなかった場面。
- 感情：緊張感を感じる。
- SUDs：8
- 脱感作：病棟。（足の冷たさを思い出しやすくするため，主治医は，家と同じ裸足になることを提案する）足が冷たい。家の床は木でできているので，でこぼこしている。中学生になってから家の中で動くのがとてもつらくなった。椅子に座っている。特にない。（はじめの画像に戻す）床がかたいので足が痛い。特にない。病棟。（はじめの画像に戻す）柔らかい絨毯やソファーに寝そべりたい。小学生のときに行った公園。中学校1年の朝，動けないのに力を振りしぼって漢字のテストの練習をしている。子どものときに行った動物園を詳しく思い出した。動物園や山に行くのは楽しいがむなしさも感じていた。家の玄関から中に入るには段差があるが，それがとても高く感じる。中学校の入試は行くのが本当にたいへんだった。不合格になるより動けないことのほうが心配だった。中学校の入学式を詳しく思い出した。映画館。家の前に昔は原っぱがあった。そこ

で祖父が虫を捕まえたり，雪だるまをつくったりしてくれた。

家でのつらさから，さまざまな思い出の回想に発展したため終わりにした。

○SUDs：8
○最後の感想：壁に触っても大丈夫だし，家で自由に歩けるようになりたいという気持ちが強くなったので楽になった。

終わりのほうで，Aは生き生きとした表情になっていた。また，EMDR半ばの「むなしい」という複雑な心情を表す言葉がAの口から出たことに主治医は驚いた。そのときのAの表情は，とても心細そうだった。

## 7）第6回EMDR（X年11月）：家での動きにくさ④
○画像：家で足が棒のようになり，椅子から立ち上がれない場面。
○感情：心が重い感じ。
○SUDs：7〜8
○脱感作：つらさははっきりわかるのに，体の感じが思い出せない。思い出せない。玄関に入ったところでもう動けなくなる。段差を昇れない。小学校のときの修学旅行。そのときも家の中ではすでに動けなくなっていた。家の中に入るだけで疲れる。椅子に座ってテレビをみている。楽しくない。つらかった。子どもの頃行った公園。親と一緒でも，家に帰るときは寂しかった。中学校の通学路も寂しい感じがする。昔の家は絨毯を敷いていたので寝転がることができて落ち着けた。新しい家は違う。亡くなった祖母のこと。家のお風呂に入りたくない。一人になるのが怖いし，そこで動けなくなったらどうしようと不安になる。駅の周囲。中学校で動けなくなってからは本当につらかった。それでも毎日行った。特にない。（はじめの画像に戻す）玄関から家に上がる力が出ない。肩がどこかに触ってしまったのではと気になる。家に帰ったとたん，疲れがどっと出

て家に上がれない。家の中は楽しくない。寂しくなる。特に学校のことを考えると,自分のことがむなしくなる。家でお腹がすいても何も食べられないでいるところ。もう何も思い浮かばない。
○SUDs：6～8
○最後の感想：特にない。

　Aの家でのつらさを話す表情には実感が伴ってきたが,過去のこととして振り返られているような,どこか落ち着いた雰囲気も伝わってきた。これまでのEMDRでは言葉が尽きることはなかったが,今回はじめてAから終わりを示唆してきた。さまざまな感情を通過しながら,Aはこれまでいつももち歩いてきたつらさを,少しずつ「終わったこと」として受け入れているようだった。

### 8）第7回EMDR（X年11月）：家での動きにくさ⑤

○画像：家でお風呂に入っている場面。亡くなった祖母の部屋がお風呂の前にある。祖母が出てきそう。静かなお風呂の中で水滴の落ちる音が響く。
○感情：怖い,苦しい。
○SUDs：9
○脱感作：旅館の風呂場。キャンプで山奥にいるとき,一人ぼっちで怖かった。お風呂にいるときの気持ちに似ている。思い出せない。（はじめの画像に戻す）幼い頃,お風呂に入ると蛇口や壁によく頭をぶつけていた。病棟。（はじめの画像に戻す）ボーっとしている。思い出せない。（はじめの画像に戻す）お風呂に入りたくない。家に入りたくない。シャンプーがきれていて,入れ替えるとき寒かった。お風呂は壁に囲まれていて狭いし汚い。車に乗って夜の道を走っている。夜だからまわりは暗い。木がざわざわいっている。何も浮かばない。はじめの場面を思い出せない。
○SUDs：9
○最後の感想：ぼんやりして,よくわからない。

この1週間後，Aは3日間のはじめての外泊に出ることを決意する。1回目の外泊の目的は，Aと主治医との間で次のように決められた。

　第1は，家の中で何ができるようになったのかと今でもできないことが何なのかを確認してくること。ここで主治医は，できることを増やすために我慢してやってみたり努力したりする必要がないことを，Aに強調した。主治医には，これからの外泊を行動療法としてとらえるつもりは全くなかった。Aの動きにくさは，努力不足でも慣れることが必要な状態でもない。置き去りにされた感情とAの内部がどのようにつながっていくのかが最も重要な点である。

　第2の目的は，Aの受け止め始めたさまざまな思いを親に伝える，という試みだった。主治医は，これまで誰にも知ってもらうことのなかったAの思いを親が受け止めていくことは，A自身の安心感を強めるうえで必要だと考えた。

　外泊に行く前，Aが家について話したのは次のことだった。「家は他人が入ってこないので安心できるはずなのになぜか嫌いな場所で，疲れや寂しさを感じる。また，本来昼は学校に行くべきなので家にいると罪悪感をもつし，周囲と同じことをしていないのが不安になる。そのため家の中にいると，立場が低くなるように感じ，むなしくなる。制服を着て学校に通いさえすれば，誰にもばかにされなくてすむ。親が話を聞いてくれなかったり，一人ぼっちにされたりするとイライラする。親は自分より弟のほうが大事なのだろうと思ってきた」

　3日間の外泊から戻って，Aが語ったことは以下のようなものだった。「入浴はできなかった。壁のことがまた気になった。やりなおしをしながら歩いた。何度も立ち止まった。これらは，病棟の中では困難を感じることなくできていることだった。それでも，抱いていた印象と違い，入院前よりはかなり動けると感じた。トイレに入り，食事をし，寝る，という日常生活は何とかできた。玄関の段差もあまり高くは感じなかった。昔から嫌なことがあったり思い出したりしたときは，自分を落ち着かせられるようにいつもの自分に戻れるこだわりをあえてつくってきたのかもしれない。今回外泊してみて，家には自分の心を落ち着かせなくする何かが確かにあると思った」

またAは親に，小学校，中学校でひどいいじめに遇い，どんなに苦しかったかを伝えてきた。親はそのことをはじめて聞かされたので驚いたようだ。そして，これまでAに起こっていることや気持ちをわかってあげられなかったという罪悪感を強く感じたようだ。しかし，戸惑いを感じながらも，両親は真摯な態度でAの気持ちを受け止めた。外泊のことをきっかけにその前後で，Aは家族のことをはじめて語り出した。それは15年間，感じないようにひたすら鈍くし続けてきた家族への思いだった。その後，外泊は月に1度の割合で続けられた。1回の日数は1週間とした。

その後のAとの面談で，祖父は家では絶対的な存在で誰も逆らえなかったことが語られた。祖父との間で起こった印象的な出来事について尋ね，それについてEMDRをすることにした。同居の祖父母は父の両親で，家の中のすべてのことに決定権をもっていた。母は「女は外に出るな」と言われ，従っていた。父は家にいる時間がほとんどなく，祖父母と話すことも少なかった。また，妻がおかれている状態に関して，触れることもなかった。現在祖母はすでに他界し，祖父は4年前に老人性痴呆になったため施設で暮らしている。

## 9) 第10回EMDR（X＋1年1月）：祖父

○画像：友だちの前で祖父に「うるさい」とどなられ，強くたたかれた場面。
○感情：恥ずかしさ，くやしさでいっぱいだった。
○SUDs：9

祖父はいつも悪口を言う人だった。幼稚園の先生を「女のくせに」と言ったり，ニュースをみて「あんなやつは死刑だ」と言ったりしていた。こたつでくつろぐとき，足が祖父の足にぶつかると「じゃまだ」とどなって蹴ってきた。年中誰にでもどなっていた。傷がつくから床でおもちゃを動かしてはいけない，とどなられた。ある日，祖父の部屋の回転椅子で遊んでいると，それをみた祖父が怒りだし，回転できないよう体を椅子に何重にもひもで縛られた。祖父は動物をよく買ってきたが，世話

をしないため皆死んだ。小学校に入学するとき，祖父に「1日でも欠席すると勉強についていけなくなる」と言われた（Aは小学校入学から外に出られなくなった中学校2年まで，「出席」にこだわった。どんなに体調が悪くてもいじめられても，欠席をしたことがない）。行きたくないのに体は学校に向いていた。逃げたいのに体が学校と強くつながっていた。いつも劣等感をもっていた。毎年皆勤賞をもらうことは，自分に価値があると感じ，自信のもてることだった。下級生にからかわれ家まで追いかけられたとき，門に立っていた祖父が怒って追い払ってくれた。祖父は，外での体を使った遊びを教えてくれた。虫のとり方を教えてくれたのも祖父だった。

- SUDs：6
- 最後の感想：悪いイメージが強いのに，なぜか祖父のことを信用している。久しぶりに思い出して，なつかしかった。

　Aの言葉は，これまでの建物や道などの外の世界から内面的な思いに大きく変化していった。そして，徐々に幼い頃の記憶や感情に近づいていった。普段の生活でも病棟の人間関係に感じる困難さには，15歳の少年がもつ現実感があった。今Aが抱える問題とA自身との距離は近くなっている。感覚が敏感になるにつれて，Aの強迫行為は減っていった。

　10回目のEMDRから5日後，施設にいる祖父の体調が悪化し亡くなった。そのため，予定されていた外泊が急遽早められることになった。外泊を前にAは，最近ずっと会っていなかった祖父の亡くなった顔をみることに恐怖を感じているようだった。「葬式に出たくない」と主治医に何度も繰り返し言った。そのたびに主治医は，「祖父が安らかにいけるように，家族が心を一つにして見送ることが大事なのであって，葬式に出るかどうかがいちばん大切なことではない」と伝えた。

　外泊から戻ると，Aは次のように報告した。「葬式には出られなかった。祖父の死よりも自分のことで精一杯だった。しかし，家族と一緒に祖父との別れという重大な場面を迎えられたのはとてもよかった。今は充実感を感じている」

　Aは，病棟では「やりなおし」をしたくなることもなくなった。壁が

気になることもなくなった。トイレ，シャワー，食事，睡眠で困ることもない。しかし家に帰ると，自由に動けなくなる程度は少しずつ小さくなっているものの，いまだに残っている。家では目的地への移動に時間がかかるようだった。Aは，家ではほとんど自分の部屋で過ごすが，トイレや食堂に移動するときには目的地までの距離が果てしなく遠く感じられる。そのために疲労感や恐怖感が増大し，緊張のあまり体が固くなって，足が止まったり，前に進んだり戻ったりを繰り返す。この間は頭がボーっとしているとのことだった。

　早く家で動けるようになりたいというAの焦りが外泊を繰り返すたびに強くなったため，家での動きにくさを改めてEMDRに取り上げることにした。主治医は，頭が真っ白になり意識が遠くへとんで動けなくなったときのAと，意識がはっきりしているAが強く結びつけられるならば，Aはどの場面でも自分の行動をコントロールできるようになるだろうと考えた。今主治医の目の前で落ち着いて座っているAに自分の感覚が薄れていく場面を想起させ，バラバラになったAの感覚を統合することを試みた。そのため，眼球運動（Eye Movement；EM）をするたびにはじめの画像に戻し，そのときの感覚を持続させようとした。

## 10）第12回EMDR（X＋1年3月）：家での動きにくさ⑥

　　○画像：中学校から誰もいない家に帰宅したところ。真っ暗な自分の部屋の前で動けなくなり，長い間立ち尽くした。「誰か早く帰って来て電気をつけて」と願いながら待った。

　　○感情：休みたい。

　　○SUDs：わからない。数字でうまく表せない。

　　○脱感作：椅子があっても座れない。お腹がすいても何も食べられない。トイレに行きたくても行けない。小学校3年のとき，水泳教室に通っていた。学校から帰って昼寝をしていると，起こされてプールに行かされた。その頃は学校に行けていたのが不思議に感じる。家に帰ってから着替えるまでにはいつも何時間もかかった。それでも，学校に遅れたことはなかった。宿題も必ずやった。自分でもどうしてやれていたのか説明できない。奇跡だ。誰かに操られている

ように体が勝手に動いていた。そのうち，学校での動きもつらくなった。水分をとらないようにし，トイレに行く回数も制限した。行動を最低限におさえたかった。中学校2年までは1回も休まなかったし，早退もしなかった。やり続けてきたので，出席することだけは守り続けようと思うようになった。中学校2年になり，はじめて欠席したとき，すべてが壊れたと思った。それを認めることが我慢できなかった。画像の場面の立ち尽くしているとき，思い出していたことがあった。幼い頃，遊び終えた友だちが帰っていくのをみていて感じた切なさや寂しさ。そのとき，すごく寂しかった。黒板をノートに写すとき，完璧に書かなくてはと思っていた。連絡帳をすべてきれいな字に書き直したこともあった。はじめの場面の臨場感が増えた。リアルな感じが増して，つらさも大きくなった。毎日睡眠不足でフラフラになりながら通学し，家では立ったまま寝たり，気がついたら倒れていたりしたこともあった。中学校2年のすごくつらかった時期に，唯一安心できたのは放課後だった。家に帰っても食事もとれない。授業もつらい。放課後だけは友だちと話したりしてリラックスできた。家に帰りたくない，といつも思っていた。
○SUDs：つらさが減ったことはわかるが，数字で言うのは難しい。
○最後の感想：よくこれまで生きてこられたと思う。

全く同じ画像で，2度目のEMDRを行った。

## 11）第13回EMDR（X＋1年3月）：家での動きにくさ⑦

○画像：12回目のEMDRと同じ。
○感情：12回目のEMDRと同じ。
○SUDs：5
○脱感作：母に電気をつけてもらったあと，2,3歩後ろに戻った。長時間立ち止まったことを取り消そうと思った。着替えをしていなかったので，トイレにも行けなかった。トイレの前に着替えをするというルールから外れることはできなかった。中学校に行く道と違う経路で帰ってくると不安になった。やりなおすとその場は安心した

が，不安の程度はどんどん大きくなった。中学校の通学路にはいろいろなものがある。祖父と昔行った公園。父と行った公園。友だちと行った公園。子どものときは魅力的でミステリアスだった場所。どこにあるのかさえわからなかった不思議な場所が，これほど家の近くにあるとは思わなかった。別の公園を思い出した。丸太が並べてある公園。昔はとても大きく感じた。滑り台の梯子が怖くて昇れなかった。

○SUDs：3か4
○最後の感想：目と一緒に，体も横に揺れていた感じがする。さまざまな出来事をどんどん近く感じてきた。でもつらさは減った。

12回目と13回目のEMDRで，治療者は意識してEMのたびにはじめの画像に戻したが，これによってAがそのときに感じた現実感は増したようだった。

この後Aは，家で動けなくなるのは家族との間に起こるさまざまな感情に関係するのかもしれない，ということに気づいた。「家」から「家族」へAの焦点が変化したことは意味深い。

最近家族とのやりとりで強く感じた出来事をAに尋ねてみた。そこで出てきたのは父の話だった。

普段の父は，何か頼むと嫌な顔をしたりいじわるなことを言ったりするのでくやしくなる。父はいつも疲れや絶望感を漂わせている。Aはそれをみていると，自分の気持ちを伝えられなくなる。父とは昔から話さなかったし，関わらなかった。まだ祖父母がいて6人家族のときも，「5人＋父」という感じだった。信頼関係がなかったので，Aと父の二人で出かけるときは緊張した。父と話すことがなかなか見つからなかった。父はすぐ自分の部屋に閉じこもり遠い存在だったため，Aは父のことを指すとき，「あの人」と言うこともあった。

ある日，父が外泊の迎えに来たとき，病院から家までの父の様子にAは腹が立った。その気持ちが，これまで閉じ込めてきた父への思いと重なった。Aは自分の感情をどのように受け止めればよいのかわからなかった。Aが父に感じているものや，何を伝えたいのかを整理するため

EMDRを行った。

## 12) 第14回EMDR（X＋1年3月）：父親①

- <u>画像</u>：病院を出ると，父は「もう限界だ」と言って背中を丸めて歩きだした。全身から力を抜き，みているのも恥ずかしくなるような格好だった。
- <u>感情</u>：父に対してがっかりし，頼りなさを感じていた。
- <u>SUDs</u>：1
- <u>脱感作</u>：小学校1年のときの「家の人の癖」という題の作文が，誰についても全く書けなかったため，母に父の癖を教えてもらいそのまま書いた。しかし，書いたものが自分の言葉ではなかったことが気に入らなかったので，紙をグシャグシャに丸め学校の机の中に隠した。

  また，父の職場を絵に描くという宿題も出た。しかし，自分は父の職場をみたことがないし，何をやっているのかも知らなかったので，父に教えてもらい想像して描いた。

  昔の記憶では，父はニュースをみたり新聞を読んだりする人。父の日にカードをつくったことがある。2年前の家族旅行のこと。そのときは，もう動けなくなっていた。昔は自分も弟も学校に行けたので，父はもっと生き生きとしていた。

  父は仕事があり父親参観にはいつも来なかった。普通は，保護者会や入学式，卒業式はどの家も母親が出る。父親は学校に関わらないものだ。
- <u>SUDs</u>：3～5
- <u>最後の感想</u>：いろいろリアルに感じた。

はじめのSUDsは1と小さい数だったが，この画像でEMDRを行った。Aが画像の場面を話していたときの表情はとても不快そうだったので，頭で考えたつらさと感情の距離は遠いと判断したためだ。

## 13）第15回EMDR（X＋1年4月）：父親②

○画像：父は家に帰るとき，いちばん早く到着する各駅停車に乗りたかった。しかし，Aは乗っている時間の短い急行に乗りたかった。お互いに譲らなかったが，父が強引に各駅停車に乗ろうとした。

○感情：イライラする。怒り。

○SUDs：0～1

○脱感作：幼い頃父と本屋に行った。そのときの父は今のように急いでなかった。小学校のとき遊びにきた友だちが，父の机の上をインクで汚してしまった。あとで自分がやったことにした。友だちに悪い印象をもたれたくなかったので，自分がやったことにしたかった。友だちにやられたことを隠すのは多かった。アスレチックから落とされ怪我をしたときも，自分で落ちたことにした。いじめられて体を傷つけられたときも同じだった。誰にされたかを明らかにするのがいちばん嫌だった。

中学校の運動会に父が来たとき，自分の子どものクラスがわからず，全く違うクラスをビデオに撮っていた。

中学校に入学後は，もう一人でお風呂に入りたかったので，父が一緒に入ってきたときは無神経に感じ，イライラしていた。昔から相手にひきずられて，自分のしたいことができないときにくやしいと感じた。

○SUDs：3

○最後の感想：明日に控えた外泊のことが気になる。思い出してきた感覚に，明日のことが入り込んできた。忘れていたことをたくさん思い出した。

Aの意識は画像から離れやすかったので，14回目と15回目のEMDRも，何度もはじめの画像に戻した。今の感覚とそのときの感覚をつなごうとしたためである。SUDsの数でみると，EMDR後のほうが大きくなっている。それは，Aの意識が向けたものへの感覚が，EMDRによってより敏感になったことを表している。

この後Aは，3日間にわたって自分のことを話し続けた。それは，次

のようなことだった。

「これまで,家で楽しもうとしても楽しめたことがない。寂しさや悲しみがいつもどこかにあった。自分がどう感じているかを,両親に関心をもたれたことはない。家族はいつも大変そうだった。弟が生まれてからは,親は弟にかかりっきりだった。自分の存在感が重いと感じたこともない。今思えばとても心細かったと思う。自分は,幼い頃から泣かない子どもだった。まるで大人のような子どもだった。同じ場所を行ったり来たりしていると,体が沈むぐらい重くなってくる。そして,そこにいるという実感がわく。自分の存在感を感じられる方法でも,それをするのはつらかった。親に関心をもってもらえないことは,特につらくはなかった。でも,鈍くしないと生きてこられなかったのかもしれない。『助けて』と一度も言えなかった。いつの日からか心細いような,寂しいような,妙なむなしさを感じるようになった。今でも,時々この感覚が蘇る」

この感覚をターゲットにしEMDRを行うことにした。

## 14) 第16回EMDR(X+1年4月):むなしさについて

○画像:小学校2年のとき,友だちの家でテレビゲームをしていたら,突然,寂しさや心細さやむなしさを感じた。
○感情:むなしい。寂しい。
○SUDs:4~5
○脱感作:小学校1年のとき,ランドセルに付けていた金色のキーホルダーをなくした。その後,男の子たちが「宝物を手に入れた」と言って,そのキーホルダーを手にしているのをみた。とっさにそれを奪い走り出したら,「泥棒」と追いかけられた。そして,キーホルダーを渡してしまった。小学生のとき忘れ物をすると,自分だけおいていかれたように感じ,つらくなった。

小学校5年のとき先生に,友だち同士でお金の貸し借りはいけないことだと言われた。1回10円のゲームを友だちと二人でやったときに,みているほうが10円を入れてあげたことを思い出し,悪いことをしてしまったと思い,怖くなった。

クラスで，自分の描いた絵を学校の大きなホッチキスで留めるという作業があった。そのとき留め損ねた友だちがどうすればよいのかを自分に相談してきた。そこで，また先生に大きなホッチキスをもってきてもらうことを提案し，友だちがそのとおりにしたら，一人のためだけに大きなホッチキスはもってこられない，と先生が怒った。それをみて，悪いことをした，とすまなく思った。

　小学校のとき，プロレスの技をかけて相手を泣かせてしまった人に，先生が罰として同じことをした。そのとき，その子が痙攣したのをみて怖くなった。小学校2年のとき，隣の席になった女の子たちにつねられたり，思いっきり蹴られたり，けしゴムを切られたりした。つらかった。

　小学校のとき，家族でよく出かけ旅館に泊まったが，そのたびに小学校2年のときに友だちの家で感じたようなむなしさや寂しさを感じた。

○SUDs：6
○最後の感想：いちばん印象に残っていることをやった。核心に迫った感じがした。

　子どものときからAの中にあったものは，自分の思いをわかってくれている人が誰もいない，という悲しみだった。どんなことで傷つき，どんなことを喜びと感じ，どれほど苦しい思いをしているのかをわかってくれる人がいなかった。Aはこれまで，誰かに注目され関心をもたれ大きな安心感に守られるという感覚をもつことなく，寂しさを感じ続けてきたのだった。

# 4 考　察

　EMDRは，過去のさまざまなトラウマを処理するためのものである。Aに関しては，それに加えて鈍くし感じないようにしてきた感情や感覚を，生き生きと感じることを目標とした。Aは何が自分にとっての悲しみで，傷ついたことなのかを感じられなかった。危険なものから自分を守ることができず，ひたす

ら強迫行為に関心を向け，感情を無視することで生きてきた。家族がどのように見守ってきたかとは別に，Aはどんなにつらいときも，誰にも頼らず，たった一人で乗り越えてきたと感じている。心を閉ざし，自分を表現する言葉をもたず，そのときにふりかかっている災難が遠のくことをだけを願い続けてきた。

治療者がAにいつも伝えようとしたことは，当たり前のことではあるが，「生きていれば，誰もが感情をもつ」ということだった。さまざまな場面で，Aにどう思ったかを尋ねたが，一度で答えが返ってきたことはない。はじめは，「わからない」「何も感じなかった」という答えばかりだった。

Aの話のペースにのると，過去のさまざまな出来事が機関銃のように飛び出し，気持ちに触れることがなかった。感情をキャッチするのが難しいとしても，必ず感情は存在してきたはずで，いったいそれは何だったのだろうということを主治医は問い続けた。

その過程で，EMDRの果たした役割は大きい。Aは不快な感じや苦しさを頭の中で知的に処理してきたため，体に生じる不安感は感じることなくそのまま残してきた。そこで主治医は，感じられないままAの体の中に残っている感覚にEMDRによって触れていくことを試みた。

「治療の過程」で述べたように，Aの初期のEMDRでは，一切感情を交えない映像が移り変わった。しかし，EMDRの回数を重ね，毎日の面談が出来事と感情を近づけようとする治療方針から動かなかったので，Aは徐々に内面的な思いに触れていった。

Aの意識が画像から離れやすかったのは，現実感が乏しく個々の場面での解離状態が強かったためだ。また，幼少期の出来事も写真を撮った記憶のように細かく覚えているため，頭の中に蓄積された情報量は膨大だった。EMDRによる刺激で，さまざまな場面が連鎖反応のように飛び出した。主治医はEMDR中に何度もはじめの画像へ戻したが，Aの「その場」に留まっていられない感じは強かった。はじめのSUDsが小さいところから始まっても，出来事や感覚がよりリアルに感じられていくと，終わりのSUDsが大きくなった。

後日同じ画像でEMDRを続けると，終わりのSUDsは小さくなり，つらさは減った。気持ちを語り始めた今も，Aは家での動きにくさを依然感じているが，その程度はかなり小さくなっている。

父，母，弟は2週間に1度，別々の治療者との間で外来の治療を続けている。
　父は，祖父母との関係で生まれてからずっと鈍くしてきた感情を，今こそ自分のこととして引き受け，勇気をもって見つめようとしている。Aにとって長い間，父はよその人というイメージが強かった。父と二人きりにされると，どうふるまえばよいのかもわからなくなった。父は現実から逃れるため，家庭に関わらないようにしてきた。父は今Aから語られることに対して，自分は親として責められるべきだという罪悪感をもつことが多い。Aを前にすると，その場にいることが苦しいこともある。現在，父は自分自身が治療中ではあるが，父としての仕事をすべく，苦しむAをそばで見守っている。命令やアドバイスではなく，「お前もつらいだろうな」という愛情ある眼差しで，Aを見つめている。自分の治療日はもちろんだが，ふらりと病棟のAを訪ね，散歩をしたり，おしゃべりをして帰っていく。近頃の父は疲れた様子もみせず余裕のある表情なので，Aは父と一緒にいて安心していられると話している。
　母は，昔から自分とAの性格が似ていると感じていた。そのため，母は弟に振り回されながら生活している中で，「何もしてあげられなくても，Aは私のつらさはわかってくれるはず」と思うようにしてきた。母は，Aが自分のことは自分で解決するように願ってきたが，今振り返ってみるとAは一人でとてもつらかっただろうと感じている。母は今，Aの思いを正面から受け止める準備をしている。そして，必死に抑えてきた母自身の感情を今こそ大切に扱いながら，過去を振り返ろうとしている。
　Aの次の課題は，感じたことを人に伝えていくことである。うれしさや楽しさを伝えることは，それほど抵抗なくできるようになった。しかし，つらさやいらだちは，特に相手に悪気がない場合や好意からくる場合は言い出せない。
　病が目でみてわかるものではないため，病棟で年上の患者から「早く退院をして，学校に行くほうがよい」と何度もアドバイスされたり，幼い患者には「どうして入院しているのか」としつこく問われたりする。また，少年たちの事件がニュースになると病棟で「心療内科の患者は悪いことをしても，罰を受けなくてもいいらしい」と冗談っぽく言われたりする。
　このようなとき，Aは心の中ではつらいし腹が立つとはっきり感じるようになった。しかし，その感情をもつこと自体が許可できないため，相手に不快感を伝えられず苦しい思いをしている。心ないいじめを長い間受けてきたことで，

言葉が人を深く傷つけることもわかった。Aは，自分が発した言葉によって相手に不快な感情を与えるのではと考えると，自分の感情が妥当なものかどうか自信がもてなくなる。

　また，主治医はAに「これまで腹が立ったり傷ついたりしたときに，どう対処すればよいのかを教えてくれるモデルに出会ったことがない」とも言われた。子どもはもちろんのこと，社会的に機能できている大人の中に，怒りや悲しみの扱い方でモデルになれる人がいったいどれほどいるのだろうか。今，Aは一人で閉じこもってきた殻を割り，自分を深く探っていく過程の中で，周囲との関係に生まれる，さまざまな感情について直面し始めている。

　これから両親はAを家に迎え入れる。そのためには，父と母が自分自身の思いを感じ，伝え合い，夫婦がお互いに支え合っているという実感をもつことが何よりも必要だ。Aが患者になったことで，両親は「家族」を見つめなおすきっかけをもつことができた。

　当科に関わる子どもたちは，多かれ少なかれAのような役割を背負っている。家族の混乱は，子どもが出し口になりやすい。子どもを診るということは，治療者が後ろに控えた家族の問題を治療のうえで引き受けることなのだ。Aの治療に携わったことで，これらのことを改めて確認させられた。

# 8 気持ちを語ることを援助する方法として EMDRを施行した不登校事例2例

## *1* はじめに

　私が勤務する小児総合病院の心療内科・精神科には，腹痛のため学校に行けない，食事が摂れなくなる，無気力になったり，暴力的になったりしてしまう，などの症状を主訴とし来院する子どもたちが後を絶たない。子どもたちは，何らかの事情で，親または周囲の大人が自分を理解し守ってくれる存在ではないと認識した場合，自分の気持ちを言語で伝えることをしなくなり，自らの身体や態度で訴えるようになることが多い。

　子どもたちは，言葉にして語れない自分の苦しさをひとりで抱え，必死で助けを求めているようにみえる。この子どもたちが本来もっている健全さを取り戻すためには，子どもたちの訴えに大人が気づき，安心できる場を提供し，身体や態度だけで苦しさを表現するのではなく，言葉で語れるような状態にしていくことが必要であると考える。なぜなら，アメリカの精神科医であるBessel van der Kolkによると，「過去の不快な経験の断片が，生じたときのままの身体感覚として，言語化されることなく，脳内情報処理回路に貯蔵された場合"心の傷"となる」からである。

　本稿では，自分の気持ちを語ることができない状態にある子どもたちが気持ちを語ることができる状態へと変化していくことを援助する方法として，EMDR（Eye Movement Desensitization and Reprocessing）を用いた2例を報告する。EMDRを導入するに至った根拠は，次に示すとおりである。EMDRは，1987年にアメリカのFrancine Shapiroにより考案された治療法で，心的外傷のもとになったと自覚できる過去の出来事を想起し，①否定的認知（Negative Cognition；NC）：その出来事にまつわる自分に関しての否定的な思い，②感情（Emotion）：その出来事が起こったときに感じた感情，③身体感覚（Body Sensation）：その出来事に伴われた身体感覚，という3つの要素を同時に保持しながら眼球運動（Eye Movement；EM）（あるいは両側の手または膝周囲へのタッピング）を行い，浮かんだ記憶を言語化することにより，過去のことを過去のこととして処理できるという治療法である。この"浮かんだ記憶を言語化する"というEMDRの効果が，自分の気持ちを語ることができない状態にある子どもたちに有効であると考えたからである。

青山心理発達相談室／心理相談員
曽根　美恵

## 2 事　例1

### 1) 事例の概要

【クライエント】A君，12歳，中学1年。
【主訴】いじめによる不登校。朝起きようとするとお腹が痛くなる。
【生育歴】

　3人兄弟の長男として生まれる。母親によると，両親が仕事をもっていたため，4年間保育園に預けられ，小学校に入学する。保育園に通園していた頃は，近所の友達とはあまり遊ばなかった。無口で感情が昂ぶるとすぐに涙ぐんでしまう子だった。小学校3年生のときから，自分で希望し，空手の道場に通うようになり，皆勤賞をとるほどまじめに通った。学校にも道場にも楽しく通っていたが，家では，父親がA君に特別厳しく，A君だけをいつも叱っている光景がみられ，母親はそのことが気がかりだったという。A君も，自分だけが叱られることを不満に思っているようだった。

　A君によると，小学校5年生頃から，クラスメートのX君を中心としたグループから仲間はずれにされたとのこと。仲間はずれに始まったいじめは次第にエスカレートし，ボールをぶつけられたり，授業中に消しゴムを投げつけられたり，机に落書きされたりするようになった。前年の1月中旬頃から，朝，腹痛におそわれるようになり，学校に行きにくくなり，6年生になった前年4月からは，全く学校に行かなくなった。

## 2）治療経過

### a　面接第1〜10回（X−1年4月〜9月）

　A君は，朝起きるとひどい腹痛におそわれ，なかなか起きられない，という訴えで，母親とともに来院。全身から緊張感が伝わってくる感じで，肩をピクピクさせる動きがみられた。言葉は少なく，気持ちを表現することがなかなか困難な様子で，こちらの問いかけに対し，用心深く言葉を選び，ぽつりぽつりと答えるという状態だった。来院時は小学校6年生になっていたが，A君によると，いじめは前の年の5年生の初め頃から始まっていたとのこと。先生に訴えたり，いじめをするクラスメートに直接やめるように訴えたりしたが，状況は変わらなかった。両親には心配をかけるといけないと思い，いじめられていることをなかなか言い出せなかったが，5年生の12月にいじめがエスカレートし，自分ではどうにもならなくなり，思い切って母親に打ち明けた。母親によると，その直後から朝腹痛が起きるようになったので，近医を受診し内科的な検査をしたが，特に異常はなかったとのことだった。また，近医から紹介された大学病院にも検査入院したが，内科的に異常はなかった。その病院で腹痛は精神的なことから起きているのではないかと言われ，当院を受診するに至ったということだった。

　A君の面接は，主治医の診察に合わせ2週に1度と決め，主治医が投薬を含む全体の管理，私（以下，「治療者」）がEMDRを中心とした心理療法を担当するという構造を設定し開始した。

　緊張が高く，気持ちを語ることが困難なA君の状態を緩和するため，A君の同意を得，3回目の面接時よりリラクセーションを目的としたEMDR変法（膝のタッピング。以下，「タッピング」）を導入した。タッピングを導入することにより，A君は落ち着いた気分になれると言うので，第3〜10回の面接時に面談と並行し，毎回タッピングを施行した。同時に母親にタッピングの方法を伝え，自宅でも就寝前に行ってもらうようにした。タッピングにより落ち着いた気分を感じるようになってくると，A君は面接で，自宅で飼い始めた犬の話や学校のことを少しずつ話すようになった。また母親によると，家でも笑いが出るようになってきたとのことだった。

b　面接第11〜18回（X−1年10月〜X年3月）：EMDR導入

　治療者は，A君が病院に慣れ，面接時に落ち着いた気分を十分感じることができるようになったこと，自宅でも安心できる状態であることを確認し，自分のことを語れる状態になったと判断し，本格的にEMDRを導入することにした。

　1回目のEMDRのターゲットは，前年の12月頃から同級生に嫌がらせを受けていたことで，NCは「僕は弱い」，肯定的認知（Positive Cognition；PC）は「僕ははっきり言える」だった。EMにより，同級生からの学校での嫌がらせの内容や，先生のみていないところで嫌がらせが行われたこと，毎日A君がいかに警戒し緊張しながら学校にいる時間を過ごしたか，ということが克明に語られた。EM13セットで，SUDs（Subjective Unit of Disturbance）は10から8にしか落ちなかったが，まだまだ語り尽くせない気持ちがあることが明らかになった。

　2回目のEMDR施行前に，A君から自発的に近況報告があった。朝の腹痛が少し軽くなったこと，夜，寝つくまでに少し時間はかかるが，その間ボーッとしている時間があり嫌な気分ではないこと，学校で卒業アルバムの写真を撮る予定があるが行きたくないこと，病院に来るのに乗物が嫌で，特にバスの臭いが気になることを話してくれた。その後，前回と同様のターゲットでEMを行った。13セットのEMで，同級生から自分が必要ない者のように扱われ自分もそう感じていたこと，同級生がA君にみえるところでA君の悪口を言っていたことが悔しかったことが明らかになった。そして，何のために学校に行っているのかわからなくなっていたとも感じていた。SUDsは前回同様あまり下がらず，8から7に変化するにとどまったが，A君が自分から話すようになったことは大きな変化だった。

　3〜6回目のEMDR施行前には，朝お腹が痛くてすぐに起きられないこと，妹が学校の友達を連れてくると緊張すること，最近飼っている犬がA君に甘えてくること，犬がA君を誘ってくることがわかること，他のペットも全部A君によくなついていること，夜はすぐに眠れるようになったこと，などが話された。自分の気持ちや自分の状態をよく語れるようになったという印象だった。そして，EMDRのターゲットもより具

体的になり,「後ろからボールを投げつけられたこと」が付け加えられた。そのときは、とてもびっくりして緊張し、それからはただ立っているとき、歩いているときでも緊張していたそうだ。EM14セットでは、ボールを投げつけられたとき、投げた4人全員で笑っていたことが非常に大きな衝撃で、その後どうしたらよいかわからなくなるほど困惑したという様子が思い出された。校庭も教室も学校も何もかも嫌になり、自分から何かをするということがなくなり、他の人に合わせるしかなくなった。自分がなくなり、他の人に使われている感じがして、いじめていた人はもちろん他の人も信用できなくなったとのことだった。そして、他の人はよく学校に来られるなと思っていたということが語られた。A君がひとりで、どれほどつらい思いを抱えながら学校に通っていたかが伝わってきた。この間の面接では、A君の話したいことだけで面接時間が経過し、EMDRを施行しない面接も数回あった。

　7回目のEMDRの施行前に、家でムカムカしてストレスがたまる感じがすること、特に母親から「朝早く起きなさい」と言われることが嫌だという訴えがあった。また、家にいるときに感じる安心感も十分ではないということが語られた。その理由として、母親に自分の気持ちを話しても伝わっていない感じがする、父親には自分の気持ちを話す気になれないということがあげられた。そのことをターゲットにEMDRを行ったところ、両親が激しく争うことがストレスになり安心できないということが浮上した。そして、父親からいつも自分ばかりが叱られて不公平な感じがするということも語られた。EM14セットでSUDsは9で変化がなかった。

　治療者は、A君の訴えから、治療を進めていくためには両親の関係調整と、両親のA君への対応の改善が必須であると判断し、A君の了解を得、母親に両親それぞれの面接を提案した。母親はかねてから自分自身の面接の必要性を感じていて、いつか治療者に相談したいと思っていたということだったので、治療者の提案を快く受理した。また、父親にも面接の時間をとってくれるよう伝えてみるということだった。A君に両親それぞれに面接をお願いしたことを伝えると、「お父さんには僕が言うよ」と笑顔で力強く言ってくれた。A君の安心した様子が伝わってき

た。両親の面接は1カ月に1回，A君の主治医と治療者がそれぞれ母親と父親を担当することにした。

c　第19〜28回（X年4月〜6月）：両親の面接開始後のA君の経過

　両親それぞれの面接開始と同時に，A君から，2週に1回だった面接を毎週にしてほしいという希望があった。乗り物に乗ると気分が悪くなり酔ってしまうので，母親と自転車で来るという。A君の自宅から病院までは自転車で2時間近くかかるので，A君と母親にかかる負担を考えると，果たして希望を受け入れてよいものかどうか大いに迷ったが，主治医と検討した結果，"無理をしない"という条件つきでA君の希望に添うことにした。

　この間8〜14回のEMDRを通常の心理面接と交互に施行したが，ターゲットは小学校のいじめの場面から中学に行くことを想定した場面へと変化していった。扱ったターゲットは，「皆より遅れている感じ」「またやられる」「中学校の同級生が来ることを覚悟しておく」などであった。EMにより語られたことは，小学校をもっと早く休みたかった，中学でもまた物を投げられたりするのではないか，中学の先生は小学校の先生より厳しいと聞いているので，守ってもらえないのではないか，いじめがなければ中学に行ける，いじめられるのが僕だけなのは不公平，という内容だった。通常の心理面接では，父親に対し，兄弟げんかをすると必ずA君を叱るので相談しにくいが，最近は父親に嫌なことは嫌だと言えるようになったこと，母親に対してはいろいろ話せるし，A君の話を聞いてくれる感じがするということだった。また，両親のけんかのとばっちりを受けたくない，兄弟げんかに親は口をはさまないでほしいということも話された。

　5月には13歳の誕生日を迎え，バースデーケーキを父親と妹がつくってくれたこと，本当は"木"の形のケーキだったのに"火山"の形になってしまったことを，声を出して笑いながら楽しそうに話していた。中学のことも話題にのぼることが多くなり，いじめる人がいたときに，「やめろ」と言えるが，そう言ったあと，先生に言いつけられたり，他の友達に知られて嫌なことを言われることが心配だと言う。治療者

が＜やめろと言えることはすごいね＞と言うと，得意そうに「そうさ，僕は空手の有段者なんだよ」と胸を張って答えていた。ヘアースタイルやにきびのことを気にするようになったり，「中学生になったんだから自分で勉強しているんだ」と通信教育で勉強するようになったことが自発的に語られ，たくましさが感じられるようになった。また，自転車を利用して通院することは，梅雨の時期にやむを得ず電車で通院するようになったことをきっかけに終わった。中学に行くことに対してはまだまだ抵抗感は大きい状態であるが，自分の力を信じられるようになり，気持ちをありのままに話せるようになったことは大きな変化である。そして，初回面接時は治療者より小さかった背丈が，いつの間にか治療者より大きくなっていたのが印象的だった。

# 3 事例2

## 1）事例の概要

【クライエント】B君，18歳，高校2年。

【主訴】無気力，対人緊張による不登校。同年代の人の前で緊張する，無気力で自分が無意味な気がする。不眠。

【生育歴】

B君は2人兄弟の長男として生まれる。母親によると，B君は言葉が遅く，保育園に通っている頃，一時期チック症状があったとのこと。また，夕方になるとお腹がふくらむ呑気症のような症状が出ていたこともあったという。B君によると，保育園では同年代の子からいじめられることが多く，先生とばかり遊んでいたそうだ。友達の輪に入ることが難しかったとのこと。小学校にあがっても，住んでいる家のことで同級生からからかわれ，学校は楽しくなかった。自分の家が貧しかったことが負い目になり，同級生と親しくなれなかったそうだ。その一方で，勉強や運動は人一倍頑張り，学業はもちろん，運動も剣道と陸上で目立つ存在になっていった。小学校高学年から中学校では，同級生から一目おかれるようになり友達もでき，よく遊んだとのこと。部活はブラスバンドに入り，サックスを一生懸命やった。高校は私立のミッションスクール

に入学したが，同級生となじめず休みがちになっている。

2）治療経過

a　X－2年8月〜X－1年8月：主治医との面接

　　B君によると，中学3年の頃から寝つきが悪くよく眠れないことがたびたびあるとのこと。眠れなかった次の日は判断力が落ち，やる気がなくなる。やる気があるときは勉強をすごくやって成績もよいが，やる気のないときは学校にも行かず布団に入っているという。同年代の人の前で緊張し，怖くなる。今は無気力で，毎日が意味がないような気がするという訴えがあった。うつむきかげんで，表情が乏しく，口数も少なかった。

　　B君の面接は，部活や学校の関係で，最初の1年は1カ月に1回の頻度で，計12回の面接を主治医が担当していたが，B君が全く登校しなくなった時点で，治療者が週1回の面接を担当することになった。この1年間で，B君は，考え方はあまり変わらないが，小さなことを気にしなくなったという。また，あれこれ考えてしまうが，感情が出しにくいという訴えも出てくるようになった。治療者は，感情を言語化するためにEMDRが有効であると判断し，B君にEMDRの説明をし同意を得た。

b　第1〜11回（X－1年9月〜11月）：EMDR導入

　　治療者との初回面接では，昔の嫌な体験をたびたび思い出し，そのことがあるから今やりたいことができなくなっている気がするということが語られた。また，小さい頃から本当に笑ったことはないとのことだった。初回の面接では，EMDR導入のため，まず，safe place（安全な場所）の確保から始めた。

　　2回目の面接では，言葉がとめどなくあふれてくるという様子で，堰を切ったように小学校の頃のいじめられた経験について話した。当時，生活が苦しく，古い借家に住んでいたことでばかにされたことがつらかった。しかし，両親が朝から晩まで身を粉にして働いている様子をみていたので，いじめられていることは言えなかった。大人の会話がわかっていて，家の大変さが伝わってきていたので，両親に負担をかけてはい

けないという思いでいっぱいだった。家のことでばかにされたことが自分の負い目になり，自信を失い，人とうまく付き合えなくなった。勉強や運動や音楽で評価されることに頼り，こだわり続けた。今は，評価されることにこだわることがつまらなく思えるようになった。人付き合いも学校も社会も，すべてが面倒くさくなっている。反抗期もなく親を支え，時間を無駄にしないよう電車の中でも勉強し続けたことに疲れた。まだまだ話し足りない気がするという言葉で面接が終わった。B君の心の中にためられていた思いが噴き出してくるかのようだった。

　3回目の面接でも，B君の話はとどまることがなかった。夢をよくみるようになったが，夢の中で怒っていることが多い。家にいても，疲れていて気力が出ない。両親はB君が学校に行かないことをとても心配している様子，特に父は自分が高校を出ていないので，「学校に行ったほうがよい」としきりに言う。両親の気持ちはよくわかるが，あまりプレッシャーは感じていない。自分から死のうとは思わないが，偶然死ぬならそれもよいと思う。死後の世界をイメージする。それは宇宙空間のようかもしれないと思っている。宇宙のこと，脳のことに興味があり，人の心はどこにあるのだろうと思う。心は自分にしかないものだが，外から認めてもらわないとわからない。脳は宇宙空間のようなもので，宇宙からみると人間はチリのようなものだが，確かに存在していると思う。人間が生まれてくる意味があるとすれば"意志"があるからだと思う。自分には意志があり，存在している実感はあるが，怒り，悲しみ，喜びという感情が薄い。昔はそういうが感情がたくさんあった気がする。1学期に書いた感想文を読んで，先生から「君の文は死んでいる」と言われたが，自分でもそのとおりだと思う。面接で，自分の気持ちをよく話せるようになったという感想を伝えてくれた。

　4回目の面接では，話すことが一段落した感じで，昔のことばかり考えて，今を生きていない感じがするという問題が提起された。そこで，昔のことで気になることをターゲットにして，EMDRを施行した。NCは「僕は消極的」で，PCは「僕は積極的で明るい」だった。SUDs10，VoC（Validity of Cognitions）1で始めた。EM13セットで，小学校の頃家のことでいじめられ，「おまえの家を燃やす」と言われ，本当に燃や

されたらどうしようかと心配したこと，テレビがないことでばかにされ，仲間はずれにされたことが語られた。そして，なんで平等ではないんだろう，なんで自分だけが，と思っていて，一生分の苦しみを味わっているのではないかと感じていたとのことだった。身体感覚も現れ，胸が苦しい，胸と頭が内側から外側に広がる感じがするということが伝えられた。その身体感覚に集中し，EMを5セット施行したところ，苦しい感じは軽減され，SUDsは6に下がった。最後にsafe placeをイメージし，リラクセーションを行い，面接を終了した。小さい頃のB君が，いかに自分の中に語れない気持ちを抱えていたかが伝わってきたセッションだった。

　その後6回目，7回目の面接では，学校をやめたいということを担任の先生に話したということが語られた。学校に行きたいという気持ちがなくなってしまったので，大検を受けようと思っている。学校の友人から電話がよくあり，本当に心配してくれている感じは伝わってくるが，心に響かないという。学校にはもう行かないと決めたら，気持ちは落ち着いた。以前は，ずっと家の中にいて何もする気が湧かなかったが，最近は，アルバイトをしようかなという気持ちが出てきた。親は学校に行ってほしいらしいが，何も言わない。今まで何もしないでいることでイライラしていたが，学校をやめることを決め，少しすっきりしたとのことだった。自分の部屋の掃除をし，アルバイトを探し始めているという。集中力が出てきて，力がついてきた感じがするようになったとほほえみながら語っていた。

　8回目の面接では，退学届を自分で出しにいったが，親がストップをかけているらしく，預かりという形になったことが話された。退学届を出してみたものの，自分が何を考えているかわからない。過去に戻ってやり直したい，生きてきた道が変わればよい，自分に後悔はないが，小さい頃は心があったのに今は心がない感じがするということが話された。現在の自分の気持ちが受け止めきれず，退学届を出したことへの動揺がうかがわれた。

　9回目から11回目の面接では，高校に入学する前は，自分が何者か，それなりにはわかっていたのに，今は自分が何者なのかわからなくなっ

てしまったという。青年期の発達課題でもある自我同一性の獲得に関わるかのような苦しさが語られた。知識で何でも考え，感情が湧いてこないと自分を内省しながらも，人間関係がほしい，早くアルバイトをしたいと外に目が向くようにもなってきた。そして，アルバイトが決まったらピアノを習いたいという希望も語られ，今までは，自分のことしかみていなかったが，今はいろいろな人のことを少しずつ気にするようになってきたと話していた。B君の世界が広がっていく感じがした。

### c 第12～22回（X－1年12月～X年2月）：アルバイト開始後の経過

12回目から14回目の面接では，アルバイトの面接を何回か受け，ガソリンスタンドに決めたということを，ほっとした表情で話してくれた。また，対人関係における問題についても，いつも自分は相談事を聞いている役割になる。友人との関係でも，家でも同様で，特に家では，母親の相談事を聞いていることが多く，B君が一家の父親役をやっているようだったという。父親は影が薄く，自信がない感じで，頼れないのだそうだ。母親の相談事を聞いたり勉強をしたりと，今までは時間が足りない生活をしていて，本も読まなかった。最近は，無性に本を読みたくなり，1日1冊のペースで本を読んでいる。

小学校のときのいじめ体験は少し遠くなった気がするが，まだときどき，ばかにされたことを思い出し，嫌な気分になることがあるということだった。そこで，そのことをターゲットに，2回目のEMDRを施行することにした。NCは「僕の傷は永久に癒えない」，PCは「僕は傷を消したい」で，SUDsが10で，VoCは2だった。EM13セットで，小学校1年生の頃の給食の時間にいつもB君をいじめていた女の子が，B君の机だけ離して仲間はずれにしたこと，意地を張ってひとりで食べていたが，まわりからジロジロみられることがつらかった，先生に気づいてほしかったが気づいてもらえなかったことが思い出された。B君のことを皆が話しているのが聞こえてくると，嫌な気分になったそうだ。また，「おまえの家に火をつけるぞ」と言われるとどうしても引いてしまい，強く出られなくなってしまったとのことだった。

15回目から26回目の面接では，ピアノとサックスを習い始めたこと，

学校をやめて孤独に耐えなければならないこと，アルバイトのことが語られた。ピアノとサックスを習うことはずっと夢だったが，親に月謝を出してもらうつもりはなかった。アルバイトで月謝を自分で出せるようになったので，今が始める時期だと思っている。まだ自分のペースがつかめないが，なるべく毎日練習しようと努力している。大検の勉強もあり，アルバイトも週4日にしたので忙しい。人付き合いが嫌で，ひとりの時間を望み，今はひとりになったが，何かしていないと悲しい。急に昔のことがよみがえると苦しい，また，恥ずかしいことがよみがえるとつらいが，しばらくすると遠い記憶になっていく感じがする，ということだった。母親は，最近よく友人と外出するようになり楽しそうにしている。外出先から母親が突然B君に電話をしてきて，「今楽しい？」と聞くが，包容力のある母親を演じようとしている感じがして，わざとらしい。父親は仕事をしている時間が楽しいと言っている。B君が退学したことを父親はついこの間まで知らなかったと母親から聞かされ，驚いた。両親は重要なことは話さない。父親がずっと孤独な生活をしてきたからかもしれないと，B君は言っていた。B君は，両親を客観的にみるようになってきた。

　勉強はなかなか思うようにいかないが，サックスは主体的に一生懸命にやっている。先生からほめられ，うれしかった。ひとりになりたいと思って退学したが，自由になりすぎている。人は，人を頼り，支えられることがないと生きられないと思う。また，アルバイトをすることの意味がわかったような気がするという。「家以外の世界をもつことかな」と話していた。両親から距離をとり，自分の世界を広げているようだ。

　肩の凝りや後頭部の付け根の痛みがなかなか消えず，よく眠れないという訴えがあったので，21回目の面接でEMDRを施行した。身体感覚に集中してもらい，EMを13セットした。小学生のとき，母を殴った気がする，小学校でもいじめていた強そうな人を殴ったということが思い出された。怒りをこらえていたが，こらえきれなくなったときに殴ったということだった。後半，体が硬くなったが，EMを続けることで次第に身体はゆるんできた。怒りをこらえていたB君の身体は，緊張で硬くなっていたのだろうと想像できた。

d 第23〜41回（X年4月〜7月）：大検に向けての経過

　25回目の面接では，B君の同級生が4月から高校3年生となり，B君自身にとっても大学が身近な問題になってきたということが語られた。まずは大検に挑戦すること，それが自分自身の追求なのであきらめたくない。今日あることを今日こなしていくことの連続かなと言っていた。また，対人関係については，自分はプライドが低いので，自分を高めていくために価値観の違う人，新しい人を求めている。また，自分を理解し，受け止めてくれる人を求めているという気持ちが語られた。

　26回目から38回目の面接では，18歳の誕生日を迎え，サックスの発表会に向け頑張っていること，妹との関係，自分自身の生き方について話された。サックスの発表会に向けての練習は，B君にとって自分との戦いだったようだ。アルバイトが忙しくなり，大検に向けての勉強もしなければならない状況の中，思うようにいかないことが多く，焦る気持ちの中で頑張ったとのこと。自分の気持ちをコントロールしながら，自分の奥にある生命力を信じ，毎日の練習を欠かさなかった。その甲斐あって，発表会は自分なりに満足できる出来栄えだったそうだ。聴きにきてくれた友人からも「感動した」というコメントをもらい，とてもうれしかったとのことだった。この発表会を通して，自分の可能性を信じられるようになり，もっと新しいことができるのではないかと思えるようになった，という感想をもったそうだ。

　小さい頃から妹はいつも自由奔放で，手がかかる子だった。反対にB君は聞き分けのよい子だったそうだ。妹が何かするたびにB君が静める役だった。特に，妹は父親を嫌って激しく反発していたので，兄としていつも妹を静め，仲裁役を引き受けていた。そういう役割を引き受けることに疲れたと感じている。最近は，妹とけんかをするようになったとのこと。けんかの中で，妹がB君をうらやましいと思い，いつも自分と比べていたことを知り，意外だったそうだ。

　自分自身については，自由すぎる孤独の中でよくやっていると思う。すべてではないが，自分で自分の生き方を選んで生きている。アルバイトで，もう少し働きやすくするためには，社員の輪の中に入っていくことが必要だと感じている。仕事が終わってから，ときには社員の人と遊

びにいくなど，B君なりに少しずつ努力しているとのことだった。B君が人と親密になれないのは，自分が相手のニーズに応えてしまい自分を出せなくなってしまうからだと気づいている。今は，自分のことも話せるようにどうにかしたいという気持ちをもっている。対人関係における問題に自分で気づき，克服したいと強く望んでいる気持ちがよくわかった。

　初対面の人と思うように話ができず，緊張してしまうことが不自由だと感じているというB君の状態を取り上げ，EMDRを施行した。初対面の人の前では焦ってしまい，目がしぱしぱして緊張する。それが相手に伝わるのではないかとびくびくしてしまう。そうなると伝えたいことが伝わらず，もどかしい。冗談も言いたいが本気になって言ってしまうので相手に通じない。経済的に恵まれなかったことで自分にひけめを感じていたので，自分の言うことは理解されないという気持ちになってしまうのかもしれないということが語られた。もっと自然に楽になりたいと望んでいるそうだ。

　B君の気持ちがゆるみ，年齢よりも大人っぽい感じのする顔に笑顔が浮かぶと，少年の無邪気さが伝わってくる。同時に，子どもとしての役割以上の役割を果たしてきたB君の苦しさも感じられた。

　この後，8月には大検を受験し，現在は来春の大学入試に向けて，アルバイトをしながら勉強に励んでいる。面接では笑顔が出ることが多くなり，やっと緊張がほぐれてきた感じが伝わってくるようになった。

# 4　考　察

　子どもが自分の気持ちを語れない状態にあるということは，おそらく子どもが自分の気持ちを表現することに対し，親または周囲の大人から"禁止"のメッセージを受け取るからであろう。例えば，家族に緊張関係があった場合，その緊張関係をこれ以上強化しないために，知らず知らずのうちに両親に心配をかけないような"良い子"になり，自分の気持ちを表現しなくなる。また，一生懸命に自分の気持ちを伝えようとしたとき，親または周囲の大人が，子どもの気持ちを受け止め，大切に扱わなかった場合も，伝えることをあきらめ，表

現しなくなる。また，知らず知らずのうちに大人が子どもに本来の役割以外の役割を負わせてしまうことも，子どもが自分の気持ちを語ることに抑制をかける。

　本稿で取り上げた2例は，面接の場でA君もB君も緊張感がゆるみ，自分の気持ちを自由にのびのびと語るようになっている。このような状態になるまで，2例とも約1年の期間を要した。それまでの2人の十数年間は，おそらく自分の気持ちを押さえ込むことに費やされていたのではないかと思う。自分の気持ちを語ることに抑制をかけていたA君とB君が，自分の抑制を解き，語ることを許可するに至った過程に，EMDRの"浮かんだ記憶を言語化する"手続きが非常に大きく貢献したと確信する。

　このように，大人が考える以上に，子どもは大人からの言語的，非言語的メッセージを敏感に受け取り，自分の在り方を決定していくのである。そして，子どもが自分のつらい気持ちを語れないままでいると，その気持ちは癒されることなく心の傷となり，特にのちの対人関係に大きな影響を及ぼす可能性があることは，2例の事例からも明らかである。したがって，親または周囲の大人の役割は，語ることを子どもに許可することであり，誠実な聞き手となることであると考える。子どもたちが，自由にのびのびと自分の気持ちを語り，本来の発達課題に取り組み成長していくことを願い，本稿を終了する。

　最後に，雨の日も風の日もどのような状況にもめげず，1度も休むことなく病院に通い続けたA君とB君の強い意志に敬意を払うとともに，2人を送り出してくださったご家族のご協力に心より感謝します。

これらの症例を担当させていただくにあたり，国立成育医療センター研究所（元国立小児医療研究センター）発生・分化研究部長・藤本純一郎先生のご高配とご協力を賜りましたことに深く感謝致します。

● 参考文献 ●

1) Erikson,E.H.（小比木啓吾訳，編）：自我同一性．誠信書房，東京，1973.
2) Gilligan,S.：The Courage to Love：Principles and Practices of Self-relations Psychotherapy, W.W.Norton, 1997.（崎尾英子訳：愛という勇気―自己間関係理論による精神療法の原理と実践．言叢社，東京，1999.）
3) Shapiro,F.：Eye Movement Desensitization and Reprocessing：Basic Principles, Protocols and Procedures. The Guilford Press, New York, 1995.
4) van der Kolk,B.A., Burbriidge,J.A., Suzuki,J.：The Psychobiology of Traumatic Memory. New York Academy of Sciences, 1997.

# 9 子どもを虐待する母親のPTSDに対するEMDRの活用

## *1* はじめに

　私たち国立小児病院心療内科・精神科でEMDR（Eye Movement Desensitization and Reprocessing）を治療にとりいれてから2年半以上の月日が経過した。またEMDR治療の実践に並行して、この間に私たちはGilligan,S.の自己間関係理論を学ぶ機会に恵まれた。それ以来、Gilligan氏の教えを受け、通常のEMDRではなかなか変化がみられないような、心に深い傷を抱えている患者の治療に臨むとき、彼らに対して、まず自分の内部に起きているさまざまな経験を自分自身のものとして柔軟に感じ、それとともに居ることを決して恐れなくてよいのだということを伝えてきた。この理解を治療者と患者の両者が共有できるようになっていくことがEMDRを行ううえで非常に有効であるという手ごたえを感じている。

　その一例として、ここではかつて被虐待児であった女性（D子）の治療経過を紹介したい。本人が母親となり彼女の心的外傷経験から再び自分の子どもを虐待してしまうこととPTSDと思われる症状[注]を主訴として通院を始めた。EMDRに自己間関係理論に基づくエクササイズを組み込んだ治療が、自分を見つめ直し変わっていきたいと望むD子にどのような変化をもたらしたかに焦点をあてて述べていきたいと思う。彼女の場合は通常の眼球運動（Eye Movement；EM）に加え、両膝のタッピング、また自己間関係理論に基づいた深呼吸、瞑想などさまざまな方法を状況に合わせて取り入れてきた。自分の価値を否定し続け、本来人間がもっているはずの自己を愛していく力を見失ってしまった患者が自分の内部で起こっている気づきを治療者とともに確認していったプロセスは、患者に大きな変化をもたらした。

新宿区立子ども家庭支援センター／精神保健福祉士
守山　由恵

# 2 事例の概要

【クライエント】D子，女性，30歳。
【主訴】子どもを虐待してしまう。生きているのがつらい。
【診断】PTSD
【家族】夫（会社員），長男E（当時3歳1カ月）
【生育歴】
　D子は両親のもと，3人姉弟の長女として生まれた。家は貧しかった。父親のことは「鬼」としか思っていなかった。父と話したことはほとんどない。暴力を受けたのは3人の子どもの中で自分だけだった。母から蒲団たたきで叩かれる，父が木刀で叩く，ミミズ腫れになっても血がにじんでもやめてくれない，など暴力が頻繁に暗に繰り返された。近所の11階建てのマンションから自殺しようといつも考えていた。この頃から小さな家出を繰り返していたが，両親は無関心だった。自分がそういう仕打ちを受けているということが恥ずかしく，学校では誰にも事実を明かさなかった。"きちんとしているよい子"と思われたくて，ずっとそう努めてきた。勉強して認められ，早く就職して一日も早く家を出たいと思っていた。
　親から高校なんか行かなくてよいと言われたが，何とか頼んで行かせてもらった。「行かせていただいているから」ということで，高校を休むことは絶対になかった。高熱のときも，車にぶつかって腰を打撲したときも休まなかった。生理が来なかったのでアルバイトをして婦人科に毎週通院していた。親には言えなかった。生理が来ないということは，女性としても何の価値もない，私なんか生きていてもしかたないとつく

づく思い続けていたのはこの頃。

　高校を卒業後，銀行に就職した。忙しく仕事をすることで嫌なことを忘れようとしていた。もう親とは別世界に生きている感じだった。「とにかく幼少時からずっと親は私をいじめてきた。でも親にそむくと本当に捨てられてしまう」という思いもあった。「私が悪いと思えばすむこと」と思っていた。

　生理はなかったので自分は結婚せず一生仕事をして生きていこうと思っていた。現在の夫からプロポーズされたときも，子どもが産めないからと断った。夫はそれでもいいから，と言ってくれた。夫は何かにつけ自分を守ってくれた。自分のためにこれだけしてくれる人がいる，というのは不思議な感じがした。自分の命をはじめて「捨てたもんじゃないかも」と思えた。夫が子ども好きであることを知っていたので，この人のために妊娠しなければ，と懸命に産婦人科に通った。婦人科の手術も受けたが，その直後ドクターから，妊娠はあきらめましょうと言われた。しかしその後，すぐに妊娠した。その瞬間はうれしかったが，それは目的を達成したという意味だけのうれしさ。お腹に赤ん坊が入っていれば，それでよかった。出産が終わったら私はもう死ぬから，といつも口にしていた。その一方で，出産することで今までの嫌なことを全部出してしまって新しい自分に変われるのだと錯覚していた。

　現実は全然違っていた。出産のとき，赤ん坊（E）が生まれた瞬間に「取り返しのつかないことをしてしまった」と強烈な恐怖に襲われた。それから3年間，子どもを置きざりにして自分は魂も体も消えてしまいたい，と思う日々が続いた。子どもといると苦しい。私は親からこんなに世話をしてもらわなかったと思うと，Eの口をふさぎ，殴ってしまう。かわいいと思うときもあるのに，トイレットトレーニングで失敗をしたEを蹴り飛ばしてしまう自分が恐ろしい。夜になると自分が叩かれた記憶がよみがえり，背中に激痛が走り，恐怖で蒲団に入ったまま動けなくなる。現在，夫は私のこの落ち込んだ状態にうんざりしている。とても理解してはもらえない。夫も苦しんでいるのだと思う。

## 3 事例の概要

### 1) EMDR準備期間（X年2月〜X年5月）：生育歴の聞き取り，治療信頼関係の確立

初診の理由は当時3歳になる長男Eの発達の遅れを気にしてのことだった。しかし，Eには発達で気になるようなことはそれほどみられず，むしろ自分と母親との関係に安心できていない印象が受け取れた。すぐに面接の内容はD子自身の苦しみのことになり，自分が子どもを虐待してきたこと，自分自身も両親から愛情をかけてもらえなかったことを治療者に告げた。D子はとても自信がなさそうで内気な女性にみえたが，「子どもを殴って蹴飛ばしてしまう。口をふさぐこともあるし，うるさいと部屋に鍵をかけて何時間も無視する」と語った。面接を開始してから数カ月間はD子の生育歴を細かく聞き取り，近い将来D子のトラウマ処理のため行うEMDRに向けての準備期間として，信頼関係を確立することに専念した。いうまでもなくEへの虐待をストップさせるためには，D子の心を癒していくことが必須だった。

通院開始後，D子の夫は2回の面接で，彼がD子を支えたくてもうまく表現できないことや，妻という一人の人間さえ守れない挫折感を味わっていることを語り，夫自身も苦しんでいることが確認された。EMDR施行前の数カ月の間，それまで人には話さなかった多くのことを治療者に話すことだけでも，D子に少しずつ変化は起きていた。Eはカトリック系の幼稚園に通うようになった。しかし，D子の人生に対する絶望的な思い，抑うつ感は依然強く，子どもに手をあげることや無視し続けること，また夫とのいさかいは何度か起こっていた。そのたびにD子は「私は生まれてくるべきではなかった」「誰からも私は嫌われている」「自分は嫌な人間だ。自分の存在が許せない」というような否定的な自己批判を繰り返し，これらの「呪いの言葉」がD子自身を追いつめた。

### 2) EMDR1回目（X年6月）：EDMR治療の開始

初回はD子にEMDRに慣れてもらうことも目的にしていたので，SUDsが7程度の小学4年の頃嫌がらせをされたことをTM（Target

Memory：取り扱うつらい経験）に選んだ。
- 否定的自己認知（Negative Cognition；NC）：私は誰からも好かれない。
- 肯定的自己認知（Positive Cognition；PC）：私は対等に扱われる。
- 身体に感じる感覚（Body Sensation；BS）：胸のあたりから後頭部が苦しい感じ。
- 認知の妥当性尺度（Validity of Cognition；VOC）：2
- 主観的障害単位尺度（Subjective Units of Distress；SUDs）：7

EMDR施行後は，SUDs：2，VOC：7。SUDsが0に下がらなかったが，D子の場合は過去の被虐待という重いトラウマがこのTMに記憶ネットワークでつながっていることがSUDsを下げない理由と思われたので，そのときはそれ以上EMを行わず，光のイメージを使ってのリラクゼーションで終了した。

D子は「私はひとりぼっちだったんだな。今の自分があの頃の私を温めてあげたい。大丈夫だよ，と。けんかはするけど夫もいるし，Eもいるし，今は一人じゃないな，って思う」とEMDRの感想を述べた。

### 3）EMDR2回目（X年10月）：地方への転居

初回のEMDR後，D子は夫の転勤で地方に転居する事態となった。EMDR治療を試みた直後だったので治療者もかなり心配したが，調子よく過ごせているということで，何度か電話面接をして次回来院できる日を待つことにした。

約3カ月してSOSの電話があり，来院をすすめた。「地方に引越し，夫と子どもが楽しく遊んでいる。自分がぼんやり孤立している，ここから自分が消えてなくなればいいのに，という気持ち。親に虐待されていていつもこの気持ちだった。怒り，孤独が心の底からわきあがってくる。自分ではコントロールできない。先日夫がEを叱っているとき自分の幼児期のことがフラッシュバックした。『やめて，やめて』と蒲団の中で嗚咽している。抵抗できない自分がよみがえった」と来院したD子は幼児のように泣きながら治療者に語った。この状況はD子の強い感情の表れであったので，このままEMDRを実施することにし，EMDR2回目は，

この幼児期に受けた親からの虐待をTMに取り上げた。
- TM：母親に虐待され，叩かれ続けた記憶。
- 映像：叩かれて気を失い，目を覚ましたら学校に行った洋服のままだった。学校から帰ってすぐ殴られたんだ。
- NC：自分が醜くてたまらない。
- PC：私はそれでも生きていくんだ。
- VOC：1
- SUDs：9
- 感情：あわれでみじめ。
- BS：頭の中から胸が苦しい。手に力が入る（蒲団を握っているから）。

EMDR施行後は，SUDs：3，VOC：7。EMDR開始後しばらくは泣き続けていたD子だった。治療者が「そのままでいいですよ。目を動かしてくださいね」と繰り返し伝え，EMを行った。途中で「こんなに泣いていいって思えるのはどうしてだろう」「泣くのを許されるのは解放されるっていう感じ」「映像がはっきりしてくる」「私は悪くない，かわいそうだったな，と思う」「ずいぶんと気持ちが楽になった」などのコメントが出てきた。

　光のイメージのリラクゼーションと自分の中心を感じながらの深呼吸を行い，終了。遠隔地からの通院だったため，その後また2カ月ほどブランクになってしまうことがわかっていたので，何かあったら病院に電話をするように伝えた。

## 4）EMDR3回目（X年12月）：表出した孤独感に治療の中で向き合う試み

　2カ月ぶりに来院したD子は，「小さい頃から私には居場所がなかった，今もそんな気持ちです。どうすれば転居先で楽しく過ごせるかを考えている。人との接触が息苦しくて体がガチガチになる」と話した。

　3回目のEMDRでは，転居先での保育園の先生や周囲の人たちから避けられているのではないかと思う孤独感，不安をTMに選んだ。
- NC：私は誰からも愛されない。
- PC：私は愛すべき人間である。

○VOC：1
　　　○SUDs：10
　　　○感情：つらくて死んでしまいたい気持ち。
　　　○BS：首から胸。
　この回のEMDRでは，「真っ赤な丘の上にたたずんでいるライオンが何かを叫びたい」「立ちすくんでいる」「振り返ってどこへいったらいいのか考えている」などのイメージが出てきた。そして「あたりは広いのに行き場がない」「誰かを探している。私がそのライオン」「消えてしまいそう」とD子の孤独な心を反映する映像でプロセスが進んでいくうちに，「小さい犬になって広いところに点のようにしかみえない」「犬が尻尾を振っているうしろ姿」「犬が近くに来た」となった。このときでSUDsが6に下がった。さらに第24セット「（保育園の）先生が自分のところに来てくれないのは，何か用事だったのかなって少し余裕をもてる気がする」，第25セット「自分が話したり行動に移さないと，相手もわかってくれない」，第26セット「押せば返してくれるんだなって思う」といったコメントが聞かれた。さらに第27セット「私が話さないから相手も答えてくれない」，第28セット「積極的に自分から話せるようになりたい」，第29セット「話し上手な人がうらやましい」，第30セット「自分も好かれるようになりたい」と進み，SUDsは0，VOCは6で終了した。さらにD子が「孤独感は2ぐらいです」と付け加えた。

## 5）EMDR4回目（X＋1年2月）：自分を後見してくれる存在に出会う

　次の面接時，前回のEMDRを終えたその日，夫の実家に宿泊したD子はちょっとしたきっかけから，夫の両親に自分が虐待されて育ったことをすべて語った，と報告してきた。「自分でもそれを話していることが不思議だった。人になど決して言えないことだと思っていたのに，全部話せたことがうれしい」と話した。夫の両親はD子の話を涙を流しながらよく聴いてくれ，何でも一人で抱えずにこれからも話してくれるように言ってくれたという。D子は「聴いてもらって本当に殻から出られた思い。ずっと我慢してきた。虐待はとても恥ずかしいことだと思ってきた。少しずつ自分を信じてやっていけるような気がしています。だんだ

ん自分を許して人と関わって楽しく過ごしていかれたらなあ，と思います」と語った。EMDRで，本来D子がもっている自分を信じたいという強さと勇気が，肯定的な彼女の後見人（義父，義母）を得ることにつながったのだった。

そこでこの面接ではEMDR4回目として，夫の両親に自分のつらさを話し理解してもらえた喜びをTMに設定し，ポジティブなイメージを強化する膝のタッピングを行った。施行後の安心感は10で，「自分は大丈夫」というPCは7だった。D子の感想は「みんなも私自身もいいなあと思える私になりたい」というものだった。

## 6) EMDR5回目（X＋1年8月）：「いないことにされた私」との出会い

それから約6カ月間（来院は3回）EMDRなしで面接を行った。その間D子は通信教育で，自分史を振り返るという講座をとったという。さすがに彼女にとってこれはつらかったようで，劣等感，不安感に襲われ，調子を崩した。上京し，しばらく夫の実家に滞在するというので，集中的にEMDRを行うことにした。

EMDR5回目を行う前には深呼吸をしながら自分の中心を感じ，そこに今まで「いないことにされていた自分」を探し，それとともにいるエクササイズを試みた。D子の内部には「10歳の醜くてどうにもならない子」が存在していた。その子の声をはじめて共に聞き，その子が生きてきたことをともに身体で経験した。治療者は「よく生きてきたね，苦しかったね，そしてあなたに会えたことがうれしいよ」と，その子がそれでも生きてきたこと，ここに現れてくれたことを感謝した。D子は解除反応を起こし，激しく泣き出したが，そこで両膝のタッピングと深呼吸を導入した。何セットかごとに「今，何が起こっていますか」と聞き，D子の中でプロセスが進んだ。EMDR後のD子の感想は，「自分が受けてきた傷（虐待）は自分のせいだという思いがどうしても消えなかった。つらいと思ってはいけないと。さっき，よく生きてきたね，と言ってくれたこと，そんなこと誰にも言われたことがない。こんな私でも私が今この場にいることを認めてもらえた。問題なのは私ではなく親だった。10歳の子の声を聴いてあげたい。とっても大事なことなんだと感じた。

同情してあげたい」というものだった。そのとき感じるつらさを尋ねると，D子は「さっきはどうにもならなかったけれど，今は"何か開けた"という感じ。つらさは感じない」と答えた。

　1週間後，D子は「この1週間，やさしい気持ちで自分といられた」と報告してきた。しかし，親に対して，なんてひどかったんだろうという怒りを感じるという。そこでその思いが伴う過去の嫌な出来事（親が学校の担任教師に自分の悪口を話したこと）をTMに選び，通常のEMDR（6回目）を行った。
　○NC：私は親に憎まれている。
　○PC：それはもう終わったことだ。
　○VOC：1
　○感情：むかむかする，許せない。
　○BS：手のひらが熱くなる。
　○SUDs：8
　EM開始後，「怒りで体がカッカと熱い，窓からの日差しなのかわからない」「親に対する憎しみ」「家に帰りたくない」「何も言えなくてやり場のない気持ち」などを語っていたD子だが「自分の中で，もういい，もういいって思ってます」「楽になりたい，どうすればいいのか」「現実的に，親と和解ってできないのかなあって」「もう，終わりにしていいように思う」「何を言われても自分が変わるわけじゃない」「すっきりはしないけど，終わったことなんだって思える気持ちです」というプロセスをたどった。SUDsは0に下がり，「あれは終わったことだ，こだわることはない」というPCでVOCは3から7になり，PCの埋め込みをして終了した。
　そのEMDR後，D子は実家を訪ねていき，自分が虐待を受けてきたつらさをはじめて母親に話した。心の治療のために病院に通っていることも話した。それを聞く母の手は震えていたが，口では「私はそんなに叩いていない」と言っていたという。D子は「母がどう答えるかなんて，期待もしていなかった。でも自分の心にわいてきた気持ちを語った。"言ってもいいんだな"という感覚はこれなのかな，と。私も強くなっ

たなと思った」と治療者に話した。

## 8) EMDR7回目（X＋1年11月）：再び東京へ転居

それから3カ月して東京へ転勤してきたことで，再び定期的に通院を開始した。それまでは順調に過ごしていたD子だが，帰ってくると体の不快感（首，肩，胸にかけて緊張感が続くこと，船酔いのような感じ，発汗，下痢）を訴えた。この回のEMDRはこの体の嫌な感じをTMに，両肩のタッピングで行った。

- NC：自分には価値がない。
- PC：自分には生きる価値がある。
- VOC：1
- 感情：逃げ場のないつらさ，自分が消えてしまえばいいのにという気持ち。
- SUDs：9

Eから「ママ，死んでもいいよ。いつ死ぬの？」と言われたこと，「何かわからないけど怖くてたまらない」「息苦しい」「まわりに人がいてもいつもひとりぽっちっていう感じがしてつらい」「足がない，地面についてない，冷たい」などが語られた。この回のEMDRでは，なかなかD子に脱感作が起きずに，SUDsは6で停滞した。時間がなくなってしまったため，足の裏が地面についていること，そして自分の体内にやわらかく温かい中心を感じるように確かめながら，深呼吸をたっぷり時間をかけて行い，少し楽になったところでSUDsが4になったのでそこで終了とし，1週間後にまたこの続きを行うことにした。

## 9) EMDR8回目（X＋1年11月）："感情の痛み"を癒す作業

前回が終結に至らなかったので，1週間後に8回目のEMDRを行った。D子は「少し具合はよくなったけれど，足が地についていない不快な感じ」と訴えた。TMをそのことに定め，両膝タッピングの手法でEMDRを行った。PC，NCなどを定めず「今ここで感じる体のつらさ，わいてくる体の感覚」だけに焦点をあてた。プロセスの中では，「足がない感じ」「頭が締めつけられる」「ふくらはぎのしびれ」「心臓がドキドキ」

「夢。女の人の首吊り」「その人は自分の姿で，怖い」「怖い，手に汗」「それがみえなくなった，暗い部屋」から，次第に怖さが薄らぎ，「足がかたいんだけど"ちゃんとある"っていう感じ」「体中に血が流れている」「怖いのがなくなって明るいところへ出た」「足の指が動く」と体の感覚が動いていった。プロセスの中でかなり体が緊張していたのがみてとれたので，その後，深呼吸をしながら膝のタッピングを行った。終了後，治療者が「体が症状を出して，D子さんが変わっていくのを教えてくれている。内面が変わるときはそれに伴って体に変化が起きるから。この数カ月でD子さんの顔の表情がはっきりとして意思のある顔に変わってきている。大丈夫ですよ」と伝えると，D子は「えっ，本当ですか」と笑顔で答えた。

## 10）EMDR9回目（X＋1年12月）：EMDR9回目以降と今日までの経過

次の面接でD子は，「前回家に帰ってから1週間，昔のことをいろいろと一度に噴出するように思い出した」と自分の子ども時代を思い返し，治療者に語った。同時に「だいぶその過去の光景を眺めていられる感じがします。あの頃の私を私が抱いてあげられるっていう感じかな」と言い，体の不快な症状についても何も言わなくなった。

しかしその当時，主婦が2歳の幼女を殺害するという事件が大きく報道され，それにショックを受けたD子は，自分をその容疑者主婦にだぶらせて，過去の恐怖や地獄のような孤独感におそわれた。しかし，D子はその一件も自分の中を通過させる力を身につけていた。

この後ぐらいから，D子の内部に明らかに変化がみられるような報告を聞けるようになった。「行きつ戻りつだけど，緩やかに登れているかなあと思う」「自分のことを思っているうちに人の悪いところもみえてきた」「人にいろいろと言ってしまう自分にびっくりしている。自分の中にこれほどエネルギーがあったんだなあとびっくりする」「体の中で今まで冷たかったものが温かくなったという感じ」というような言葉で，D子はそれらを表現した。

9～11回目のEMDRは，数カ月の間にこれらのポジティブな感覚を強化することを目標に，D子の希望で両膝のタッピングを行った。そして

何か嫌な出来事を思い出したときには，通常のEMDRを行っていく方針にした。PCは「私は大丈夫，生きていていい」というものだった。「自分の中に温かいエネルギーが満ちてくるのを感じる」「今までの人生ばかりをみてきてしまって，それを悲しみながら今日を生きるので精一杯だった。でも今こうしてここにいられることで未来が続いていることがわかる。"自分を許す感覚"と言われても，3年前だったら意味がわからなかったと思う。今は何かこうじんわり"ああ，こういう感覚かな"と思える」などのコメントがタッピングと深呼吸のエクササイズのあとで語られた。

　それ以降現在まで，D子との面接は1カ月に1回程度で継続している。Eはこの4月に小学1年生になり，D子はPTAの活動にも積極的に参加している。D子は「幼稚園の入園は3年前だけど，振り返ってみると"あー，なんとか乗り越えられているんだ"と思う」と話した。またD子は子どもの頃から歯ぎしりがひどかったために噛み合わせが悪かったのだが，最近歯科医の勧めで歯の矯正を始めた。「自分なんてそんな大金を払ってやってもらう価値なんてないって思っていた。主人がお金は出すよ，歯は大切にしたほうがいいよ，と言ってくれた。私はこんなに大事にしてもらっている，と自分でも思えます」とうれしそうに話した。浮き沈みはあるが，治療者は確実にD子の本当の生命が息づき始めたことを感じている。

# 4 考　察

　Gilliganは，人が人を支えていく後見作業の中で，人間がすべての起こってくる体を通しての経験（怒り，歓喜，恐怖，悲しみ，興奮，嫉妬など）を受け入れ付き合っていくこと，また「いま，ここにいること」を自らの体で実感できることが人に何らかの変化を生み出す大きなエネルギーになると述べている。D子をはじめ，我々が病院で出会う患者は，トラウマが幾重にも重なり，複雑に絡み合った状態である場合が多い。彼らのNCは呪縛の言葉となって彼らを苦しめ続ける。D子の場合も彼女がEに手を上げるその背景にどれだけの荒々しい過去の経験が重なり合っているのだろうか。D子の治療において

EMDRは彼女がそれらの経験に向かい合い，受け入れ，今の自分がそのときに生きていた心細い「私」を支え統合していくという本当に大変な，しかし大きな意味のある仕事だった。またそれはまさしく彼女の体を通しての経験を受け入れていく作業でもあり，「今ここに生きる自分」がその作業を見守り続けたといえる。EMDRの中で出てきた「私は誰からも愛されない」「私は醜くてたまらない」などのNCは本来D子がもって生まれてきたものではなく，環境の中でD子が受け取ってしまったものである。自分を見つめ直し変わっていきたいと望むD子に，今回EMDRとそれをサポートしたさまざまな方法は，人間の誰もが本来もっている自分を後見する力と愛の存在をD子に気づかせ，彼女が十字架のように背負ってきた自分を苦しめるNCを振りほどく作業を進める有効な道具となった。EMDRを通してD子の中で起こった多くの気づきは，本文中のD子のコメントから読み取っていただけるであろう。

　また治療にEMDRを取り入れてからのD子の内面の変化は，それ以前の精神療法と比較すると早いスピードで進んだと思われる。それは，EMDR導入後，転居のため頻回には通院できなかったというデメリットにもかかわらず，面接のたびにD子に変化が認められたことからも明らかであろう。EMDRによってD子の記憶ネットワークは持続的に再処理，再構築を行ってくれていたのである。これについては，最近D子自身も「EMDRは不思議で，そのときは思ってもみないことが口に出る。"ああ，こんなこと，私，思っていたんだ"という感じ。そして次々と思いがつながっていく。自分が変わってきているなと，あとから確かめられる実感があった」とEMDRについての感想を述べている。

　今回のように通常のEMDRと自己内関係理論に基づいたいろいろな方法を取り入れることは，現在我々のチームで日々行われている治療法である。治療者と患者が遠すぎず近すぎず，ともに「その場」にとどまり，過去を再処理し，現在の「それを支えていける私」を経験する作業によって，深く傷つき閉ざされていた患者の心に健康な新しい生命を満たしていくことが可能になっていくものと考えている。

　そして今回，深い傷を抱えていたにもかかわらず，D子自身の前向きな勇気をもって変わっていこうと望み続けた強い意志と，D子が自分の体で起こっていることを柔軟に感じる力，感性を十分に発揮したことが，治療においての何よりも大きなエネルギーになり得たことを述べておきたいと思う。

本症例報告についての協力を快くご了解くださいましたD子さんに感謝を申し上げます。

注) D子がPTSDであるとした診断は，以下の症状を根拠としている。
A 外傷的出来事の内容
 1 患者の体験した外傷経験は重症外傷が生じる恐れ，身体が危険にさらされているという事態に直面したものであった。
 2 患者の当時の反応は極度の恐れ，絶望を伴っていた。
B 外傷的出来事の再体験
 1 現在も児童期から思春期にかけて受けた親からの虐待が繰り返し想起され，覚醒時にその外傷を再体験しているという感覚と，それに伴う身体化症状（背中の激痛，腹痛，下痢，震え，息苦しさなど）がある。それらの再体験，症状を引き起こす刺激は自分の子どもの姿，言動である。
 2 虐待を受けている自分を夢で見ることの反復による精神的苦痛。
C 外傷に関連した刺激の日常的回避，および反応性の鈍麻
 1 外傷を思い出す刺激（実家に行くこと，父母）を極力避けている。また虐待に関しての会話，思考はしないよう努力している。
 2 恒常的に強烈な孤独感，疎外感がある。
 3 自分の将来に期待や希望を全くもてないと感じている（自分の魂と身体ともに跡形もなく消えてしまいたいという思い）。
 4 肯定的感情（特に喜び，うれしさ，愛しいなど）が乏しくそれを感じることができない。
D 昂進した覚醒レベル
 1 入眠や睡眠継続の困難。
 2 怒りやイライラの爆発。
 3 おびえ，恐怖感が強い。
E B，C，Dの症状（障害）が何年もの期間継続していること。
F 症状が日常生活に顕著な障害を引き起こしていること。

●参考文献●

1) Gilligan, S.：The Courage to Love：Principles and Practices of Self-relations Psychotherapy. W.W.Norton, 1997.（崎尾英子訳：愛という勇気—自己間関係理論による精神療法の原理と実践．言叢社，東京，1999.）
2) 岡野憲一郎：外傷性精神障害 心の傷の病理と治療．岩崎学術出版社，東京，1997.

# 10 「ほんとうのことを言うと関係が壊れてしまうのではないか」と恐れる女性のEMDR
－母親面接に導入した1例－

## *1* はじめに

　EMDR（Eye Movement Desensitization and Reprocessing）は，心的外傷後ストレス障害（PTSD）をはじめとして，恐怖症，不安障害などの治療において，有効であるとされている[5]。徐々にその対象枠は広げられ，強迫性障害，薬物依存，摂食障害などの治療にもそれぞれの障害に適したプロトコルが生み出され，実践されている。

　上記のように深刻でないものの，私たちの日常生活においても，他者とのコミュニケーションなどから小さな心の傷を受けることは頻繁に起こる。そして，私たち自身は，それらの否定的な記憶によって，自らの行動を制限したり，感情を抑えたりするなど不自由になりやすい。例えば，ある出来事によって生じた自分にとって体験しがたいほどの強烈な感覚や感情は，未処理のままに放置されることがある。その補償として，出来事は，認知的な理由づけのみに整理されて処理されることがある。次に似たような状況におかれたときには，感覚や感情の部分は凍結されたままないことになり，さらに認知的な整理のみにより，処理されることとなる。繰り返しているうちに，私たちの内部では自分の実感にアクセスする経路が閉ざされ，情報の分断が起きる。自己の実感から離れていくことは，物事に対する自己の関与度をも減少することを意味し，私たちは自分の行為に自信がもてなくなっていく。このように自己の実感から切り離され困難な状態におかれた人が，いわゆる来談者中心法[4]によるカウンセリングの技法によって新たな自己を発見するのは困難[3]であるとされている。実感から切り離されてしまった人へのアプローチとしては，フォーカシング[2]などがあげられるが，まずは，自分の"実感される感覚"と呼ばれる部分に出会うことが，不自由さから解き放たれる第一歩となる。

　EMDRには，映像，認知，感覚／感情という要素からなる情報のパッケージによって構成されるそれぞれの記憶について，要素を統合して記憶を再処理する働きがある。すなわち，断片化された記憶を再処理して全体像としてまとめるので，ないことにされた感覚や感情が賦活されることとなる。ゆえに，頭であれやこれやと考えはするものの実感を伴う感覚や感情に到達しがたい人に施行することによって，その人が，より生き生きとした実感を感じられるようになり，開かれた状態に導く力があると思わ

麻布大学学生相談室／臨床心理士
森　抄子
国立成育医療センターこころの診療部発達心理科／精神科医
中野　三津子

れる。そして，私たちの自己発見のプロセスは，EMDRによって強化された経路によって，新たな課題にぶつかるまで進んでいく。

　本章では，些細でありながらも大きく悩まされる人間関係によってもたらされた困難や，自己内でのコミュニケーション（映像と認知と感覚／感情のつながり）の滞りに対して，EMDRを導入したケースについて報告する。事例のCは，当院を受診した子どもの母親である。Cには「自分の思いをそのまま相手にぶつけると関係が壊れてしまうのではないか」という恐れがあり，家庭内でのコミュニケーションにも影響を与えていたので，その恐れの生じる現実生活での場面についてEMDRで扱った。3回限りの導入ではあったが，日常生活での家族との関係に速やかな変化が生じた。その後の面接では，EMDRの効果の持続が確認されるとともに，"玉ねぎの皮をむいていくようなプロセス"[注] が展開した。Cの事例を通じて，通常の通院カウンセリングのプロセスで，短期的にEMDRを導入することの意義があると思われた。また，子どもが患者である場合も，子ども自身への介入のみならず，子どもを巡るコミュニケーションシステム（例えば子どもとその両親）の変更が大きな介入となるが，その介入にEMDRが有効であると思われた。

## 2 事例の概要

　プライバシー保護のため，詳細は変えている。
【クライエント】Cさん，34歳，女性。
【家族構成】夫（35歳），長男D（6歳）。(X年4月に300km離れた地区から引っ越してくる)
【本人面接までの経緯】Cは，X年6月,「イライラして，友達を些細な

ことでどなったり，けんかをしたりして，キレる。暴力をなくしたい」（Dの主訴），「親に注意されると，パニックになり注意を聞き入れようとしない」（Cの主訴）などを主訴として本院を受診した小学1年生の男児Dの母親である。Dは，エネルギーの塊といった健康的な印象はあったが，険のある表情をした暗い感じの子どもであった。CもDと同様に大地に根づいたしっかりした，エネルギーにあふれ，一生懸命に生きている女性ではあったが，眉間に力が入り，余裕を失っている印象であった。これまで，Cは，子どもに対してあれやこれやと注意をしており，時には同じことについて，繰り返し何度も叱ることがあったようだ。治療者からCに対して，＜子どもへの注意や指示を減らすこと，それ以外の会話をもつよう心がけること＞という指示があり，Cは忠実に実行した。これにより，Dの状態は改善していった。一方，Cのイライラした感じは子どもに表出されず自分の中に抱えた状態になったことによって，Cのつらさは増し，「自分が変わらなければいけないのではないか。でもどう変わったらいいかわからない」と思うに至り，C自身の面接を開始することとなった。また，Cの抑うつ感や気分変調の訴えに対して，抗うつ薬（SSRI）の少量投与も開始した。

【主訴】「イライラして子どもにあたってしまう」「子どもに『勉強するように』などをくどくどと言わないようにしたい」「変わらないといけないとは思うが，どう変わったらいいのかわからない」

## 3 治療の経過

　第1～8回は中野が担当し，第9回からEMDR，面接を森が担当し，終了後，中野がCに「感想」を聞くという形で治療を進めた（以下，「　」はクライエント，＜　＞は治療者の発話）。

【「…べき」に支配される時期】
1）面接第1～7回（X年10月～X+1年3月）
　「イライラしてしまうと，抑えなければいけないと理性では思う。しかし，抑えるとたまって，そのうちに爆発してしまう。子どもや夫に言

ってしまう」「子どもがやるべきことをしていないのでイライラしてしまう」

「夫が自分の話を聞いてくれないからイライラしてしまう，夫に話を聞いてもらいたいのに，父親だから子育てについての話を聞くべきなのに，しっかりと聞いてもらえず，けんかになる」など，家族との間でのいらだちが話の中心として語られた。また，介護職につきたいので専門学校を受験したいという希望をもっていたが，夫には子育中を理由に反対され，母親にも無理だと言われ，自分の言葉や要望は相手に理解されないという思いも抱いていた。

「Dに対して言い含めるようにしている。時間をかけて付き合うと，Dは落ち着いてくる」（第2回）

「Dを呼んでも返事をしないので3回目ぐらいに怒ってしまう」（第3回）

「抑えようとはしているのだが，すごくイライラして，爆発してしまう。ひとこと言うと止まらなくなって，どんどん言いたくなってしまう。子どもがやらなければいけないことが残っていると腹が立つ」（第4回）

「口うるさく細かいことを言わないでおこうと思うとたまっていく。納豆のことで結局30分くらい説教してしまう」（第5回）

「夫に自分の思いをぶつけると，相手のほうが輪をかけて怒ってくるのが嫌」（第6回）

「担任の先生に支えられて，母子ともに安定している。自分はものの言い方がきついかなと思う。自分のペースに子どもをのせたい。私は人のペースに合わせてきた。人一倍好かれるようなことをしなければならないと思っていることに気づいた」（第7回）

**【自分の感覚・感情に再会する時期】**
**2）面接第8回（X＋1年4月）**

「どうして，こんなに他の人に気をつかうようになったのだろうか。中学のときに，とにかくニコニコしなきゃと思うようになった。そう努力したら，笑ったらかわいいねと言われるようになった」

「自分の中での無理が子どもに影響していると思う。依頼を断ると友

達を失うのではないか，嫌われるのではないかという恐怖がある」

「夫に話を聞いてもらおうとすると拒否される。夫からかわいくないと言われる。自分がかわいくないかもしれないと思うと怖くなる」

### 3）面接第9回（X＋1年4月）

前回の面接にて，他者に対する不満だけではなく，自分自身についてのイメージやとらわれなどが語られ，行き詰まった感じが強くなってきたので，EMDRを導入する。

- 映像（TM）：夫にわかってもらおうと思って話すのだが，わかってくれないので言い続けていると夫にどなられる。そのときにかわいくないと思われるのではないかと怖くなる。
- 否定的認知（Negative Cognition；NC）：自分のことはかわいそう，恵まれていないと思う。
- 肯定的認知（Positive Cognition；PC）：自分って，かわいいな，いいなと思えるようになりたい。
- 認知妥当性（VOC）：1
- 主観的障害単位尺度（SUDs）：10
- 感情：みじめ。恐怖。
- 身体感覚（BS）：胸のあたり。

眼球運動（Eye Movement；EM）を始めた。涙があふれ表情に変化があり，Cの中でさまざまな情動が動いているようであった。

はじめの数セットは，怒り，苦しさ，逃げ出したくなる感じが表出される。その後理想どおりにいかないという思いが語られる。10セット目から「助けてほしい，みんなに嫌われるのではないか，ひとりぼっちになるのが嫌だ」，12セット目で「私を認めてほしい。私の意見をつぶさないで」，14セット目で「そんなに泣かなくても乗り越えられてきたから，またできる」と述べ，一段落したので，終了する。終了時のSUDsは5，VOCは2であった。終了後，「自分を奮い立たせて頑張る感じでないと自分には何もない。自分がやりたいと思うことをまわりから認められず，自分のためのエネルギーがつぶされているという思いがある」と述べた。

○感想：中学生のときから，母親や他の人から言われたとおりに動いてきた。自分というものがないのかと思える。そうすると悲しい。

## 4) 面接第10回（X＋1年4月）

○TM：夫とのけんかで言われた捨てぜりふ（きちがい。狂ってる。おかしい。離婚だ）が気にかかる。
○NC：私は嫌われている。
○PC：私は好かれている。
○VOC：1
○SUDs：10
○感情：悲しみと怒りを感じる。
○PS：胸のあたり。

EMを開始した。まず，相手にされない悲しさ，苦しさ，怒りが述べられる。その後，8セット目から「寂しい」「腹が立つ」などの感情表現とのどの奥の不快感，お腹のあたりのもやもやがあげられる。さらに「支えてほしい。荷物を一緒にもってほしい」と述べ，夫に求めているものがだんだんと感じられるようになってきた。12セット目で「心の中が満たされない。夫とわかり合いたい。ともに泣いてくれる，苦しんでくれる人がほしい。夫に命令されるのは嫌だ」と述べ，一山越えて，少し晴れた表情になったので終了する。SUDsは7，VOCは6であった。終了後「うまく伝わらない歯がゆさがある」と述べていた。

○感想：「相手への伝え方が難しいと感じた。言いたいことを言うといつでも夫から別れを宣言されそうな不安がある」と述べるが，同時に「最近は夫と言い合いになりすぎない」と，これまでとは異なる関係の側面も報告された。

## 5) 面接第11回（X＋1年5月）

「夫の一言が気になるけど，強く言われたことではないのにきついことを言われたように私が感じるんだと思う。でも，心に残って，夫ではなく子どもにあたってしまう」

夫との関係において，最初に感じたコミュニケーションの困難な場面

について想起してもらうと，D出産時のエピソードが語られた。
- TM：つわりで具合の悪いとき，夫に「悲惨な顔で出迎えるな」と言われた。冷たくされることが怖かった。頭をこづかれ，布団に転んだときがいちばん怖かった。でも怖がっていることを夫に悟られないようにした。また，母親から"お札"を買うとよいと言われて伝えたとき，夫から「必要ないだろう。親の言いなりなんだろ」と親の前で言われた。"お札"を見ると今も思い出す（涙ぐむ）。
- NC：私の言うことは通じない。
- PC：私の言うことは通じる。
- VOC：1
- SUDs：7
- 感情：はがゆい。いつもそうだ。ぐしゃぐしゃかきむしられる。
- BS：胸で感じる。

EMを開始した。最初は，夫にわかってもらえないという悲しみ，苦しみなどの感情があふれ出ている様子だった。5，6セット目では，「夫への恐怖と同時に，夫との関係を失いたくないのに，なくしそうで不安になる」と述べる。7セット目には，夫に対しては強い口調で主張しているものの，内心ではしどろもどろになっている自分を実感する。その後，「夫に支えになってほしい」「夫の言いなりになる自分に腹が立つ。怖くて，反対されると最後まで思ったことを言いきれない。のども腹部も詰まる感じがする」と述べる。10セット目で，もやもやしている感覚は残っていたものの，SUDsが7まで下がったのでひとまず終了とした。その後「親の意向をかなえてあげたいことを夫に伝えてみればよかったのだが，うまく言えなかった。普段から，自分の本当の気持ちがわからない。自分の中のより深いところで，しずみこませて感じることができない」と述べた。PSとして疲労感と体がしびれる感覚が報告されたので，深呼吸をして終了した。

- 感想：まず自分で感じるということをするのが大切で，感じてから言うことにするともっと伝わるのではないかと思う。

## 6) 面接第12回（X＋1年5月）

夫とのけんかのエピソードをあふれるばかりに語る。自分では夫の気にさわるような言動をしていないのに，夫から「ばかにしている」と言われ納得がいかないと認知的にまとめてはいたが，けんかの火種になるような夫に対する否定的な感情は確かに存在していた。本人はまだその感情を否認しようとしていた。感情面に焦点をあてて質問していくと，だんだんと自分の実感に近づいていく感じがあった。

「夫とくだらないことでけんかしてしまった。自分が言いたいなと思ったことは口に出して言いたくなる。私は私なんだからというのを認めてほしい。嫌なのを嫌と言えない。嫌と言うと離婚すると言われるのではと思っている。頭では簡単に離婚にはならないとわかるけど，ここ（腹部）ではちがう。ごちゃごちゃになって混乱している」

　○感想：「私がいるという感覚をもちたい。私自身でいたい」と言うが，"私"の中味については，具体的には浮かばないようであった。

## 7) 面接第13回（X＋1年5月）

「子どもと接するときには，少し気が楽になった。子どもに怒っても，何で怒ったのか理由（お母さん自身が気がかりなことがあったのだ，など）を言えば，ことが大きくならずにすんだ。私がイライラしていることを伝えられるようになり，いきなりぶつけることがなかった。何かしらのプレッシャーがあって，怖い。それへの恐れにとらわれているんだと思うようになった」

表情がいくぶん明るくなり，余分な力が抜けたような印象を受ける。

　○感想：すっきりしたようなさっぱりしたような。自分に適当でもいいじゃないと思えるようになってきた。自分の言いたいことをためずにすっと言えるようになっている。すっと言えるのでこだわらずにすんでいる。

## 8) 面接第14回（X＋1年5月）

「波風がたつこともなく言いたいことが言えた。たまに，子どもにぐじゅぐじゅ言ってしまうことがあった。考えるよりも先に，がっと言う

ことを体が選んでいた」

　そのときにとらわれていた感覚について尋ねると，何かに気づいた様子で，急にぱっと表情が明るくなった。「急がなくちゃ，時間がないと思っていた。夫が帰ってくる時間だったので，顔が浮かんだ。パートの仕事を始めたこともあって，夫に満足いく夕飯ができなかった自分に対して罪悪感がつのっていた」「本当は夫に対して，（子どもが駄々をこねる感じで）嫌だ嫌だと言ってみたいのかもしれない」

　　○感想：「自分をじわじわと締めつけていく力が働く」＜夫が完璧を望んでいると思う？＞と尋ねると，「絶対違うと思う。幼少期，母に期待されたことのように思う。母は完璧だった」と答えた。＜完璧な母に足りなかったところは？＞と尋ねると，「時間がなかった。一緒に遊んでくれない。私がしたいことをしてくれてはいなかった。これまで，そういうところが母に足りないことだとは気づいていなかった。だから子どもに与えられなかった。経験がないから与えられない」「ここで時間をとってもらって，確固たる時間，すごく安心できる時間だと思う」

### 9）面接第15回（X＋1年6月）

「自分ではあまりわからないけど，結構怒っている。子どもについては，学校でのルールを守れず，かといってそれを自分で何とかするという責任感のない態度にイライラして，怒っていて歯止めがきかなくなった。時間がたつと，どうしてそんなに怒っていたのか，許せなくなっていたのかわからない」と語られる。話の中での焦っている感覚に焦点をあてると「母のことが浮かぶ。何でも早く，何でもできる口八丁手八丁が美徳だと思っている。間がおけない感じがある」

　　○感想：皆ペースが違う。それを，どう合わせていくか，考えるところにきている。

### 10）面接第16回（X＋1年6月）

「子どもにはいろいろ言ってしまうけど，言っていけないわけではないのかなと思うようになった。朝のことは朝のこととして思えるように

なり，長く言い続けなくなった。前は，ずっと夜まで引きずっていた。ただし，まわりの評価が気になるというのは引きずる。（そういう傾向は）ずいぶん消えたが，周囲によく評価されるというのが目標になるところがある。のんびりしたいなと思うと，怠けてはいけないというのが出てきてしまう。自分が苦手だったりうまくできなかったりしたことは親に手を出されてきたので，ついついDにも手を出してしまう。自分で自分のことに責任がとれない感じがある」

　　○感想：子どもに対する自分の行動は親からもらったものだと思う。子どものときは不愉快だと感じなかったが，子どもは不愉快と感じているんだと思うようになった。私が言いたいことは，子どもにはわかっているという感じがする。

## 11）面接第17回（X＋1年6月）

　　自分では変わっている実感がないものの，気持ちとしては楽であることが報告される。「自分のことは変わっていないけど，まあいいかと思える。叱ったあとに，子どももあとを引いていないし，私も追求はしなくなった。仕事に行き，家でひとりで勝手に心配する時間が減った。家族中がイライラの対立で皆がそれぞれに救われない感じだったが，そうでもない家族内の関係ができている。夫の言動に全身を支配されるような感じがしていたことを頭で考えて夫に言ったが伝わらなくて，けんかが多かった。今は前みたいに理屈で考えなくて楽になった。8割はあっそうと腹のあたりで受けて，理屈で考えるのは2割程度になっている。最終的にあとに引くのは1割くらいになった。子どもとのことは，少しイライラして半分くらい頭で受ける感じ。理屈がたっていると腹が立つ。子どもにイライラするのは理屈で考える夫に対する態度とは違う。なんでそう思ってしまうのかわからない。感覚の部分（胸から腹部にかけて）で認められない」と言う。＜その感覚は何歳くらいのものか？＞と尋ねると，「中学生くらいに戻る。その頃に，早いのが美徳というのが，自分の感じ方や考え方に植えつけられた感じがある。母に教えられたことであり，そのイメージが焼きついている」と答える。

　　○感想：頭の中のことの処理は進んでいると思う。感覚的なことでま

> だまだ未処理なところがあり，それに大きな影響を受けている。物事が早くできないことについては，子どもに対しても自分に対しても嫌悪感があるということがわかった。その嫌悪感は，頭で考えたことではなくて，体から出てきてしまうという感じ。Dが「けんかして友達をたたきたいと思ったけど，体が動かず，体が暴力できなくなった」と言っていた。子どもの暴力の感じが頭で考えたこととは切り離されて，体だけで行ってしまっている感じで，自分と同じことが起こっていたんだなと思った。

## 4 考　察

### 1) EMDR導入までの流れ

　子どもが友達に暴力をふるう，怒りやすいという主訴で当院に母親として来院したCは，当初子どもを何かと注意し，語気の強い調子で叱っていた様子であった。受診後，子どもに対する指示を減らすこと，それ以外の会話をもつよう心がけることという治療者側の指示を受け入れ忠実に実行した。それにより，子どもの状態は改善した。それまでの彼女は，「言いたいことを言う」ことによって，本人も意識して感じる以前の未分化な感情であるイライラを発散させていた。しかし，その行為にブレーキをかけたため，これまで子どもに向けられていた激しい衝動的なエネルギーの出口が閉ざされてしまった。その結果，自分自身の感情（「イライラ」）や問題に向き合わざるを得なくなり，C自身の治療の場を設けることとなった。面接を続けるうちに，C自身の中で，これまで目を向けられることはなかったが確かに存在した「イライラする感情」「他者に対する気づかい」「かわいい人でありたい」などの気持ちがはっきりと感じられるようになり，それにともない彼女の緊張は高まり，苦しさも高まり，治療意欲を高めることとなっていった。

　Cのイライラとした感じは夫に対しても向けられていた。「父親なんだから子どものことについての話を聞くべきである」という考えを前面に出して，話を聞いてもらおうとしていたが，彼女の感情の勢いは夫にも伝わっていたようである。結局，彼女の主張は，夫には聞き入れられずにけんかとなり，夫の「離婚するぞ。きちがい」などの尋常でない言葉によって会話が打ち切られる

という夫婦のコミュニケーションパターンが続いていた。Cには，「夫は話を聞いてくれない」という固定化された思いやそれにともなう怒りや夫の剣幕に圧倒された恐怖が蓄積され，言い合いを重ねるごとにこれらの感情は大きくなっていった。そして，夫との関係や自分の行き場のない感情を何とかしたいという思いは切実で，涙をともなって語られることが多くなっていった。

## 2) EMDRの導入

　どこで自分がうまく動けなくなるか，行き詰まる感じがする，という気づきはあっても，感覚的なものと結びついたり昔の記憶と結びついたりして，何かが進んでいく感じが得られない状態が続いていたので，EMDRを導入することにした。自分に対する否定的な思いというのは，人生早期に人からもらったものである。私たちの日常生活の中で，動きにくく不自由であるという感じの多くは，特に母親との関係の中で本来自分がもっている力を出せていたら違和感はないはずだと考えられるからである。凍結している思考および情動のプロセスを解放して，さらに新しい自分を見つけるために，EMDRを用いた。

　Cにとって最も意識化されている困難な場面は，夫とのけんかになるときの場面だった。

　夫に話を聞いてもらえないいらだちと，彼女の感情を覆い隠し，理屈で主張することによってけんかがひどくなるという悪循環が続いていた。EMDR導入後もはじめはその感情に圧倒されていたが，EMを続けることで，その感情を通過することができ，夫から受けた圧力に圧倒されていた感覚が弱まり，本当に自分自身が言いたかったこと，感じていたことについてだんだんと感じられるようになっていった。彼女の中では「…べき」という表現から，「寂しい」という私の気持ちをわかってほしい，ただ認めてほしいという表現となっていった。

　第11回では，これまで自分が本当に自分の気持ちを理解していなかったこと，自分の中の深いところから感じて表現することができなかったという気づき，「感じてから言うことにするともっと伝わると思う」と述べるに至っている。EMDRによって，これまでとは違った，閉じられていたプロセスが賦活された。その後，EMDRによらなくても面接の会話の中で自分の感じを大切にすることがだんだんと可能になってきている。

現在は，彼女を問題の本質から遠ざけていた激しい怒りと身のすくむような恐怖の感情はおおむね解消され，「私はよい人に変わらなくてはならない」と思っていたのが「私は私でよいのだ。こんな私でもいいと思ってくれる人もいる」と思えるようになった。Dや夫との関係も改善していることが報告されている。

### 3）EMDRの導入後

本来生育歴から引きずっている「焦ってしまう」感覚とそれをもらった母親との関係についてや，またそれを引きずって関わってしまっている息子との関係について，焦点があたり始めた。「焦ってしまう」感覚とは，体からわき出てくる感覚や情動によって，ほとんど反射的に子どもの態度が許せなくなり，衝動的に怒ってしまうとのことである。今後の課題は，その感覚と情動だけが突出し，認知的な自分が切り離されているのをつなげることであり，EMDRの導入を検討している。

### 4）EMDRの果たした役割

日常における家族との不和や対立によって受ける無数の心の傷は，気づかぬうちに私たちに蓄積されていく。

上記の心の傷に触れたくない心情が，私たちをより深部の自己から切り離し，不自由な人間関係を反復させる。EMDRの過程はまず，安心できる状態において，個人としてトラウマになった記憶に向き合うことにより，脱感作を起こす。圧倒されていた感情，感覚（Cの場合は夫に対する恐怖と怒り）が統合的に処理されていき，本来自分がもっていた感覚，感情，体の感覚，認知にアクセスできるようになっていく。

未処理のままで維持されていた情動記憶は，自分の内部に居場所を許されていない。そのような感情の破壊的な力は大変強く，他者を攻撃するかもしくは自分自身へと向かう危険性をはらんでいる。その意味では，Cをはじめとして私たちが日常生活において「本当に思っていること（この場合は概して否定的内容のもの）を伝えたら，相手との関係が壊れてしまうのではないか」という恐れは現実のものとして感じるであろうし，実際そのように作用することも多いであろう。しかしながら，本来の自分自身とつながって自己の内部に統合さ

れた自分の感情に気づけば，その言葉の破壊力は消失し，自己にも相手にも受け入れられる自己表現が可能になる。

自己間関係理論[1]においては，あらゆるものはその対立物を包含するという原理がある。そもそも，私たちがそれぞれに独立した存在であるためには，それを支える別の存在が必須である。お互いが真に個として存在できれば，個を含む全体へとつながることができる。それゆえに，真の自分の中心とつながり，感覚をもつことができ，身体感覚と認知活動を統合できたＣが本当に自分の言いたいことを見つけたときには，Ｃは本当の自分という感覚をもつことができ，その場は夫とも共有できたのであろう。

本事例の場合には，母親であるＣの面接にEMDRを用いた。母親自身の現実に困っている場面に対してEMDRを導入することにより，短期間にて記憶を再処理することが可能となり，停滞していた家族内のコミュニケーションにも有効な介入となった。

## 5）面接の構造について

面接の構造も治療の展開に大きく貢献したと思われるので取り上げておく。

Ｃの場合は，基本的な信頼感は獲得されており，重篤な症状もなく，特記するようなパーソナリティの偏りも認められなかった。彼女のように社会生活上，自分と他者の間合いが程よく保てるという意味で健康的な人の場合というのが，この面接構造の前提条件であると思われる。

Ｃの第9回目の面接より，森がEMDRを担当してから終了後に中野が感想を聞くという形式をとった。まずは，これによって新しい担当者の治療チームへのスムーズな参加を可能にした。

この形式では，一方の治療者との面接を終えたあとに，Ｃは待合室での時間を過ごし，今度は別の場所で別の治療者に感想を聞かれて述べることになっている。

実際に作業を行ったクライエント－治療者二者関係の中で，プロセスの直後に求められる感想というのは，生き生きとした感覚ではあっても，二者関係に埋没したものになりやすく，特にクライエントの治療者への気づかいによるものも含まれたコメントに終始してしまう危険も有している。また，その時間を離れてしまえば，確かに生起した体の感覚，情動は，消えてしまう可能性が高

く，そのときのその感覚に戻りにくい人々も多いのが実情である。何がそのときに起こったのかというプロセスの全体像を認知的にまとめておくことは，時として次の段階に進む手がかりとなりやすい。しかも，言語化して，体での感覚と認知的なまとめを統合させることは，クライエント自身が統合した形で存在するのを助ける。この面接の構造によって，Cが自分のたどったプロセスの全容をより高次な段階でとらえ直す助けとなったようである。

例えていうならば，この面接の過程は身の丈以上はあるような背の高い草むらをかきわけかきわけどこへ行き着くのかもわからず進んでいるようなものであった。一方感想を聞く場面というのは，その道から少し離れた丘のような一段高いところに身をおくようなもので，たどった足跡の全体像を眺め，とらえ直し，言語化することに一役買った。これによって，Cの自己発見は次のステップへとつながっていった。

## 5 まとめ

1) 子どもの問題を主訴として来院した母親の面接で，母親自身の否定的な記憶についてEMDRで扱った。短期間の導入ではあったが，自己発見のプロセスに大きく貢献した。外来の面接において必要時に用いることも有効であると思われた。

2) 子どもの問題を主訴として来談した場合でも，子どもを巡るコミュニケーションシステムの構成員としての母親への働きかけは大変重要である。本事例の場合には，母親自身の行動パターンに対する指示を与え，行き詰まったところで母親自身の凍結した思考や情動をEMDRで再処理した。EMDRは，家族内の新しいコミュニケーションパターンの生成に寄与した。

3) EMDRでは，個人の中でスムーズな情報処理が行われていないような対人関係場面における否定的な記憶を扱うことにより，本来の個人がもっている実感としての感覚に再び出会うのを助け，記憶の再処理を促進させる。そして，行き詰まりの解消によって，扉を一つ一つ開けていくような形での自己発見を助けることができる。

4) EMDRの情報処理パッケージの概念は，私たちの内部におけるコミュニ

ケーションがどこで滞っているのか，統合されているかを知る手がかりを与えてくれる．患者のみならず治療者自身の内部でのまとまりを知るうえでの助けとなる．

本章を終えるにあたり，EMDRのワークに真摯に取り組まれ，通過され，ここに報告することを許してくださったCさんに，改めて感謝申し上げます．

注）EMDRの講習では，EMDRの作用が玉ねぎにたとえられる．最初に，最も意識化されやすい記憶の層を扱い，再処理がなされると別の記憶の層が顕在化し，再処理するということを繰り返し，中核に迫っていくというイメージを指している．

#### ●参考文献●

1) Gilligan,S.：The Courage to Love：Principles and Practices of Self-relations Psychotherapy, W.W.Norton, 1997.（崎尾英子訳：愛という勇気―自己間関係理論による精神療法の原理と実践．言叢社，東京，1999.）
2) ジェンドリン，E.（村山正治，都留春夫他訳）：フォーカシング．福村出版，1982.
3) 池見陽：心のメッセージを聴く 実感が語る心理学．講談社現代新書，1995.
4) ロジャース,C.R.（伊藤博編訳）：パーソナリティ理論．ロージァズ全集第8巻．岩崎学術出版社，東京，1967.
5) Shapiro, F.：Eye Movement Desensitization and Reprocessing：Basic Principles, Protocols, and Procedures. Guilford Press, New York, 1995.

# 11 小児慢性疾患の治療過程での
# トラウマへのEMDR治療

## *1* はじめに

　幼児期に発症する慢性進行性疾患の患者は疾患をめぐる多くの困難をかかえる。

　まず，疾患自体や疾患治療における身体的な苦痛がある。それに加えて，幼稚園，小学校と知識を得て仲間を得て社会化されていく過程で自分がおかれている特殊な状況に気づき，周囲との関係の中で不安や精神的な苦痛を意識するようになる。それぞれに固有の問題をもつ家族の関係で起こる緊張や不安を中心にして，疾患への不安，医療という受け身の立場におかれたときに引き受けてしまうことになる不安や痛みが複雑に絡み合ってくる。思春期に入る頃，改めてその問題に直面し表面化する。患者も家族もトラウマは大きい。高度な医療が行われている現在，先天性疾患や慢性疾患に対する長い治療過程で起こるさまざまなこころの問題は，医者がますます考えていかなければならない問題と思われる。

　小児慢性疾患の治療過程で表面化したこころの問題に対して，EMDRの考え方[1]に基づく治療を用いて患者と母親それぞれの面接を行った症例について報告し，浮かび上がってくる問題について検討してみたい。また今回は身体疾患についての検討ではないので，身体的な症状については必要最小限の記述にとどめる。

国立成育医療センターこころの診療部発達心理科／精神科医
中野　三津子

## 2 事例の概要

【クライエント】Sさん，中学3年，女子。3歳時発症の慢性進行性の疾患で中学1年のときから約2年間にわたる5回目の入院のあと，本人と母親の希望で面接を始めることになった。5回目の入院中に車椅子を使うようになっていた。
【家族】両親，兄の4人。（Sの面接を始めて約1カ月たった頃，母親の希望もあって母親の面接も開始した）
【主訴】疾患の進行によって身体の不自由が増していくことの不安と，十数年診てもらってきた主治医（以下，E医師またはE先生とする）との治療関係での不安であった。はじめは1週間に1度の割合で会うことにした。第15回以降2〜3週間に1度のペースになった。Sは50回まで，母親は39回までの経過を5期に分けて書く。

## 3 治療の経過

### 1）Sの面接

a　第1期（面接第1〜14回）：怒りの表出

●第1回●「退院して2カ月，徐々に身体が動きにくくなっていっている。痛みもある。もっと動かなくなることが心配。症状を話してもE先生にわかってもらっている気がしない。移動にも母親の助けを借りなければならず，負担をかけているようで心配。『つらい』とか『痛い』とか言うと，母親は悲しむ気がする。親の前では泣きたくなくてつらさがたまっていく。入院生活は制限されることも多かったが，仲間もいたし看護

婦さんもいてくれてよかった。退院してから，特に夜の1人の時間は寂しい」

　主治医であるE医師との治療関係がうまくいかず，退院により友人関係は変わり，家族への配慮のあまり家族に自分の不安や心配を言えないことが語られた。礼儀正しく抑制のかかった話し方で，つらそうな表情はしなかった。Sの言葉にできない悲しみが伝わってきた。医療関係者，家族，友人など周囲の人との関係は緊張し硬直しており，柔軟な力を感じにくい状態であった。元気だった頃を思い出してもらい話題にすることにした。幼稚園の頃，自分から友達に声をかけ砂遊びをしたこと，折り紙で遊んだことなどが話に出た。

●第2回●「風邪をひいて発熱，嘔吐して身体がとてもつらかった。不安だった」

　安心な感じを感じてもらうための膝のタッピングを行った。

●第3回●「事故にあったり襲われたりする怖い夢を見て，夜中に目が覚める。目が覚めると膝が痛んでいて，そのあと眠りにくい。膝を叩いて痛みを紛らわせている。うっとうしく邪魔に思い叩いてしまう。気分が悪いと痛みが強くなる。（痛い部分が話せるとしたら）もう少し優しくしてよと言うように思う」

　痛みに注目してもらい膝のタッピングを行った。もっと動きにくくなる不安やE医師から言われたこと，他人のレントゲンと比べて「大したことはない」といったような対応への不満，不信感などが語られた。「痛みが軽くなった感じがした」という感想があった。

●第4回●「友達や親に認めてもらっていると思うときには痛みが軽くなることを実感した」

　第5〜14回の概要：治療への不安，進学に対する心配がありながら，家庭においては聞き役を引き受け，学校ではまわりの人の機嫌をとる役に回ってしまうことが語られた。まず，言いたいことを言葉にしてもらうことと心身ともにほっとする感じを面接の時間に感じてもらうことを考えて，膝のタッピングに深呼吸を加え面接を進めた。徐々に腹立ちが明らかになっていって家で爆発するようになった。しかし怒りを感じて

もよいと自分に許可を与え，怒りを意識するようになって，怒りを爆発させるまでには時間が必要だった。もっと動けるようになりたい，自分の言いたいことをきいてもらいたいという気持ちが強くなってきた。

●第5回● 「薬の使い方に不安がある。転院を考えている」

すでに転院先は2つにしぼられ，実際に受診もしていた。

●第6回● 「夢で何度もE先生に怒られたり，言い争ったりする。薬についてE先生に尋ねてみる。納得したい。退院は怖かったけど，今は工夫して動いている。自分で成長したなと思う」

今できていることを認めることができるようになってきた。一方で，退院が延びていって治療を受けながらどんどん歩きにくくなっていったこと，E医師や看護婦に話ができなくなっていき，家族や周囲の人とも話せなくなっていったことなど，入院中つらかった話も出た。

●第7回● 「E先生と話ができた。身体のだるさは軽くなっている。夢の中では普通に歩いている。小学校1年のときの入院は楽しかった」

楽しかった場面を思い出してもらって，膝のタッピング，深呼吸を行った。

●第8回● 「家族の話をきく役をしている。母親と兄がぶつかり合っている。兄の調子によって母親はつらそうにしている。母親に言いたいことはあるけれど，母親が泣いてしまいそうで言えない。母親にはまず，『楽しい時間をもっともってほしい』と言いたい。父親には，『もっと家族と話す機会をもってほしい』と言いたい」

●第9回● 「通信制の高校に進むつもりでいる。受験の人は頑張っているという感じがある。自分はあまり頑張れていないけれど，このままでいいのだろうかと心配になる」

●第10回● 「兄が家で暴れた。私も爆発したい」

●第11回● 「学校の先生から『あなたならできる』と放っておかれる感じがある。頭痛，耳鳴，胃痛がある。私は完全でなければならないと思っている」

放っておかれる感じを感じてもらいながら，膝のタッピングを行った。「学校では笑っていなくてはいけないと思う。家でも暗いムードにならないようにふざけている」という話が出てきた。緊張が和らいだところ

で終了した。

　自分への縛りの強さを自覚するようになっている。そのつらさに対して，抗精神病薬リスペリドン少量の投薬を開始した。

●第12回●「学校でも機嫌をとる役になる。皆に腹が立つ。家でも両親に気をつかう。どこでなら私を出せるのだろうと思う」

　皆に腹が立つという感じでEMDRをした。「家族は兄のペースで動くから無性に腹が立つ。私は一人ではできないことが多いのに」という言葉があった。

●第13回●「家族の前で泣くのは嫌だったけど，すごく嫌な気分になって大泣きした。爆発した。この子もつらいんだと思ってくれただろうか」

　怒りやつらいという気持ちを泣くという形で爆発させた。泣くので精一杯だったようである。伝えたいことはまだ言葉にならない。「歩きたい」という気持ちが強く語られた。その気持ちを感じてもらいながら，膝のタッピングを行った。

●第14回●「言いたいことがいっぱいある。母親から何か言われたら『それは違う』とか言いたい。兄は言いたいことを言う悪い子，自分はいい子でなくてはいけないと思うから言えない。母親がもっと気を強くもってくれたらなあ」

　Sは言いたい気持ちを強く感じるようになってきているが，家族の中で自分が何を感じているのかを話題にする習慣はなく，何か言いたいことがあるときは爆発して文句を言うことになるようだった。言いたいことを言うことは怒りをともなう爆発や文句になるので，よいことではないと思っており，抑制がかかるように思われた。言いたいことは明らかになってきているが，言ってはいけないという気持ちもまだ強い。

b　第2期（面接第15〜23回）：転院の決意

　概要：自分に課した縛りは和らぎ，気持ちは柔軟になり感覚は敏感になって，話が具体的で生き生きと感じられるような内容になっていった。一方で，高校進学により新たな人間関係を築いていくときに，身体の不自由さに向けられる視線を敏感に感じとり，実際に感じるつらさは増し

ていった。ターゲットをしぼりEMDRを行った。歩きたい気持ちはさらに強く意識されるようになって，希望をもって転院を決意する。

●第15回● 「治療についての疑問をE先生に話すことができてE先生との関係は好転し症状は改善しているが，やはり転院はしようと思っている」

●第16回● 「体調が悪いと気分も沈むけど，つらさは初診時の半分くらいになっている。今も朝だるいと不機嫌になるけど，そんなときも今は自分から話せる」

「言いたいことが言えないときに首のあたりに蓋を感じる」，それを感じてもらいながら膝のタッピングを行った。「心配を口にすると親の顔がにごるので，耐えたほうがいいのかなと思う。胸まで言いたい感じは出てくるが，隙間なく蓋がかぶさっている気がする。もめごとが怖くて言えない」なかなか蓋は開かないようだった。E医師との関係や日常生活で言えることは増えている。

●第17回● 「体調がよくないことをE先生に言ったら，先生の顔色が変わった。入院中，気が滅入っていたとき，痛むことをE先生に言っても信じてもらえなかった。『精神的なものだから我慢しなきゃ』とも言われた。妙に寂しくて，でも親に頼りたくなくて，でもかまってほしかった。『痛い』と言っても誰もかまってくれなくて，『あ，そう』という感じだった。だんだん話せなくなっていった。同じ部屋の子はかまわれていて口惜しかった。E先生が『あなたは何でも乗り越えられるよね』と言っていた。そうではないと思っていた。医者や看護婦さんに関心をもたれていないと思っていた」

E医師との間で起こったことをきっかけとして，はじめてつらそうに入院中の話をした。かまわれていないと思った一場面をターゲットにEMDRを行った。

　　○否定的認知（Negative Cognition；NC）：私は嫌われている。
　　○肯定的認知（Positive Cognition；PC）：私は愛される価値がある。
　　○SUDs，VOC：変化はわずかだった。

感想として「最初は暗い感じで自分はただぼうっと座っていたけれど，だんだん目を閉じていても明るく感じて，動こうとしている自分が浮か

んできた。そのまま動き出してほしいなと思う」という言葉が出てきた。

●第18回●「家で嫌な気分になったことがあった。それがずっと言葉にならないから言葉にしたい。内科外来であった嫌なことを，言葉にしない習慣になっていたと気づいた」

●第19回●「高校の入学式前のスクーリングに出た。不安もあったけど期待も大きかった。高校の先生からこころない言葉が出て，居心地はよくなかった。人の目が気になった。ちょっと外に出るだけでも疲れる。家にいるのも好きじゃないし。ここまでびくびくするのははじめて」

　すれちがう人の目をターゲットにEMDRを行った。
　○<u>NC</u>：私みたいなのは存在しないほうがいいのではないか。
　○<u>PC</u>：私は私のままでいい。
　○<u>SUDs</u>：低下。
　○<u>VOC</u>：変化はわずか。

●第20回●「入学式に出た。知らない人ばかりいると怖い。惨めになったりする」

●第21回●「転院を決心した。歩けるようになりたいと思っている。家でも移動するときに手伝ってもらうのは悪いなあと思う。外で見ず知らずの人に手伝ってもらわなくてはならないときに迷惑がられるのではないかと心配をしてしまって動けない」

　人にお願いするときの気持ちを感じてもらいながら，膝のタッピングを行った。「悪いなという気持ちが強かったけど，感謝の気持ちでいこうと思う」

●第22回●「家で母親とふざけ合ったりできるようになった。家以外のところでは以前は自分から話しかけて笑わせたりしていたけれど，今は受け身で聞いている」

　少しずつ言いたいことを言うようになり，母親との関係での緊張は低下してきた。家以外のところでも，無理をして人にサービスをすることは少なくなっている。

●第23回●「転院を楽しみにしている。スキューバダイビングに行く予定もある」

c 第3期(面接第24〜32回):転院,そしてその後の心身の揺れ

　概要:転院して薬が変わり,はじめは体調が不安定になったが,痛みやだるさは徐々に軽快し,小学校高学年くらいの身体の状態になった。一方,自分で思っていた以上に膝はよくない状態で,「歩きたい」と思って転院したにもかかわらず,「将来は電動車椅子でしょう」と言われてひどくショックを受けた。そのことでEMDRを行った。「家では兄と両親がもめることが多くてつらい」ことが話題になった。

●第24回●「新しい病院に行った。転院は問題なく進んだ。薬が変わったので身体が落ち着かない感じがある。家では兄が不安定で,両親と兄がそろう週末はけんかが始まりそうで心配。友達と電話で話をした。楽しそうでいいなあと思う」

　友達と電話で話していたときの胸から上の不安をターゲットにEMDRを行った。胸から上の違和感は下りてきてお腹の気持ち悪さに変化し,さらに経過してほとんど感じられなくなっていった。

●第25回●「友達と思いきり話したい。愚痴を聞いてもらいたくて電話するけれど,だんだん聞き役になる。車椅子でいることで人が遠ざかる気がする」

　人が遠ざかる感じをターゲットにEMDRを行った。途中からお腹で怒りを感じ始め,だんだん薄れていった。

●第26回●「外出したときの他人の反応が気になる。母親に話すと物悲しい寂しい感じがしそうだから言えない。身体的には調子よくなっている」

　母親に話せることは増えているが,まだ母親の表情が気になって,言おうと思っていることが言えないときもある。進学,転院と環境の大きな変化に加えて内面を語り始めたことで敏感になっていると考えられた。抗うつ効果を期待して,薬をフルボキサミン25mgに変更した。

●第27回●「母親の実家に行くのが楽しみ」

●第28回●「旅行は充実していて楽しかった。病気のことを内科の主治医にいろいろ聞くことができて納得した。転院してよかったと思った。でも,その後,リハビリの先生にレントゲン検査の結果でいきなり「将来は電動車椅子でしょう」と言われてショックだった。口惜しいけれど

納得のいく話だった。涙が出そうだった。涙が出そうで親と口がきけなかった」

「電動車椅子でしょう」と言われた場面をターゲットにEMDRを行った。感情は煮えたぎるような腹立ち。少しおさまったところで時間により中断した。

●第29回● 「歩けないとわかって，自分がどんどん縮こまっていく気がする」

前回の続きのEMDRを行った。怒りが爆発した。感想は「自分の中に怒りがあったら困難も越えられると思う」というものであった。

●第30回● 「めまいがひどい。精神的なものだと思う。兄の調子が悪く，いつ暴れ出すかわからない怖さがある。両親は兄に左右される。もっとどっしりかまえていてほしい」

●第31回● 「兄と両親のことがやはり不安。めまいもあるし，むしゃくしゃして親の一言一言にけちをつけてしまう。お腹に黒いもやもやを感じる」

お腹に感じる黒いもやもやを感じてもらいながらEMDRを行った。小学校4年くらいの自分をはっきりと思い出したようだった。「かわいらしく思える」という感想があった。

●第32回● 「兄をめぐって両親が大変。それをみるのがつらい。身体はずいぶん楽になってきている。痛みもだるさも軽くなっている。小学校4～5年頃の感じになっている」

d　第4期（面接第33～40回）：自宅で落ち着く

概要：身体症状は軽快し，気分的にも入院中のつらさから離れてくる。徐々に家族関係も変わって，家族の愚痴の聞き役はあまりしなくてすむようになり，落ち着いて家にいられるようになった。活気，意欲が出てきた。

●第33回● 「急に悲しくなることがある。悲しいときもあるけれど，元気だと思えるときもある。今思うと，2年前の夏から闇にはまっていたように思う」

闇から抜けてきて，感情のきめが細やかになっているように思えた。

●第34回●「自分の中にもやもやがあることが不安だったが，それも自分の中の何かだと思えるようになった。ふとしたときに温かくなれる気がした。兄が書いていたメールを偶然開いて読んで，兄に対する恐怖心がなくなって好きだと思えるようになった」

●第35回●「体調はよくなっている。一人で外に出たい。母がいないと不安になるけれど，一人でできることがほしい。一人で料理を作ってみた。大したものではないけれど，後片付けまでちゃんとできてとてもうれしかった」

●第36回●「両親のけんかのときに自分の意見を言うようになった。買い物のときも人の目を怖いと思わず，一人で自分の見たいものを見るようになった。部屋の模様替えをしたくなって，痛みがない程度に動いてちゃんとできてうれしかった」

●第37回●「家で笑っていることが多い。母親に思っていることをずいぶん言えるようになってきた。母親も言いたいことを言うようになってきていると思う。母親に何かしてあげなきゃと思うこともあるが，母親への心配は半分くらいになっている」

●第38回●「兄の進学が決まり，今は家族が落ち着いている。兄の進学が決まって，自分としては不安や焦りを感じている」

　NC：私は頭も悪いし身体も動かないし，何もない。

　EMDRを行った。「身体の緊張が緩んでふわーっと気持ちよく感じられて暖かい感じになった」

●第39回●「最近母に甘えることができるようになって，母にべったりくっついていることが多い。愚痴を聞くことは自分で調整している。両親はけんかするけれど話もするようになっている。父と兄も前より話をするようになっている。今は，歩きたい，大学に行きたい，免許をとっていろいろなところに行きたい，という希望がある」

●第40回●「病気ということと関係なく普通にしていたい，周囲からは特別視されたくないと思いながら，自分が特別の存在と思っていたことに気づいた」

e 第5期(面接第41～50回):新たに動き始める(第46～49回は転院先の整形外科に入院)

　　概要:小さなことから積極的に動き始め,自信をつけていく。病気のことをもっと知りたいと思い,歩けるようになりたいと思い,自ら望んで入院することになった。入院中つらいこともあるが,以前の入院とは違って一人の感じではない。入院中の治療に疑問があっても整形外科の主治医になかなか尋ねることができないでいたが,主治医と家族の話し合いの中で,入院してから自分が感じてきたことと自分の考えをはっきり言い,理解してもらって意見が通るという経験をした。言葉や姿勢,表情に力強さが感じられるようになっている。

●第41回●「母親の留守中に料理を作った。足りない調味料を一人で隣家に借りにいった。1つずつやっていけるという感じがあって,やれるという自信につながって,いろんなことが楽しくなってきた」

●第42回●「自分の病気を知らなかったと思う。病気のことを勉強したい。内科の主治医に話してみようと思う」

●第43回●「今より動けるようになりたいと思って入院治療を希望した。そのための準備が病院のほうで始まっている」

●第44～45回●「入院が決まった。以前は入院と聞くと嫌で涙が出ていたが,今は期待している。この1年半で変わったことは一人の感じだったのが今は家族から大事にされているという実感があること」

●第46～47回●　入院中。「期待していたようには治療がうまくいかず,腹が立ったり涙が出たりということもある。まだまだ言いたくても言えないときがある。母親にあたったり看護婦さんに話を聞いてもらったり病棟の主治医に疑問をぶつけたりして解消している部分もある」

●第48回●　入院中。「病気になって13年間,いかに我慢してきたかを次から次へと思う。あれもこれもよく我慢してきたと思う。これからも我慢が必要なのだろうか。目に見える結果が出ない分,何のために治療を受けているのだろうと思った。我慢していることをもっと皆に知ってもらいたいと思う。自分でよく頑張ってきたと思う。我慢してきた自分を感じると,そのときの自分がかわいそうになる。我慢してきた自分は小さくなって丸くなっている気がする。そのことが今は何だか腹立たし

い」

　腹立たしい思いを感じてもらいながら，膝のタッピングを行った。「言いたいけど言えなかったことや自分の中で言葉にならなかったことを出せてすごく楽になった。病気を通してではなく自分を語りたい。認めてもらいたいという気持ちがある」という感想があった。

●**第49回**●　入院中。「病棟の主治医に話したいことを話した。勇気が必要だった。言いたいことは言ったつもりだが，緊張感はまだ半分くらい残っている。友達が退院してさびしい。落ち着かない感じもある。でも，明るい寂しさのように思う」

　入院経過中，治療の方向がなかなか定まらず，精神的に不安定な状態が続いているが，自分の中で起こっている感情を受け止めている感じがある。

●**第50回**●　一時退院になった。「医者（病棟の主治医を含めて2人の医者）から今後の治療法について両親と自分とに話があったときに，両親は両親の考えを言っていたが，自分も言いたいことを言わなければいけないという思いが強くなって，泣きながら必死で入院してからの思いを話した。医者から示された治療方向に今は自分としては乗りにくい状態だということを伝えて，わかってもらえてその治療は延期になって一時退院となった。言えてよかったと思う。リハビリは自分で頑張っていて積み重なっていく感じがあるのでうれしいし，自宅でも続けることができると思う」

　言葉が力強く，声も大きくはっきりしていた。

## 2）母親の面接

### a　第1期（面接第1～6回）：Sがはじめての大きな爆発を家でみせるまでの期間

　概要：E医師との関係で神経質に気をつかってきたこと，傷ついてきたことを涙をにじませながら語り，その背景に夫の支えが得られないこと，息子（Sの兄）が荒れていることの家族の問題と，1年半前に亡くした母，原家族の問題があることにも話が及んだ。自分が変わりたいという思いは強かった。一人で背負って頑張ってきたようであった。話を整理しながらうかがい，まず夫との関係の改善に焦点をあてた。

●第1回●「Sが入院中落ち込んでE先生をはじめ周囲の人と話ができなくなっていったときに，E先生に言われた一言がとてもショックだった。十数年お世話になってわかってもらっていると信じていたのでなおさらだった」

●第2回●「実の母を1年半前に亡くしたが，Sの病気のことが大きくて悲しむ余裕もなかった。半年前から息子が反発していることも大変。自分の中で決めている常識から抜け出せないつらさがある。自分が変わりたい」

●第3回●「つらくなるのが怖くて明るくしているようなところがある。弱音をはくことは泥沼にはまりそうで怖い。母は片方の耳が病気で不自由だったので，母には絶対に心配させてはいけないと思ってきた」

●第4回●「Sの症状がよくないと，E先生の顔色をうかがってしまう」

●第5回●「夫と面と向かって話をすることがない。夫は帰宅するとすぐに大変な仕事の話になる。『明るい話題をもって帰って』とお願いしている。こころのつながりがないように思う。自分自身と夫の前での自分が違う」

夫との関係についてEMDRを行った。

○NC：私はかわいげがない。
○PC：私は私のままでいい。
○VOC：2→6

となり，以前は「ありがとう」という気持ちがあったなあというところで終了した。「土を被っていたものを発掘した気がする」という感想があった。

●第6回●「家でSが大きな声で泣き出した。取り乱すのははじめてだった。必要で起こったことだと受け止めることができた」

b　第2期（面接第7〜13回）：Sが転院するまでの期間

概要：夫との会話は，夫への要求または黙り込むことから，気持ちを聞き気持ちを伝えるものに変わり，関係は少し改善してくる。Sも言いたいことを以前より言うようになっていることが報告された。

●第7回●「Sは中学を卒業した。元気になってきたと思う」

●第8回● 「夫に自分の気持ちを伝えようと思って頑張って話している。夫は少し手伝ってくれるようになった」

●第9回● 「夫と面と向かえるようになってきた。笑顔で話せるようになっている」

●第10回● 「2つ大きなことがあった。1つは夫から言われたことに対していつものように黙ってしまうのではなく言いたいことを言ったこと。言ったら気分がよくてお腹が空いた。そのときはSも言いたいことを言っていた。もう1つは、前回ここに来た翌日、Sが「歩きたいから病院を変わる」と言い出したこと。決心している様子だった。

●第11回● 「家族で話し合って転院を決めた」

●第12回● 「新しい病院に行くには高速道路を走らなくてはならないのが怖い。中学3年のときに車の事故にあい左からはねられたから、高速道路で左から合流の車が来ると怖くてブレーキを踏んでしまう。だからもっと怖い」

EMDRで処理した。怖さはほとんどなくなった。

●第13回● 「1年ぶりに会った友達と話していて自分自身の変化にびっくりした。自分を出せるようになっていると感じた。母もそうだったけど、忍耐が美徳と思ってきた。回って回って先に回って苦労をしょいこんでいたと思う。Sも精神的に元気になっていて、息子と言い争いをして意見を言うようになっている」

c 第3期（面接第14～22回）：Sが転院して体調が落ち着くまでの期間

概要：怒りが少しずつ出てくるようになっている。Sがリハビリの先生から言われた内容をきっかけとして、入院中にE医師との間で起こっていたことを思い出す。E医師から言われて傷ついた場面をターゲットにEMDRを行い、続いてあふれてくる感情に対してもEMDRで経過させた。その後、力が抜けてとても楽になり、「自分自身が輝きたい」と思うようになった。

●第14回● 「新しい病院に行った。夫に疑問に思ってきたことを言ってみようと思う。バスの運転手に腹が立つことがあって許せないので会社に電話した。腹を立てる自分にびっくりしている」

●第15回● 「Sが他愛ない遊びをしようと言ってくる」「車の運転に関する恐怖が不思議なくらいにない」

●第16回● 「Sから『お母さん変わった』『おいしいものを人にあげていたけれど，自分もちゃんととるようになった』と言われてうれしかった。Sが自分で起きてくるようになったのがうれしい」

●第17回● 「自分の実家に帰るのに，気が重い。Sが5回目の入院中に外泊の許可が出て一緒に帰る予定を立てていたのに，急にE先生に止められて，腑に落ちない思いだった。その後すぐ実家の母が亡くなったので，Sは大好きな祖母に会えないことになってしまった。E先生に言われて傷ついた言葉（『治療をやりたくないから痛いと言っているのだろう』『自分にとって都合のいいことを言われたときしかしゃべれないんだ』など）をいくつも思い出してつらい」

　ターゲットをしぼってEMDRを行った。
　　○NC：私は言えない。
　　○SUDs：10だったが，2にまで低下。
　E医師のよい面も思い出した。

●第18回● 「Sは『歩けない』と言われてショックを受けたようだった。前の入院中に治療を受けながらだんだん歩けなくなっていったことを思い出して，自分も納得いかない思いがある」

●第19回● 「入院中に歩けなくなっていくプロセスをそばで見ていた。口惜しい。歩けるようになってほしい。頭の中が錯綜していて何を言ったらいいかわからないくらい」

　混乱状態のままEMDRを行った。涙があふれた。

●第20回● 「前回は虚脱状態になった。夫が心配して早く帰ってきてくれた。早く帰ってきてくれるというのは，今までにないことだった。泣いたあとは霧が晴れたように何が苦しかったかよくわかった。常に人の前では苦しみをみせないように砦を築いていたということを実感した。それを崩すことができてうれしかった。Sの病気のために鎧を着ていたようにも思う。誰に対しても甘えられなかった。母は，父との関係で精神的負担が大きく，耳が片方聞こえなくなった。自分が20歳の頃だった。その頃から母を守るという姿勢が強くなって，もっと甘えられなく

なっていったと思う」

　力が抜けて楽になったようだった。力が抜けてはじめて，ふっと夫に気持ちが伝わった感じがしたようだった。
- ●第21回● 「Sは言いたいことを言うようになっている。お互い楽になっているのだと思う。息子は1年前から不安定だったが，受験期でさらに不安定になっている。Sとの関係はスムーズに流れているが，息子を怖いと思うときがある」
- ●第22回● 「息子が『妹ばかり認めてもらえて，僕はほめてもらえない。全く自信がない』と涙を流した。謙虚に生きるようにということを強く伝えてきたことで自信のない子にしたと思った。二人で泣いた。母がすばらしい人だった分，自分は能力がないと思ってきた。自分は母親という"役割"，妻という"役割"でしか生きていけないと思い込んでいた。今は自分自身が輝いて生きていきたいと本当に思う」

d　第4期（面接第23〜29回）：Sの体調は落ち着き，家でも落ち着いていられる

　概要：家族との関係が変わって，お互いが力になれるようになっている。
- ●第23回● 「以前E先生に言われた嫌なことを思い出さなくなったなあと思う。遠くなった気がする。母の三回忌に，『私が動くのはこれからだ』と思った。母は，姑を看取った日に病院から電話をくれて，その電話口で『ああー』という悲鳴とともに倒れて意識が戻らないまま亡くなった。その声が耳についていた。でも母の死を受け入れることはできなかった。母のような忍耐ばかりの生き方はするまいと思っていたけれど，どうしたらいいかわからない2年間だった。母の霊前でいつも『私も連れていって』と言っていた。夫とこころが通じないし生きていていいことあるのかなと思ってきた。今はいいこともあると思える」
- ●第24回● 「息子は進学が決まって気が楽な様子。夫はちゃんと息子と向き合って話をしてくれるようになって，家にいる時間も長い」
- ●第25回● 「友達とカラオケに行って，我を忘れて楽しんだ。こんな経験はじめてだった。朝家を出て夕方帰宅したら味噌汁ができていた。Sが作ってくれていた。Sが一人でお料理をしたことがうれしかった」

「夫に思いきり甘えさせてほしいと言った」
- ●第26回● 「夫が息子とちゃんと話すようになっている。夫が強く頼もしく思える。結婚前から気になっていたことも夫に話した」
- ●第27回● 「身体の不自由な義父を一時的にあずかった」
- ●第28回● 「母は夫と姑で大変な思いをしてきた。そんな母から『あなたが幸せならば何もいらない。何でも我慢できる』と言われていて，幸せを演じてきたと思う」
- ●第29回● 「息子が爆発した。夫が後ろから抱いていてくれて落ち着いた。週末，夫と息子が二人で温泉に行って話した。二人でまた行こうという話になっているらしい。夫が息子に関わってくれるのはうれしい」

e 第5期（面接第30～39回）：Sの活動性が上がり，新たな入院をする
- ●第30～31回● 「義父を看ている義姉との葛藤がある。一人で対処していたその問題にも夫が関わってくれ，直接義姉と話をしてくれて，はじめて守ってもらった気がした。義父をこれから家で看ていく方向で考えている。夫に守ってもらえる感じがあるのでやっていけそうな気がする」
- ●第32回● 「家族全員で楽しく旅行した。今の内科の主治医からはSの病気に関して制限を加えられなかったので，のびのびと楽しむことができた」
- ●第33～34回● 「家族関係が変わって，自分が落ち着いたからだと思うけれども，Sが入院することを考えると寂しい気がする。Sは今『かまって，かまって』という感じがあって楽に対応できている」
- ●第35～36回● 「Sの入院生活は前回と違っている。Sはいろいろ話してくれる。時にあたってくる。前はSがしゃべれなくなっていったときに，『しゃべれなくてもしゃべろうよ』という感じで接していたように思う。嫌いな人でも表面上はうまくいかせなきゃいけないと思っていた。こころの中では最後まで頑張って，出口はSと二人で死ぬことだと思っていた。つらかった」「今は違ってきている。今はSの状態をそのまま受け止めることができるようになっていると思う」
- ●第37～38回● 「自分が主治医に意見を言えないのは，怖いからだと気

づいた。Sが言えないことと結びついた。怖かったということすら気づいてなかった。E先生に気をつかっていないと傷つくことを言われそうで怖かった。Sが傷つくことを言われないように気づかうあまり，自分の意見を言えなかった。自分の意見を言わず，Sを守ろうとしたところに無理があったと思う」
●第39回●「Sの入院中の新たな治療方向についての医者との話し合いの場で，自分は自分なりに感じてきたことや考えを言った。Sも自分の言葉でしっかり話してくれて，とてもうれしかった」

# 4 考 察

## 1）面接の流れ

ここで報告した母子の面接は約1年半余りの経過である。

この間にSは中学を卒業し通信制の高校に入学し，十数年通った病院を替わるという大きなできごとがあった。主治医との関係の行き詰まりとして表面化した治療の行き詰まりの背景に，祖母の代からかかえていた家族の問題が明らかになり，母子それぞれに生きていく姿勢を見直すことになった。

面接を開始した頃は，Sも母親も感情を抑制し行儀よく話をしていた。特に怒りは表出してはいけないようだった。Sはできるだけ一人で頑張る明るいよい子である必要があり，母親は一人で大変な思いを背負いながら幸せを演じていなければならなかった。母親は子どもを守るために特に主治医の言葉や語調を過敏に受けとめ，葛藤のないように動いてきた。自分の中で何が起こっているのか半ば気づいていても，それは表に出してはいけないことであり，自分の感じたことより相手がどう思うかをまず気にして自分の態度を決めてきていた。その姿勢で医療を受けるとき，患者および患者家族として模範的な優等生だったであろうが，そこに無理があったと考えられる。

面接を進める中で治療者が考えたことは，次のようなことである。母子ともに自分に課した縛りから自由になり，自分の言いたいことを感情を込めて言えるようになることが，①家族関係，対人関係を改善させることであり，②Sの生きる力をさらに発揮させることにつながり，③結果的に身体的治療がよい方向に向かうことになる，ということである。

治療者は，Sと母親に何を感じているか，何を言いたいかを，問い続けてきたように思う。トラウマをKolkら[4,5]にならい，「言語化されることなく，その経験が生じたときのままの身体感覚として脳内情報処理回路に貯蔵された過去の深い経験の断片」[2]と考えて，言葉になりにくい不快な感覚を感じたときや場面の明らかなトラウマに焦点があたったときに，膝のタッピングやEMDRを用いて治療を進めてきた。

　Sと母親の面接の流れを5期に分けて考えると次のようになる。

① 第1期――Sも母親も自分の感じてきたことを言葉にして整理していった。母親は一人で抱えてきた大変な思い，心細さを語り，つらいときはつらいと言ってもよいと思うようになって少し余裕ができた。母親の変化に応じて，Sは3歳で発病してから徐々にたまっていったであろうつらさの一部を，大泣きするという形ではじめて家族の前で表した。話をすることで母子ともに内的な緊張が和らいで，Sは感情の出口を見つけた。

② 第2期――母親は，その母親から学んだ感情を出さずに我慢するという姿勢から，感じたこと言いたいことを言う方向に変わっていった。Sも言いたいことを言葉にするのと並行して，気分的なつらさは減っていった。高校進学という環境変化もあり，現実の生活で感じることは増えて，環境の変化による刺激をつらいと感じるものの，行動力は増し，転院を決意するまでになった。母親は父親と面と向かって話ができるようになって，家族関係は変わっていった。感じることを自分にしっくりくる言葉にしていく時期だったと考えることができる。

③ 第3期――転院して新しい病院で新たな関係を築いていく中で，Sは現実に起こっている症状を受け止めていこうとし始めた。転院と治療を受ける姿勢の変化によりSの身体症状が改善し安定した状態になって，はじめて母親は前医との関係で傷ついたことを処理し過去のものにする作業を進めることができた。Sは小学4年の頃のかわいらしく思える自分を思い出し，身体感覚として感じることができるようになった。母親は自分自身が輝きたいと思うようになった。Sも母も隠れていた自分と出会い，言葉が力をもつようになってきた。

④ 第4期――Sも母親も心身ともに柔軟性を回復し，活動範囲が広がって

いった。対人関係は変わり，新たな元気が出てくるようになった。
⑤　第5期——家族の力が有機的に働くようになり，問題処理の力は増してきた。Sは歩きたいという気持ちを強くもち，自分の感覚を大事にしながら治療に臨み，疑問に感じたことを医者に話せるようになっていった。母親もSも積極的に医療を受けることができるようになっていった。

　幼児期発症の慢性進行性の病気はそれだけで子どもにとっても家族にとっても大きな困難である。その病気を診てもらう主治医との関係は特殊なものであり，医師の言葉だけでなく言い方やちょっとした表情にも敏感になるであろう。医師・患者ともに最善を尽くしても症状が悪化する場合には，患者や家族は聞きたくない結果を聞かなければならず，その言葉や状況に傷つくこともよくあることであろう。周囲の人への配慮のあまり感情を表現することをせずまわりを受け入れていく場合に，どれだけ傷つくことが多く，その量に比例して生き生きした声が周囲の人に伝わりにくいかと思う。内面の声が伝わりにくいとき，人間関係が有機的な力になりにくい。Sの場合も母親の原家族での親子関係も含めた3代にわたる「明るく感じのよい人でなければならない」という縛りは大きく，人間関係は不自由であった。受け継いだ習慣はプラスの面も大きく日常生活の中で認めてもらえることも多かったであろうが，母もSもこの縛りにより行き詰まり，力を出せずにいた状態だった。
　Sは3歳から病気の進行とともに積もっていった言葉にならない不快な感覚や思いや明らかなトラウマを，治療者との治療作業で少しずつ処理していった。時に応じてEMDRを用いることで治療の進展があった。それは薄い皮を1枚ずつ剥いでいくような作業であった。
　また母親のトラウマの処理は，母親の中にある新しい力を認識し育てることになった。Sといちばん密接な関係にある母親の姿勢が変わっていくことが，相互関係の中でSの変化を促し支えたと考える。面接の流れは，Sも母親もそれぞれの親との関係の中で学んだ習慣から自由になっていく方向にあり，自由になることを望んだ力が少しずつ認められ発揮されていくプロセスだったといえる。認められてこなかった力を発揮していくことは，身体的な治療の経過にもよい影響を及ぼしうると考える。

## 2) 他科の慢性疾患患者におけるEMDRの意味
### a 心療内科的治療ができる前提

Sの場合，他科主治医E医師から依頼があって関わったのではなく，Sと母親の危機感が強く，始まった面接であった。面接開始を決めて，医者，患者ともに主治医に報告をすることになった。Sも母親も主治医との治療関係の行き詰まりでの苦悩は大きく，元気が出ない状態で，心療内科受診の動機は強かった。Sは元気になり行動力が出ると治療関係は好転したものの，結果的に転院を選ぶことになった。心療内科では，患者との面接の場で患者の人生における大きな決断に関与することがある。Sの場合も十数年密接な関わりのあった医者と離れて新しい医者と関係を築いていくという決心へのプロセスと新しい場での人間関係の構築のプロセスに関与することになった。

医療は患者の希望があり，それに添う形で医者側の判断があって始まり行われるものである。しかし高度医療の現場では，ややもすると医者側の判断が先行することが起こる。そうなった場合，患者は病気そのものを受け入れることにおいても，医療を受けるということにおいても，受け身の立場を引き受けることになる。病気そのものが不快であり治療上でも苦痛を伴うことが多く，積極的姿勢で医療を受けることが難しい場合もある。この親子のように医療者の姿勢を過敏に受け止めていく場合にはさらに受け身になる。医療に対して受け身の姿勢で臨むとき，自分への否定的な思いが生じやすく，医療の場で起こることはトラウマ体験として残りやすい。先天性の疾患や子どもの慢性疾患の場合，物心ついたときには医者患者関係の中にいることになり，自分で自分を守ることができない状態が年単位で続くためになおさらである。家族が子どもである患者を守る役割を果たすことになり，患者は医者・患者家族が影響を及ぼし合って相互の関係でつくられる構造の中に居続けることになる。Sの母親はSが傷つかないように主治医に対して一歩引いた細かい配慮をすることを続けた。そのことは表面上問題なく事が運ぶことに貢献したが，母子ともに直接的な主治医とのやりとりからは遠ざかることにつながった。一度つくられた構造は硬直化しやすく，Sのトラウマはみえにくいところで積み重なっていったと考えられる。自分を守れない時期からのトラウマは意識することも難しい。問題はこの症例のように医者患者関係がうまくいかず，治療が滞るという形で表面化することが多い。

そこで，慢性疾患を患った他科の患者や家族に関わり話を聞いていくときには，どれほど医療関係者との間で傷ついてきたかを聞くことになる。病気そのもの，医者患者関係，家族関係などさまざまな要因が複雑に絡み合った形で苦痛やつらさが語られ，どのようにトラウマが積み重なってきたかが明らかになってくる。長い年月のものであり，語られる話には重みがあり迫力がある。話を聞く側の者・私たちは，あるときは医療を受ける患者の立場で話を聞くことになり，自らのトラウマを活性化されることもある。面接の場で自分の内面で起こることに気づいている必要がある。患者の話をそのまま受け，何らかの結論を出すことは注意して控えることをこころがけていなければならない。

心療内科的治療を行う私たちの役目は，患者がトラウマを処理することを援助することであり，患者が患者自身の感じてきたことに気づき受けとめ，心身ともに柔軟性と力を増す中で実際の選択肢を増やし，自ら選択し行動することを援助していくことであると考える。

#### b EMDRの意味

身体の医療の場では当然のことながら，身体的症状が主に話の対象となり注意が集まることになるために，感じていることはおろそかになりやすい。小さいときから患者の立場におかれることは，自分の感じることをもとにした主張や要求をすることを通しての成長が多かれ少なかれ妨げられることになると考えられる。患者や患者家族は，この症例でもみられるように医療をする側に対して気づかうあまりに自ら感じることに基づく言動を抑圧，抑制する場合も多く，さらに問題は大きくなる。

他科の患者に関わるときは，患者を中心として患者を取り囲む家族や医療関係者との相互関係の中で起こっていることや大きな流れをとらえることと，患者個人の中でどのように感じどのように受け止めているかを，整理していくことをする[3]。大きな流れをとらえ安心できるような枠組みをつくることではじめて患者個人との時間が意味をもつ。そして患者が抱えている，滞って困っている問題に実際にアプローチしていくときに，治療手段としてEMDRが有効となる。

Sの場合，実際にEMDRでどのように自分の力となる中心に近づいていったかを考察してみる。EMDR治療は，①患者の言葉を反復しない，②患者の言葉

に解釈を与えない，という2点を徹底することにより，患者の言葉によって患者自身の精神活動を自分で喚起するものであるということが大きな特徴であることを付け加えて，次に面接におけるEMDRの流れを整理してみる．

<u>第2回</u>　身体の具合が悪い状態だったにもかかわらず，にこにこと行儀よく話をする様子から内面はかなりの緊張状態と思われた．安心な感じを思い浮かべてもらいながらのタッピングを経て，Sは少しゆったりとした感じをもったようだった．

<u>第3回</u>　痛みは精神状態に大きく影響を受ける感覚である．膝に感じている"痛み"に注目しながらのタッピングをすることで，痛みに関わっているさまざまな思いと痛みに対する自分の姿勢に気づいていった．

<u>第7回</u>　肯定的な記憶を強化することを考えて，膝のタッピングを行った．"楽しかった記憶"を思い浮かべて行うタッピングを通して，あまり感じることができなくなっていた元気で楽しい身体感覚がよみがえってきた．この感覚は否定的な経験の記憶を処理するときの土台になると考えた．

<u>第11回</u>　肯定的記憶を踏まえて，受け身の否定的な経験"放っておかれる感じ"を中心においてのタッピングを行った．何も言わず受け身で引き受けることの強い緊張が和らいだ．

<u>第12回</u>　腹立たしい思いが浮上してきたので，"皆に腹が立つという感じ"をターゲットにしてEMDRを行った．Sは自分の中の腹立ち，怒りを真正面からみて認めていくことになった．

<u>第13回</u>　Sは自宅で，怒りも含めて，泣いてつらい気持ちを爆発させた．そのあと「歩きたい」と強く感じるようになってきた．その思いをタッピングにより強化した．

<u>第17回</u>　入院中にあったとてもつらかった出来事を，Sははじめてつらそうに話した．感情，特に怒りを表出しても大丈夫だという感じがあり，過去の大きなトラウマに対してはじめてプロトコールどおりのEMDRを行うことができた．"私はかまわれていないと思った一場面"をターゲットにEMDRを行った．ターゲットになった出来事は，実際に関係が続いている人との間で起こったことだったために，過去のことにはなりにくく，つらさはあまり変わらなかった．だが，Sの中で何かが動きだしてくる感じはあった．

第19回　日常の生活では感覚が敏感になっており，現在の否定的な経験が話題に出た。"すれ違う人の目"をターゲットにEMDRを行って，つらさは低下した。

第21回　歩けるようになりたいと思い，新たな展開を求め転院を決心した。車椅子で積極的に動くということは，他人に援助をお願いする機会も増える。今まであまりなかったことだが，実際に動く場合には必要だと感じるに至り，"人にお願いするときの気持ち"に焦点をあててタッピングを行った。

第25回　日常生活では車椅子でいることに引け目を感じて，人が遠ざかる感じがしていた。Sが感じている"人が遠ざかる感じ"がEMDRの次のターゲットになった。お腹で怒りを感じ，しばらくその状態が続いた。誰かに対して怒っているのではなく，マグマのような怒りの力の噴出だった。怒りは経過し薄れていったものの，つらさは残った。能動的なこころの動きはまだ出てこないようだった。

第28回　歩きたいという気持ちが強くて転院したのだが，現実には自力歩行は無理で，「将来は電動車椅子を使うことになるでしょう」と言われてショックを受けた。"ショックを受けた場面"をターゲットにEMDRを行うことで，今までにはなかったような煮えたぎるような腹立ちが出てきた。ターゲットにした場面を思い出したときに涙がこみあげてきそうな感じがおさまったところで中断して，次回に続きをすることにした。

第29回　前回の続きを行った。はじめは，「腹も立つけど丸まっていく自分が寂しい。悲しい」と言っていたが，「何でこんな思いをしなくてはいけないのだろう」という怒りに変わり，怒りの爆発を感じて経過した。封じ込めていた怒りの力が生きていく力につながるような流れであった。

第31回　"めまいがあり，お腹に黒いもやもやを感じる"感覚を対象にEMDRを行った。前回の怒りにつながって，悲しいような，もの寂しいような感じが出てきた。「一人で膝をかかえて座っている自分を感じ，かわいらしく思えてきた」自分をいとおしむ感じが実感として伝わってきた。

第38回　兄の進学が決まり，自由に動ける兄と自分とを比較して不安と焦りも大きく感じていた。"私は頭も悪いし身体も動かないし，何もない"という深い否定的な思いに焦点をあてて，EMDRを行った。ぶつぶつと溶岩が噴き出してくるような感じを経過して，身体の力が抜けていく感じになり，自分な

りにやっていこうという思いに至り終了した。

**第48回** 新しい病院に入院して受けている治療に我慢しにくくなってきていた。"今まで我慢して小さく丸くなってきた自分を感じて腹立たしく思った"気持ちに注目してのタッピングを行った。腹立たしさを経過して,「病気を通してではなく,自分を語りたい。認めてもらいたいという気持ちがある」という気持ちに至った。

このEDMRの流れは,滞っていた感情が経過して,自分への否定的な認知が変わり,ゆっくりと自己受容に至る1つの過程を示しているように思う。

現在Sは不安定ではあるが立てるようになっている。日常的な医者・患者関係の背後にある個人の内的世界の変化が疾病治療のプロセスにも影響を及ぼすということを,この症例により改めて実感した。

# 5 まとめ

医療は医者・患者相互の関係の中で成り立っている。患者が主張や要求を十分にできていないとき,身体的な疾患の改善に必要な治癒力となる力が発揮できずに病気は治りにくい。そのことは自分に対する否定的な思いをもつことにつながり,さらに疾患は治りにくくなるという悪循環をつくることが考えられる。慢性の疾患を考えていく場合に,医者・患者関係が絡んだこころと身体の複雑な問題が起こりうることを,私たち医者は意識している必要があると思う。

● 参考文献 ●

1) Shapiro, F.：Eye Movement Desensitization and Reprocessing：Basic Principles, Protocols, and Procedures. Guilford Press, New York, 1995.
2) 崎尾英子：ポストモダン時代の精神療法－EMDR施行中の脳波と身体感覚が示唆するもの－．こころの臨床a・la・carte, 18(1)；15-24, 1999.
3) 崎尾英子：平成11年度 小児共同医療研究 高度医療における心療内科的アプローチの意義．厚生省小児医療共同研究 平成11年度 報告書；1-6, 2000.
4) van der Kolk,B.A., Fisler,R.：Dissociation and the fragmentary nature of traumatic memories：Overview and exploratory study. Journal of Traumatic Stress, 8(4), 1995.
5) van der Kolk,B.A., Burbridge,J.A., Suzuki,J.：The Psychology of Traumatic Memory. In：(eds.), Yehuda,R., McFarlane,A.C. Annals of the New York Academy of Sciences, 1997.

# 12 EMDRが心の医療現場でもつ意義

## *1* EMDRとの出会い

　どうしてEMDR（Eye Movement Desensitization and Reprocessing）が精神療法過程で治療的に強いインパクトをもちうるのかについて，自分の経験から語ることをお許しいただきたい。

　1996年から1997年にかけて，関わっていたある患者にどう精神的な援助を提供していけばよいのか暗中模索していた時期があった。患者は考えうるすべての診断手順を通過し，現在の医学では原因を同定できない発達成長停止段階にある5歳の子どもであった。3歳の頃まではいくらか遅れはみられたものの，話もでき，歩行もできていたのが，徐々に言葉を失い，歩行を失い，食欲を失い，自力では坐位もとれず，首の座りも失い，眼球調節能力や吸引能力も新生児段階まで退行していた。

　家族も，この子どもがこのような退行状態に達したのは，おそらく彼の精神が極度の恐怖のために凍りついたような状態が背後にある，という確信をもっていた反面，例えばクロイツフェルト・ヤコブ病で似たような症例が海外にあったという文献をもってくるなど，今の時点では同定されていない身体面での疾患の可能性も否定できないという気持ちでいるようであった。

　この子どもを病棟で預っていて，どこがどのように病的であり，どのように関わることが治療的変化につながるのか見極めがつかず，しかし退院できるともいいがたい状態が続いた。

　いったいこの子どもに対して私たちは何をどのように援助できるのか，ということに私自身が真剣に向き合わざるを得なくなり，精神療法的技量に優れていると私が考える，アメリカ在住の治療者Stephen Gilliganのスーパーヴィジ

元国立小児病院心療内科・精神科／精神科医
崎尾　英子

ョンに参加するようになった。2度にわたって渡米して受けたスーパーヴィジョンであったが，結果的にその場では私がこの症例に対して何をどうすればよいのかの明確な回答は得られなかった。しかし，2度目のスーパーヴィジョンで参加者のひとりが，「たぶんあなたの問題は，EMDRで何かの援助ができますよ」と提案してくれた。

　EMDRについては，このときに先立つ3，4年前に"Family Therapy Networker"（隔月刊のアメリカの精神療法雑誌）が特集記事を組んでおり，おぼろげな知識を得ていたが，実際何をどのようにするのかは全く白紙のままで，親切に私の治療を申し出てくれたセラピストのお宅に一晩お世話になることにした。

　その晩あれこれと周辺の情報について探ったあとで，このセラピストに直截に「いったいあなたはこの子どもの親のどこがいちばん気にかかっているのですか」と問われたとき，一瞬詰まったが，「私はこの子どもの親を恐れているのだと思う」という答えが自然に自分の中から生まれてきた。セラピストは「そのままでいてくださいね」と言うと，（私も知識としては知っていたように）私の眼前で2本の指を左右に振り始めた。

　「何が生じても，生じるままにしてね。何が今起こっても，ずっと以前にあったことで，もう終わったことですからね」と穏やかにゆっくりと語りかけられながら，眼前を左右に揺れる指を目で追いかけているうちに，次第に私の身体感覚に変化が起こるのを感じ始めた。下腹部から胃にかけて不快な感覚が突き上げるように生じ，それがどんどんと重みをもちながら上昇してくるのである。吐き気というのではなく，不快感そのものであり，最初はそれは「怖い！」という感覚であり，次に「嫌だ！」という嫌悪感になり，「何もできない」と

いう絶望感を経て,「何なのだ!」という怒りになった。それが次には「不当だ!」という憤りと悲しみになり,「こんな目にあうなんて!」という恨みの気持ちが次々と私の身体の奥から上昇し,口から順番に絞り出されるように噴出していった。これらの否定的な感情がウォンウォンと音を立てながら渦巻くように湧き上がり,それを「こんなもの要らない! 出ていけ!」という気持ちで,「怖いー!」「もういや!」「ひどい!」「何なの!」などと私は叫び続けたわけであるが,同時にどこか私の内部の冷静な声が,「ああ,これこそが子どもやその親がずっと周囲の人間からもらってしまい,表出できないままに溜め込んでいた経験なのだなあ」と教えてくれていた。

　自分自身が通過した経験から,我々のように精神保健領域にいて,心身両面を病んだ人を援助しようとする立場にいる者が身をさらす危険に,改めて目を開かされた思いがあった。

　この経験から私は,人は自分で気づかないうちにどれほど多くの感情を溜め込みうるかを身体をもって学んだ。同時に解除反応(アブリアクション:abreaction)と呼ばれるこのような情動解放経験を通過したのち,帰国して当の子どもとその親に会ったときに,私の身体感覚が大きく変化していたことにも驚かされた。

　人の心の病に付き合うということは,感情移入しながら同時に冷静な判断力を保つという,簡単には獲得できない能力を要求される。治療者は相手の抱える苦悩を,相手が「この状態こそ,私を絶望に追いやったものなのだ!」と実感できる,まさにそのレベルで共感することができなければならない。治療者とともにいるときに患者がその苦悩の状態を回顧できるためには,治療者がもたらす安心感と冷静さとが保障されていなくてはならない。

　そのような状態にいつも治療者がいられるのではないことは明らかである。また治療者に患者を援助しようという意欲はあっても,自分では気づけない,治療者自身が過去から引きずっている課題が治療にさまざまな妨害を加えたりするものだ。

　心の治療にあたろうとする者は,誰よりも率先して己の内心を覗き込む勇気を要求される。その勇気が,多くの患者が自分の問題を乗り越えようとする勇気を引き出すからである。

このような意味で，治療者たろうとする者がEMDRの訓練を受けることは，治療者自身の成長のためにも，またその治療者とともに自分の内部の最ももろく傷つきやすい場所を探り，受け入れがたかった経験を受け入れ，さらなる統合を目指そうとする患者の利益のためにも，望ましい経験である。

## 2 EMDRによる記憶の統合と治癒

EMDRが理想的に展開された場合，患者は恐怖ゆえに認知の世界では「ない」ことにされていた自分自身の経験が詳細にわたって想起されるのを，「これはこの瞬間に起こっていることではない。もう過ぎ去ったことだ。だから今眺めても危険はない」という拡大された認識を抱えながら通過することになる。トラウマとなった出来事が何であれ，それを実際に身体が通過したときの「身体記憶としての経験」がはじめて「これは私に起こったことなのだ。そして，それはすんだことだ」という認識に抱え込まれ，その人間の一部として統合される。

Squireによれば，人間の記憶は経過記憶（Procedural Memory）と言語記憶（Declarative Memory）に大別される[8]。経過記憶と言語記憶とは，それぞれ我々の脳の「進化的」に古い部分と新しい部分とが機能分担して請け負っているとされる。

例をあげると，自転車に乗れるようになれば，どういうふうに足を動かしながら，一方では上半身をどう動かすか，などということを言葉で相手に説明できずとも，自転車に乗ればおのずと身体がそう動くようになる。自転車をこぐときの動きを言語的に回想することは難しいが，実際に乗れば，身体感覚としてすぐに再生されうる。

このタイプの身体の記憶を経過記憶といい，進化的に古い脳がこの記憶を貯蔵するとされる。EMDR用語でいえば，トラウマのもととなる出来事が生じた時点で刻み込まれた身体記憶が，このタイプの記憶にあたる。その時点での身体感覚，目に映った画像，聞こえた音など，主に五感を通して（脳を含む）身体にインプットされ刻印された記憶を指す。自転車に乗る方法は言語記憶に統合されなくても（＝それに関して言語的に説明できずとも），日常生活に支障

はない。

　しかしトラウマとなって残っている断片記憶が放置された場合，日々目にする，または五感が感知するささやかな刺激が引き金となって，断片記憶を喚起する。トラウマとなった体験の（つらい）記憶が認知機能を動かして，断片的身体感覚の再現を拒絶しようとするため，患者は経過記憶（身体感覚）の喚起を促す状況を回避するようになる。そして回避しようとする対象が増えるほど，回避したい対象を想起させる刺激は増大し，その種類も増えるわけである。

　このようにしてPTSD（心的外傷後ストレス障害）を患う患者の日常生活は大きく支障を蒙ることになる。この意味で，EMDRは，Squireのいう経過記憶を言語記憶に統合する作業を担うといえるだろう。

　EMDR治療が効果的に進行すれば，トラウマ時点での身体記憶は「あのときはどうだった」と回顧されうる形に変換される。交通事故がトラウマの契機となっていれば，例えば「車ごと大きく片方に傾いて揺らぎ，ガラス越しにみえる景色ばかりでなく，自分の身体も車とともに回転した」といった，そのときの感覚がよみがえる。そして患者は浮かび上がる回想の断片記憶を治療者に言語で説明する。こうして記憶そのものに対する言語的コメントを患者が語ることができるようになる。

　身体記憶が相対化され，患者は身体記憶に対してのメタ記憶を得る。このタイプの言語的に想起しうる記憶が言語記憶である。

　このようにEMDRとは，患者と治療者の相互信頼と協力のもとに，患者の経過（身体）記憶を言語記憶へと変換統合する作業であると考えることができる。

　患者の立場に立てば，（怖いから回想を避けようとしていた）トラウマのもとになった出来事が，（今の私に起こっているのではない）過去の一時点での出来事に変わり，日常生活での安心を回復できる。これは患者にとっては，自分に起こった出来事の意味の理解として，さらには治癒体験として経験される。人間に起こってはいるが，人間的価値をもつ経験として居場所を与えられていなかった出来事が，EMDRという治療作業を通して，人間的な価値や居場所を与えられることになる。

　EMDR治療が人間の精神機能の大きな部分（認知機能・情動記憶機能・感覚

記憶機能）の三者に同時に働きかけるよう意図され，構成された治療であることはよく知られている。トラウマとなっている記憶に随伴する否定的自己認知，伴われた感情や身体感覚などを想起してもらい，そのままの状態で眼球運動（Eye Movement；EM）（または左右交互の聴覚刺激あるいは触覚刺激）を始めると，治療を受ける以前であればほぼ自動的に駆動されていた記憶再生抑制モードが抑えられ，トラウマが生じた時点での認知・感情・感覚記憶が順次鮮明に芋づる式に患者の精神世界に再現される。このプロセスが停滞なく展開するためには，何よりも治療者が患者の安全感，安心感を保障することが必須とされる。

Bateson, G.によれば，すべての学習は回避的（aversive）である[1]。何かの行動をとらなければ起こりうる不快な結果を避けるように人間はしつけられている，ということである。いつもテストで成績優秀な結果を残す生徒は，準備不十分であった場合に蒙りうる（成績が落ちるという）不快感を回避するための行動をとり続ける。臨床の場で，患者にとって感情的に大きな意味のありうる出来事に触れてもらおうとしても，さまざまな迂回路を（意図的ではなくとも）患者がとるのは，それに触れること自体が「危険！ 危険！」と叫ぶ声（あるいは思考や感覚）が患者の体内で警告するからである。不快な出来事が患者にとってもつ意味を問いかけたときに，「わかりません」「覚えていません」「忘れました」などと答えたり，反対にその出来事に関連しているが，しかし同時に治療者と患者の関心をそらす話題に患者が移行するのは，どちらも「問題」への直面を回避しようとする行動にほかならない。知的な説明とは基本的に認知的な防衛行為であり，情に触れないでいられるための最善の回避策である。

ある出来事を通過した経験がトラウマとなるという意味は，以下のように整理できる。

① その出来事を想起する機会や契機があって，もしも想起を回避しないでいると（恐怖の対象である）身体記憶そのものがよみがえったり，罪悪感を感じたり，不安感が生じるため，その出来事自体を想起しないでいようとする（半ば意識的）忘却あるいは抑制が起こる。

② しかし，忘却あるいは抑制などのような，意識が半ば意図的に被せた

"スクリーン"を通して，出来事の断片が時にあるいは常時垣間見えるため，見える「景色」そのものに対して恐慌状態を来たす。

生起するままに任せると不快感につながりうるために（人間に与えられた心理機制であり，自分を守るために自分でも気づかないで）起こす情報処理そのものが，トラウマとして経験される「出来事」を凍結させる。

## 3 精神療法全般にとってEMDRのもつ意味

目には見えない形であっても，人間を，そして人間集団からなる社会を包み込むより大きな枠組みがあった時代には，個人の精神世界は文学や宗教，あるいは芸術を通して語られることはあっても日常言語で語られることはほとんどなかった。個人精神の破綻は狂気のラベルを貼られて社会から遠ざけられるか，または犯罪という形で表出されざるを得なかった。個人精神が社会に対して破綻を露呈する以前に，個は集団の論理に押しつぶされていた。

本当に「個人」が尊重されるとはどういうことなのか，の十分な議論がなされないままに，「個」が存在を主張した結果，個人の精神世界は尊重される以前に多くの傷を抱え込まされ，傷を守ろうとする意識的，無意識的コミュニケーションの世界に身をおく状態に我々はいる。

重ねて起こる暴力の噴出というような形で個人の精神内面の荒廃や破綻が日々陽光のもとにさらされつつある今，個人の精神内世界をこれ以上の荒廃から守り，破綻を継ぎ合わせるのは，人間社会にとって緊急の課題である。

しかし，どのような条件が整っていれば，これ以上の荒廃は進まず，破綻は修復されるのかについて，専門家の間でも知識や認識が十分に共有されているわけではない。

子どもの心を主に治療対象として取り扱う心療内科・精神科臨床の現場で数年にわたってEMDRを治療の一環として用いてきた経験から，人間の精神保健にとってEMDR治療のもちうる意義について考えてみたい。

現代を生きる人間は大人であれ子どもであれ，（これまでに生きたすべての人間と同様に）自分はさまざまなトラウマを負っており，（個人の生育歴にお

ける）トラウマが現在自分が抱える苦悩の一部あるいは基盤となっている，という気づきを多少なりとももち合わせている。

　子どもと接していると，彼らの気づきの鋭さにはっとさせられる。幼い頃に自分の願いを親が聞き入れてくれず，不本意な選択を迫られた結果，自分の子どもには自分と同じような思いはさせたくない，という思いから，子どもに（親がベストと思う）進路を進ませた結果，思春期になった子どもから不登校，摂食障害，強迫性障害や行為障害などと診断されうる数々の「問題」を提起されてはじめて，自分自身が幼い頃に蒙っていたトラウマがわが子の代になって傷を顕にするという経験をする人々が増えている。

　また親がその親世代から受けた「子育て」が体罰を頻繁に用いるものであった場合，自分が親になったときに，それを用いるのが本意ではなくとも他にとれる方法もわからないという理由でわが子に体罰あるいは厳しい言葉（おまえなんか要らない！）を用い，子どもが立ち上がれないほどのダメージを蒙ったとわかった時点で，自らが長年抱えてきた葛藤を意識に上らせる人も増えている。

　自分の抱えるトラウマの処理に勇気をもって立ち向かう人間は，トラウマとなっていた体験が自己の一部として統合されていく過程で，ようやく「本当の自分」との和解に向かって進みつつあるのだという深い感動と調和の感覚をもつことができるようである。

　EMDRが精神の深い場所を巻き込んで記憶に変容を生じせしめる精神療法であることは述べたとおりである。この場合と同質の深遠な身体経験を起こしうる精神療法は，Gilligan,S.によって考案されており，こちらは複数の異なる「自己」からなる自分の統合を目指すという形をとる。「（複数からなる）自己間関係理論」と呼ばれるこの精神療法では，「身体で経験される自分」（これはトラウマにつながる身体感覚，感情，イメージなどに相当する）が「関係を支える自分」（これはEMDRでは患者と治療者との間で生じる信頼感と患者の自己への信頼感にあたる）に支えられ，「認知で経験される自分」（これはEMDRでは否定的および肯定的認知を含む認知活動にあたる）に統合されていく。深く身体の中心にまで届く呼吸と，呼吸によって触れることのできる「身体の中心感覚」とのつながりを用いて，「自己」像をより健全に機能するものへと修

正していく。

　Gilliganの治療で何よりも重視されるのは，治療者が自分の身体の中心と身体感覚としてつながった感じを維持できるということであり，そこが途切れてしまえば患者をこれまで混乱させてきたアウター・ワールド（知的に防衛された，あるいは解離した状態）に治療者も引き込まれる。

　この点において，自己間関係理論は，切れ味そのものはEMDRよりも柔らかいが，深みと奥行きにおいて，EMDRを包含するように筆者は理解している。自己間関係理論に基づく精神療法もEMDRも，何らかの「碇」を用いて脳の内部での各機能（認知機能・感情機能・感覚機能）が分断された状態を統合しようとする。

　しかしすぐこの後に述べるように，EMDRを効果的に用いることができるために治療者がすでに獲得しておくべき人間的資質は必須であるように思われる。それが欠けていれば，EMDRほどの「切れ味」のある治療方法は，逆に患者や治療者を傷つける危険があることを，我々は深く知っておく必要がある。

　患者は自分の中心感覚を失っている。治療者を自称する中にも，同じく中心感覚をもてない人々の数は非常に多い。そのような治療者がEMDRを施行した場合，EMDRのもつ「切れ味」ばかりが屹立する結果，治療そのものは失敗してしまう可能性がある。

　自分の中心感覚をもつとは，1回限りのみこの「生命」を与えられている人間の哀しみを，自らの身体性と患者の身体性に対して感じながら，それでも「個」を超越して流れる生命と，それを宿す身体への深いいとおしみと愛情をもち続けるというパラドックスを自分の体内に保持することによって可能になる，修練を経て得られる感覚である。この意味において，Gilliganの提唱する自己間関係理論（あるいは同等の奥行きをもたらしうる人間理解）を治療者が深く体得することは，EMDRを用いるに先立つ必要条件であるように思われる。

## *4* 治療を提供する側におけるEMDRの意味

　治療者側が自分でも気づかないうちにEMDRで処理されうるトラウマ体験

を容易に体内に溜め込みうることは，本論の冒頭で著者の体験として説明しておいたとおりである。医療を提供する側も普通の人間である。自分で気づかない問題も潜在的に数々抱え込んでしまう。自分で気づかない問題への気づきを，こちらが望むと望むまいと指摘して直面化させてくるのが「難しい患者」なのだろう。したがって「治療が困難な患者」が呈する問題は，その一部として必ず治療者の内部に潜む未治療の病理を含む。

　人の心を取り扱う職種にあり，治療を進めるうえでさしかかる隘路は，治療を行う人間自身が抱えているトラウマにつながっている。そのような場合に，率直に何でも相談できる仲間に恵まれている治療者は幸運である。治療者自身がぶつかった発達課題は，治療の対象として扱われるべきであり，EMDRは治療者が自分自身への新たな気づきに達するための有効な道具になりうる。

　患者を通してみえてくる治療者の病理とその治療という脈絡でEMDRを考えてみたい。患者である子どもの心の問題を扱おうとするときに，まだ解決されていない親自身の発達課題が往々にして治療の行く手に立ちはだかる。親が自分の依存欲求を子どもによって満たそうとしていて，子どもが症状を呈することで役割から「降りた」場合，親は治療者によって自分自身の依存欲求を満たそうとしてくる。

　「私が願うように私の子どもを動かしてください。子どもを引きこもりから抜け出させてください」

　「私を失望させないでください。私をこれまで取り巻いてきた人々はすべて私を失望させましたから。子どもは裏切らないと思ったのに，子どもにも裏切られたのです」

　「私が言いたいことを言うのを，ただ聞いていてください。絶対に批判をしないでください。それでこそあなたはよい治療者です」

　これらの願望を患者の親が言葉で言うわけではない。どれも言外に伝えられるメタ・メッセージである。患者の親たちが，その親から押しつけられたメタ・メッセージに対して，「そんなことを要求されても私にはできません」と反論する許可を与えられず，従わざるを得なかったという悲劇がある。反復強迫的に子どもに「依存（させてくれ）！」というメタ・メッセージを出し続け，子どもが「もうやっていられない」と症状を出して「患者」になれば，依存欲

求を受け止めてもらう対象は治療者へと向かう。親が子どもにメタレベルで出してきた指示は抗いがたいものがほとんどである。

治療者も自分の親との愛憎にとらわれ続けている。患者や患者の親は，自分の親によって言外に伝えられ，従属してこざるを得なかった「縛り」を治療の場で治療者に移しかえることで，呪縛からの解放を試みる。それを受けた治療者は，その中でがんじがらめにからめとられていく感覚を味わうことになる。

しかし，治療者が患者との関わりで上記のようなプロセスを経て人間としてさらに成長してこそ，患者が己の桎梏から自由になる過程を有効に援助できるはずである。治療者が自分の内面をアクセスできる程度に応じて，患者も自分のトラウマに向かい合うことができるからである。

Aというパニックを伴う広場恐怖症の女児の治療にあたっていた治療者Bが通過した体験を示そう。Aの父親はAが現在小学校には行けずとも，中学校に入ればよくなるだろう，という願望思考が強く，Aの母親はそれを難しいと感じとっていたが，夫の怒りを恐れて夫の過剰な期待をいさめることができないでいた。あるとき，Aの母親が「治療者Bが（Aが中学生年齢になったからといって学校に通えるわけではないと）言っていた」と夫の過剰な期待をいましめ，それに対してパニックを生じた父親が治療者Bに電話をしてきた。「先生はそんなことを言ったのですか」と強い調子で迫られたBは，その前から少女Aの中に自らのつらさを発見していたこともあり，強い身体感覚を伴う恐怖感に襲われてしまった。

これは，子どもが自分よりはるかに年長の異性（女児であれば父親，男児であれば母親）に対して感じる恐怖という意味で普遍的な感覚である。治療者Bは，自分の生育歴に由来するトラウマへの気づきをもち，徐々に自己統合に向かう過程にあったが，突如として降って湧いた父親からの攻撃的な言葉で，強い恐怖に感作された状態におかれてしまった。治療者Bの依頼を受けて同僚である治療者CがEMDRを行い，Bは徐々に恐怖感を鎮静化でき，また（それ以前から進行しつつあった）自分の親に対する感情への気づきを深めていった。

このような治療者同士の相互的援助が可能になるには，治療者同士がおかれるコンテクストとしての職場に，①治療者が自分の内面にアクセスできる分に比例して患者は自分の内面に気づいていける，②治療者も自分のトラウマに謙

虚に向き合うことを通してこそ，治療者として成長できる，という前提があればこそである。治療者が（2度の訓練ばかりでなく必要が生じた時点で）EMDRを受けることによって，速やかかつ有効に新たな統合へと向かうことができ，ひいては患者やその家族の統合を促すことができる。

治療者がこのような気づきに達することができるのも，治療者もまた傷ついた存在であり，治療者が癒されていくプロセスと患者が癒されていくプロセスとは往々にして同期するのだ，という認識があってこそである。

EMDRはこの意味で「治療者」になろうとするものを「治療」するという意義をもっている。

## 5 EMDRの心療内科臨床応用での問題点のいくつか

### 1）導入にあたって

どのようにEMDRを患者に説明するのか，という点について考えてみたい。私たちの病院では簡単な説明書を用意しておいて，そろそろトラウマそのものに触れる時期ですよ，と伝えようと考える時点で患者に渡している。患者が就学年齢前後の子どもであっても，率直に次のような表現を用いることで患者の理解を得られることは多い。

「○○ちゃんがここ（病院の診察室）に来ているのは，○○ちゃんが感じている嫌な感じ（つらい思い出，または浮かんでくる怖いことなど）を軽くしていくためだよね。ここでする治療のひとつで，○○ちゃんにお願いするのは，その嫌な感じを思い出してもらうことと，あとは先生がこういうふうに○○ちゃんの目の前で指を横に動かすから，それを目で追いかけてくれることです。この治療をすると，多くの患者さんが身体で感じている嫌な思いが減るっていうことがあって，○○ちゃんもそうなるといいな，と思ってこの治療のお話をしています」

こう話しながら，患者の目前で少し指を左右に振ってみせる。子どもの患者の場合，この説明で治療について納得してくれることは多い。

年齢が8，9歳までくらいの子どもでは，最初に病歴を聞き，本人が困っていることに当たりをつけ，その当たりが困っていることだという確認をとり，

治療に関して説明し，実際のEMDR導入をすることで治療効果を上げられる場合が多い。

　年齢がもう少し高くなる思春期では，すでに子ども自身の否認が強力に働いている場合が多い。訴えてくる症状も，頭痛や腹痛であったり，精神面でのつらさを一切ないことにしたり，または離人感のような実感のなさが主症状であったりする。そのような場合，まず何回か面接をして，表面には目立たないが本人にうつ気分を認めれば投薬をしたり，「問題」に触れていくことは怖いかもしれないがそれを治療者とともに通過することで必ず治っていく，ということを根気強く働きかけ，少しずつ安心感を強めてもらうことから始めなくてはならない。

　子どもによっては，気分の不快は感じても何が不快なのか全く認識できなかったり，嫌な出来事を通過したとしても，どう嫌だったかについて言語表現できない場合もある。「自分の内部に嫌な感じはあるけれど，それがどうしてかわからないわけですね。自分の中での気づきを高めるのにこういう方法があるけれど，やってみますか」と尋ね，その子どもが最近最も不快であったこと（それが具体的に何を指すのかを言語的に再現できない場合も多い）をおぼろげであっても浮かべてもらってEMDR導入することもある。家族の文化として，自分の感情や感覚をほとんど口にしなかったり，または家族間コミュニケーションに世代を超えて受け継がれる歪みがあったりする場合，子どもの言語記憶の発達は強く抑制されたまま，子どもが思春期に入ることになる。そのような場合，EMDRを始めてみて，子どもの内面で治癒プロセスが進行しているのを教えてくれるのはただ流れ続ける涙であることもある。

　当病院では，時にEMDRを2人の治療者で行う。解離の程度が強いと考えられる患者や，不安が極めて強い患者の場合，1人の治療者がEMを行わせ，もう1人の治療者は患者の呼吸と「息を合わせる」ことで治療者同士の安心感を強め，ひいては患者の安心感を高めることを目的にしている。「息を合わせる」という場合，治療者があくまで意識的な呼吸を続けて自分の中心とつながり続ける[8]ことを意図し，その力で患者が解離状態にとぶことを防ごうとするものである。

## 2) テクニカルな問題

### a 眼球運動が止まるとき

それまでの導入が円滑であっても，実際EMを始めてみると患者が全く目で指を追えなかったり，「絶対できません！」と強硬に言い張ったり，または強い眠気に襲われてしまいEMを続けにくくなる場合もある。眼球が指を追えず，あちこちとぶように動いたり，動きが止まってしまうときには，「追おうね。こっちだよ。追おうね。ほら，えらい。そうだよ」といった声かけを続けながら，EMを治療者が文字どおり引っ張り続けなくてはならないこともある。目で指の動きを追えない子どもの場合，それだけ精神の内面で触れる事柄が混沌としており，しかもこれまで（これは非常に傷ついた出来事だった，というように）名づけられていなかったり，「在る」ことを認められてこなかった体験や感覚のあちこちにヒットしていると考えてよいだろう。

導入までは了解しても，実際EMを開始したらとたんに「できません。嫌だ！」と言い始める患者では，認知の世界で「こうであるべきだ」と考えている部分と，実際身体記憶の世界に埋め込まれたままの経験との間に非常に大きな距離があると考えたほうがよく，EMDRを開始するよりも，その子どもの混乱やこだわり，コンプレックスなどを治療者が深く理解するプロセスを先行させなくてはならない。

### b 技法は正確にしよう

EMDRのトレーニング（13章参照）にファシリテーターとして参加するたびに「きちんと，きれいに指を左右に振る」ことの大切さを痛感させられる。自動車のワイパーのように曲線を描いたり，患者の正中線に対して非対称に振ったりしていても，多くの患者は不快感を表明できない。指先が直線を描き，一定の幅が患者にとって左右対称であるように練習は重ねたいものである。

またEMを終えたあとで，患者に言葉をかける際に，「今何がありますか」「思っていることを言ってください」などはあまりに英語の直訳であり，本来内面を言語化すること自体に慣れていない日本人では，そう問いかけられても戸惑うことが多いだろう。特に解離があったり，病理が複雑な患者ほど，何をどう言語化すればよいのかわからなくなる。そのため，「もしも，今浮かんで

いるものがあるとすれば、それについて教えてください」と言い、「何も浮かんでいない」（実際これはEMを開始してすぐのときには、よく起こる）状態でもよいのだ、という許可を繰り返し言葉で伝えることは重要である。

　また患者がEM後に述べたコメントについては治療者は「反復しない」と教えられているのに、「…が○○して△△なのですね」と繰り返すレベル2修了者が多いことにも驚かされる。EMDRトレーニングのプロトコールにある指示は、無数の試行錯誤の結果、それだけの根拠をもって述べてあるということを重く受け止めたい。

### c　一定のパターンが安心感を育てる

　ＥＭＤＲ中は一定のリズムとパターンがあることは大切。＊EMのあとで、＊患者に深呼吸してもらい、＊一呼吸おいてから「今もしも浮かんでいることや気づいていることがあったら教えてください」と伝えてから患者のコメントを問うわけであるが、「深呼吸」を治療者が患者のモデルとなって行うことも意義深い。患者は多くの場合、治療者に観察されていることに対して意識が向きやすく、「はい。深呼吸をしてください」と言われても、なかなかできるものではない。治療者が先だってモデルとなり、一緒に大きく深呼吸し、コメントを聞いたあとで、＊「そのままでいてくださいね」とだけ言い、再びEMを開始させる、というようなパターン化された繰り返しは、患者に安定感を与える。何度も同じ言葉を繰り返すことを恥ずかしいと思った治療者が、何度目かのEMのあとで、自分は深呼吸をしなかったり、「今思い浮かんでいることを教えてくれますか」などといった発言を省略したところ、とたんに患者は居心地が悪い思いに襲われたことを、あとから報告してくれた。このように一定のリズムや流れに治療者と患者とが一緒に乗れてこそ、患者の精神世界も円滑に流れうるように思われる。

### d　小さな違いにも意味がある

　治療者がEMDR治療に慣れてくると、患者の表情の微妙な変化をモニターする余裕をもてるようになる。さほど大きな表情変化でなくても、目が悲しげなかげりを帯びたり、うるおいに変化がみられたり、口元が少し緊張したりす

るのも，内部で情報の組み合わされ方が改変されつつあることの外的な印だと考えている。

　重複したトラウマがあることは本人も認め，EMDRを受ける動機づけが強い患者で，相談のうえターゲットを決めEMを数セットした段階で患者からのフィードバックを聞くと，もとのターゲットとずれたうえ，その流れに沿ったままでいるとますます本来のターゲットからそれる患者も多い。EMDRを用い始めて最初の頃は，私も「これも何らかの形で本来のターゲットとつながっているのだろうから，患者の進む方向についていってみよう」と考えて，そのままの進行に任せることが多かったが，最近では「ずれたな」と感じるときには，基本的にもとのターゲットに戻すようにしている。ターゲットとしていたイメージ（思いであれ，言葉であれ，場面であれ）が最初とどう異なるのかを根気よく聞くことに力を入れるようにしている。言葉では，「最初に思い浮かべてもらったことをここでもう一度思い出してみてくれますか。どんなことでもいいから，最初と少しでも違ったところを思い出したり，違うところで気になるところがあったら，それを教えてください」と言い，そしてじっくり待つ。患者はEMをしている間に，全く別の記憶に思いを馳せているのかもしれないし，関連性のない画面がパッパッと浮かんでは消えているのかもしれない。そこで「もとの場面に戻ってください」と伝えることは，（記憶ネットワーク上であちこちにサーフィンしていた）患者にかなりの集中を強いるわけだが，利点は大きいと考えている。患者がトラウマ（という氷山）の一部として提起してくれたイメージなり感覚なりに戻ることで，「あなたが言ってくれたことは，それなりの妥当性と重みがある。だからこそ何度もそこに戻るのだ」というメタレベルでのメッセージを伝えられるからである。

　本来，認知的および情動活動がある程度統合された形で機能している人間であれば，それまで彼・彼女が通過した身体経験（の断片）がトラウマとしてどこにも所属することなく，孤児のように放置されたままになることは起こりにくいはずである。治療を受けようとする人間の場合，認知活動と感情活動を統合する能力が未分化であったり，混沌としているからこそ，思考があちらこちらへ散逸するのである。それを散逸するままに任せず，もともとターゲットとして選んだトラウマの一片へと丁寧に頻繁に患者の思考を引き戻すことで，患

者の思考の散逸傾向をよりまとまりのあるものに向けていく力を促すことにもなる。

### e 根気強さも大切

EMDRを試みてみたが中核的な体験にヒットしない感じがあれば，次の回に再びEMDRを行おうという意欲を治療者がもちにくいことも理解できる。しかし中核的な体験にヒットしないということは，EMDRを用いずとも，治療者とともにいる時間内に安心感を得て，自分の内面に恐れなく入っていこうとする姿勢を一緒に育て探求するために時間を費やすことが必要だと教えているのであろう。この意味で大河原も指摘するように，Gilliganのいう意識的呼吸法[2]を援用することは，治療の焦点を絞り込むためにも治療者が自分のペースを維持するうえでも役立つ。

### 3) 家族および医療システムの問題

患者は，「誰」と同定しても，治療が進む中で，患者以外の家族の病理が露呈されたり，治療経過に影響を及ぼしたりして，家族以外の人間も治療の枠内に取り込んで扱わなくてはならない場面がたびたび生じてくる。治療者のトラウマ処理のところで述べたように，「患者」という役割を背負っている人間のみが「病理」を抱えているのでないことは強調しておきたい。患者の家族や患者に他の疾患があって他科の医療従事者が関わる場合，その人数分の複雑極まりないトラウマも同時に触れているのだ。その意味で「治療」というプロセスに関わる人間たちが織り成す相互作用とその動き方に関して，システミックな理解を治療者が絶えず刷新していることが要請される。

患者が子どもであり，その親が日本的な社会的ルール（相手が医者であれば自分の意見を述べることができない，など）にがんじがらめにからめとられて，治療への疑問点などを抱えながらも言えないでいる状態が持続すれば，患者が「よくなっていけるかもしれない」と思えるチャンスは必要以上に制限される。この意味で，患者の家族が自分の生育歴に由来するトラウマを処理することが適切な場合もある。

長期にわたる闘病を強いられる慢性疾患の患者は，もともとの疾患にかかっ

たこと自体がトラウマになることもあれば，またトラウマティックな出来事が疾患発病に先立つこともある。そのうえ長期にわたって非常に侵襲性の強い治療を受けることになると，トラウマの重層化が生じ，自己治癒力がさらに低下することも予測される。一方，身体疾患への診断学や治療技術に関してはどれほど高度な医療を実践できても，人間としての患者の内面に配慮できる医師の供給は十分になされているとは到底いえない実態がある。この意味で，医療が高度化するほど，（誰も意図などしないのに）医療を受ける中でトラウマがさらに深く沈殿していき，結果的に（狭義の）治療行為も効力を存分に発揮できない患者がますます増えていくだろう。

## 6 結 論

　近代の終焉とともに，知的な脳活動を発達させれば人間の不幸のほとんどの部分は解決されるにちがいない，といった楽観主義は完全に破綻してしまった。人間は，知的になればなるほど，「…であるべきであることを知りながら，そのようにできない自分」への否定的な思いの内部へと深く沈殿していく。今を生きる子どもたちは，ひとりとして例外なく，この思いを共有しているように思われる。しかし自分を一瞬振り返ってみれば，それは大人である我々自身にも当てはまるということに気づかされる。

　情報革命の進行によって，知的に限りなく開かれた時代を生きることは，もう誰も回避不可能な状態になってしまっている。近代を経て知性が限りなく膨張する一方で，情の部分である感性がどれほどきちんと取り扱われるようになっているのかといえば，粗末に扱われてきたとしかいいようがない。

　ひとりひとりの人間の感性が，知性と比べてどれほどに尊重されているかを一瞥すれば，人間は大きく2グループに大別される。「感性」をないことにして生きる人間と，「感性」からやってくるメッセージを無視し得なくなった人間である。患者であることを引き受ける人々は後者である。

　本論は，「感性＝情」を解離させた状態を延々と続けていた治療者が，EMDRによって自分の情の世界に目覚める話から開始した。

　情の世界を「解離」させたままに放置しておくことは，さまざまな不幸を呼

ぶ。情の部分で満たされることのない現代青少年が引き起こす悲劇は毎日のように報道されている。

BatesonはPascal, B.を引用して,「情には情の理がある」と繰り返し述べていた。哺乳動物が先鋭的に進化した結果,人間はすばらしい知性を手に入れたが,情と知とが大きくシンクロナイズしながら生命を生み出すダイナミックさは失われる一方であるように思われる。

脳の科学が発達する中で,長期にトラウマが活性化された状態を保った人間の脳は,扁桃体や海馬に視覚的に区別しうる体積変化をもたらす,などの証左を提示しうるまでになっている[10, 11]。

EMDRが行う作業が,脳内に解離したままで存在する情報群の統合と整理であるとすれば,今後ますます精神療法臨床,さらには医療全般の中でEMDRの意義は大きくなっていくものと期待される。

● 参考文献 ●

1) Bateson,G.：Steps to an Ecology of Mind. Ballantine Books, New York, 1972.（佐藤良明訳：精神の生態学．思索社，東京，1980.）
2) Gilligan,S.：The Courage to Love：Principles and Practices of Self-relations Psychotherapy, W.W.Norton, 1997.（崎尾英子訳：愛という勇気―自己間関係理論による精神療法の原理と実践．言叢社，東京，1999.）
3) Manfield,P.（ed.）：Extending EMDR: A Casebook of Innovatice Applications. Norton, 1998.
4) Marsha Weissman Special Presentation on OCD. At EMDR retreat in Punta Serena, Mexico, 1998.
5) Shapiro,F.：Eye Movement Desensitization and Reprocessing: Basic Principles, Protocols and Procedures, Guilford Press, New York, 1995.
6) Shapiro,F., Forrest,M.S.：EMDR：The Breakthrough Therapy, Basic Books, 1997.
7) 崎尾英子：ポストモダン時代の精神療法．こころの臨床 a・la・carte，18 (1)，1999.
8) Squire,L.：Mechanisms of memory. Science, 232；1612-1619, 1986.
9) Tinker,R.H., Wilson,S.A.：Through the Eyes of a Child; EMDR with Children. Norton, 1999.
10) van der Kolk,B.A., Fisler,R：Dissociation and the fragmentary nature of traumatic memories: Overview and exploratory study. Journal of Traumatic Stress, 8(4), 1995.
11) van der Kolk,B.A., Burbridge,J.A., Suzuki,J.：The psychobiology of traumatic Memory. In：(eds.), Yehuda,R., McFarlane,A.C. Annals of the New York Academy of Sciences, 821: Psychobiology of Posttraumatic Stress Disorder, New York Academy of Sciences, 1997.

# 13 EMDRの訓練システム

## *1* はじめに

　EMDR（Eye Movement Desensitization and Reprocessing）はその効果も魅力であるが，訓練システムが整備されており，質の高い訓練が世界中のどこでも提供されることも忘れてはならない魅力のひとつとなっている。EMDRはその作用機序が解明されていないため，既存の療法の実践家，研究者から懐疑的な目を向けられ，攻撃されてきたにもかかわらず非常に大きく普及してきた背景には，その訓練システムの整備による質の高い臨床実践があり，その実績が無視できないものとなってきたことがあるといえるだろう。

　EMDRの公式の訓練はEMDRIA（EMDR国際学会）が認定したコースにおいて，認定インストラクター（Approved Instructor）が提供する形をとっている。逆にいえば，そういった基準を満たさない講演，ワークショップ，研修などの位置づけはあくまでEMDRの紹介であって，訓練ではない。参加者たちがそれらによってEMDRを理解したと思っても，実際の臨床で使うためには認定された訓練への参加を勧められることとなる。EMDRは手続きが一見単純そうなので，論文を読んだだけで実施する勇気のある臨床家もいると思われるが，そうした臨床行為に対しては，危険性を指摘し，警告しているわけだ。EMDRの効果は鋭い刃物にたとえることができる。正しく使えば，その切れ味ゆえ非常に強力な道具となって病理部分を切り取ることが可能だが，間違って使えば，傷口を広げて，かえって病理を悪化させる可能性もある。時々トレーニングを受けない臨床家によって，もしくはクライエントが自ら治療を試みることで，起こってしまった再体験に圧倒されたり，適切に処理できずに再外傷になったりしたケースを耳にすることがある。したがって，訓練を狭く限定するこうした一見閉鎖的にみえる部分は，あくまでクライエントの福利を第一に考えてのクォリティコントロールの結果である。

　このように，訓練資格や主催者を限定することで，閉鎖的に受け取られたり，利潤を追求する家元制度のように受け取られたりするのは残念なことであるが，クライエントを守ることはEMDRの根幹に関わる重要な部分と考えられている。

琉球大学教育学部／臨床心理士
市井　雅哉

## 2 EMDRを支える組織

### 1) EMDRIA（EMDR国際学会）[注1]

　EMDRIAは，テキサス州オースティンにある非営利の学会組織であり，年次国際学会の開催，ニューズレターの発行，訓練プログラムや資格保持者の認定作業（訓練・基準委員会），会員の名簿管理（オンラインおよび印刷物での提供）を行っている。歴史的には次に示すEMDR研究所より新しく，1994年の設立であるが，非営利の学会組織である分，より学術的，個人の利益を超えた公平，中立な立場を維持できるので，役割の重要性は大変大きい。

　残念ながら現時点では学会誌は発行されていないが，近い将来実現すべき課題といえる。

　EMDRIAが国際組織とはいえアメリカを中心としているのに対して，地域組織としてEMDRIA-Europeが生まれており，2001年には第1回目の年次大会が行われた。

### 2) EMDR研究所[注2]

　EMDR研究所はEMDRの創始者であるShapiro博士が1990年に設立した訓練のための組織であり，EMDRのレベル1（初級コース），レベル2（上級コース）や継続研修のためのコースを提供している。カリフォルニア州パロアルト近郊のパシフィックグローブにある営利団体であり，Shapiroが所長を務めている。これらの訓練で講義を行うトレイナーは，Shapiro以外にも何人かが養成されており，世界規模で活躍している。修了者の認定，名簿管理もこの組織の業務のひとつである。

　EMDR研究所はEMDRIAの監視下におかれている訓練プログラムの提供組

織のひとつと位置づけられるが，訓練の提供機会の数，訓練を洗練してきた歴史などを考えても，他の訓練プログラムの提供組織とは一線を画しているといえるであろう。営利組織であるEMDR研究所が行ってきたさまざまな活動が組織の性格にそぐわなくなって，非営利組織のEMDRIAに引き継がれてきた。この意味ではここ数年のEMDR研究所の役割はより充実した訓練プログラムの提供に力点がおかれてきており，EMDRIAの独立性がより保証されて，健全な形になってきている。日本において過去5年間東京や神戸で行ってきた訓練もこのEMDR研究所のトレーニングと同質のものを提供することを目指して，トレイナーやファシリテーターを派遣してもらい，マニュアルを翻訳し，通訳をつけるなどして，実施してきた。

### 3) EMDR-HAP（EMDR人道的支援プログラム）[注3]

　EMDR-HAPはペンシルバニア州ニューホープにあり，1995年に始まった。世界中の外傷体験の被害者を癒し，暴力連鎖を打破するという使命をもった500人以上のボランティア治療者による非営利の組織であり，個人の寄付によって成り立っている。直接的な治療や訓練を提供することで，個人やコミュニティの回復に貢献する。紛争地域，自然災害の地域，第三世界において，無料もしくは割安のEMDRトレーニングを地元の精神保健の専門家に提供し，フォローアップとしてコンサルテーションも与える。これまで国際的には，ボスニア，クロアチア，北アイルランド，ケニヤ，ウクライナ，エルサルバドル，コロンビア，ハンガリー，中東，バングラデッシュでこうした援助が行われ，アメリカ国内では，都会での暴力，監獄システムにおける暴力の連鎖の打破に貢献している。例えば，オクラホマでのFBIビル爆破事件後には，250人に対して700時間の治療が行われた。

　寄付金は，現地に赴く治療者たちの航空運賃，宿泊費にあてられ，また，自然災害に備える形で災害援助基金として蓄えられている。地域の組織との連携も図られ，ユニセフ，カトリック支援組織などと共同スポンサーを組むような形でも活動している。

　EMDRという優れた方法と，世界中の援助を必要とする人々の間をつなぐ直接的な架け橋の役目を果たしていて，これは，EMDRIAにもEMDR研究所にもできない部分であり，この意義は計り知れない。

## 13 EMDRの訓練システム

## *3* EMDRIAが認定する訓練・個人 ━━━━━━━━━

　EMDRIAは非営利団体の学会組織であり，治療を提供できる個人の認定，治療者の訓練を提供できる個人や組織の認定を行っている。表13-1にEMDRIAが定めるEMDRに関する2つの資格の基準を示した。

　EMDRIAが定める「EMDR資格」とは，EMDRの正規の訓練プログラムを

表13-1　EMDRIAが定めるEMDR資格の基準，EMDR認定コンサルタントの基準

**EMDR資格の基準**

1　EMDRに関するEMDRIA認定訓練プログラムを修了していること。
2　個人としてサービスを提供できる精神保健の専門家としての免許，資格，登録されていること。
3　精神保健分野における最低2年間の経験を証明する文書を提出すること。
4　最低25人のクライエントに対して，最低50回のセッションを行ったことを証明する文書を示すこと。
5　20時間のEMDRのコンサルテーションをEMDR認定コンサルタントから受けたことを証明する文書を提出すること。
6　EMDR認定コンサルタントによる志願者のEMDR使用の質についての書面（EMDR評価用紙）を提出すること。
7　志願者の実践の倫理，専門家としての特性に関しての職場の同僚からの推薦状を提出すること。
8　過去2年間において，最低12時間のEMDRIAの単位（EMDRの継続研修）を終えている文書を提出すること。

**EMDR認定コンサルタントの基準**

1　EMDRに関するEMDRIA認定訓練プログラムを修了していること。
2　個人としてサービスを提供できる精神保健の専門家としての免許，資格，登録されていること。
3　精神保健分野における最低3年間の経験を証明する文書を提出すること。
4　最低75人のクライエントに対して，最低300回のセッションを行ったことを証明する文書を示すこと。
5　20時間のEMDRの「コンサルテーションのためのコンサルテーション」をEMDRの認定コンサルタントから受けたことを証明する文書を提出すること。
6　EMDR認定コンサルタントによる志願者のコンサルテーションの質についての書面（訓練コンサルタント評価用紙）を提出すること。
7　志願者の実践の倫理，専門家としての特性に関しての職場の同僚からの推薦状を提出すること。
8　過去2年間において，最低12時間のEMDRIAの単位（EMDRの継続研修）を終えている文書を提出すること。

終えた有資格の精神保健の専門家が，さらにEMDRの実践を指導者（コンサルタント）のコンサルテーションのもとに行ってはじめて認められる形態をとっている。訓練プログラムの受講のみでは資格が得られないのは，厳しいが非常に優れた資格設定と思う。表13-2に「EMDR資格」のための認定コンサルタントにより記入される評価用紙を示した。このようにさまざまな理解や能力がチェックされる。

その上の資格である「EMDR認定コンサルタント」は，他のコンサルタントからコンサルテーションに関するコンサルテーションを受け，その評価を受けた者が認められる[注4]。表13-3に「訓練中コンサルタント」の評価用紙を示した。

認定インストラクターの資格は，認定コンサルタントであることが求められるが，それ以外はむしろ教えるコース自体が一定の基準を満たしているかどう

表13-2　「EMDR資格」評価用紙の評価項目の一部

| | |
|---|---|
| 1 | 志願者はEMDRを利用するとき，インフォームドコンセントを得ているか？ |
| 2 | 志願者は「EMDRの基本的技術的側面」を理解しているか？（例えば，座り方，距離，ストップサインなど） |
| 3 | 志願者は適切なクライエントの生活歴・病歴を聴取しているか？ |
| 4 | 志願者はクライエントがEMDRに適切かどうか十分査定しているか？ |
| 5 | 志願者は十分にクライエントに対してEMDRのための準備をさせているか？ |
| 6 | 志願者は効果的に「安全な場所」を利用しているか？ |
| 7 | 志願者は効果的に必要とされたとき，RDI（資源の開発と植えつけ）を利用しているか？ |
| 8 | 志願者は十分にEMDRの過程をクライエントに説明しているか？ |
| 9 | クライエントの処理が進んでいる間，志願者は「道の脇にどいて」いられるか？ |
| 10 | 「堂々巡り」や「処理の行き詰まり」のとき，志願者は効果的に処理しているか？（例えば，EMの方向・速度・量を変える；モードを変える；認知の編み込み） |
| 11 | 志願者はクライエントの対象の違いに敏感であるか？ |
| 12 | 志願者は十分な終了手続きを不完全なセッションに与えているか？ |
| 13 | 志願者はクライエントの援助のために使える資源を利用しているか？（例えば，医学的な，家族の，社会的な，コミュニティの，宗教的な資源など） |
| 14 | 志願者は患者の包括的な治療計画の中でEMDRを利用しているか？ |
| 15 | 志願者は患者の問題に利用できる他の戦略にも気づいているか？ |
| 16 | 志願者はEMDRの適用時に創造性を示しているか？　その際に，一方では，基本的なプロトコルを維持し，転移の問題にも敏感になっているか？ |

表13-3 「訓練中コンサルタント」評価用紙の評価項目の一部

1 訓練中コンサルタント（CIT）は志願者への教示の補助手段として「EMDR資格」評価用紙を利用しているか？
2 CITは志願者自身のスタイルを発展させることを認めているか？
3 CITは志願者がEMDR介入の理由付けを明確に説明する援助をしているか？
4 CITは志願者が基本のプロトコルの手続きに焦点をあて続けるようにしているか？
5 CITはどのようなタイプ・方法のコンサルテーションを用いているか？
 a) 対面，個人コンサルテーション
 b) グループコンサルテーション
 c) 電話のコンサルテーション
 d) ビデオテープ
 e) 録音テープ
 f) コンサルテーションの生のデモンストレーション
6 志願者はEMDRの利用に影響を与える可能性のある治療的「転移」の問題（治療関係の微妙なニュアンス）を認識しているか？
7 志願者はクライエントの利益のために，包括的な治療計画の中でのEMDRの利用を促しているか？

かが問われ，同じ人が大学院のコースと，他の専門家を対象としたワークショップで教えるような場合には，それぞれに関して申請することが要求されている。18時間以上の講義，13時間以上のスーパーバイズ付きの実習を含めることで，そのコースはEMDRの正式なトレーニングと認められる。実習は，最低4回のEMDRを受けたり与えたりする経験をしなくてはいけないし，インストラクターと受講者比率は1：10以下であることが求められている。さらに，クライエントにEMDRを試みるまでに，31時間のうち，講義を9時間，実習を7時間以上終えていることが要求されていて，理解の浅い臨床家が傷を負わせてしまう危険性を減じる努力が図られている。内容的には，Shapiro博士のEMDRのテキスト[1]に沿っていること，すなわち，EMDR使用におけるプロトコル，さまざまな対象・問題に応じた適用，法的・倫理的・研究上の問題に焦点をあてることが求められている。インストラクターはこうした基準をクリアしていることをシラバスを提出することで示さなくてはならない。**表13-4**に著者がEMDRIAに提出したシラバスの日本語訳を示しておく。インストラクターはさらに，学期が終わると45日以内にコースの受講生による評価表の写しを提出することが求められ，ガラス張りのクォリティコントロールが行われ

表13-4　琉球大学大学院教育学研究科「心理臨床面接特論Ⅱ」シラバス

科 目 名：心理臨床面接特論Ⅱ　月曜日2時限（変則時程10：10～12：10）　教室：220
担 当 者：市井雅哉　研究室228（電話098-895-0000　e-mail：msyichii@edu.u-ryukyu.ac.jp）
授業内容：EMDR（眼球運動による脱感作と再処理法）は1989年に発表されて以来，急速に発展を遂げている全く新しい心理療法である。心的外傷を処理できることから，PTSD，ASD，単一恐怖症，不安障害，悲嘆反応，うつ，摂食障害，人格障害，犯罪被害者，児童虐待のサバイバー，アルコール依存症などといったさまざまな疾患への効果が報告されている。しかし，急速に治療が進行するために，治療者の臨床的センスも重要であるし，外傷体験との再接近をする部分があるため解離性障害などに対しては病状を悪化させる可能性も秘めていて，診断には細心の注意が必要である。この授業では，EMDRの背景の理論，治療技法を理解し，適切なクライエントに対して，EMDRを正しく用いることができる能力を実習を通して身につけてもらう。

授業の目的：
1. EMDRのモデル，背景理論について知る。
2. EMDRの研究史，日本での現状について知る。
3. EMDRを用いるべきかどうかの判断について知る。
4. EMDRの評価，治療の流れを知る。危険性を知る。
5. EMDRの基本的な適用技法を実習を通して身につける。
6. EMDRへの抵抗に対する対処技法を実習を通して身につける。

受講者への要求：受講生は決められた範囲を講義の前に読み，その週の担当者が要点を整理しておくこと。実習はお互い同士が，治療者役，クライエント役を，自分の実際の問題について行う。12回目以降にクラス外でクライエントを見つけ，実習をして，その報告，スーパービジョンを受けることが義務づけられている。

評　　価：2回の客観テスト（時間は11：50-12：10），最終実践能力テストで評価する。
教 科 書：Eye Movement Desensitization and Reprocessing：（日本語翻訳が現在進行中なのでその翻訳原稿をコピーして用いる），その他適宜配布する。

授業予定：
1　10/6　オリエンテーション，第1章
2　10/13　第2，3章
3　10/20　第4，5章
4　10/27　第6，7章，テスト1
5　11/17　第8，9章
6　11/24　第10，11章
7　12/1　第12章，付録A～D
8　12/8　日本の現状，テスト2
9　12/15　実習1安全な場所1
10　12/22　実習2安全な場所2
11　1/12　実習3トラウマ1
12　1/19　実習4トラウマ2
13　1/26　実習5将来の鋳型1
14　2/2　実習6将来の鋳型2
15　2/9　実習スーパービジョン　＆　実践能力テスト

特　　典：なお，このコースはEMDRIA（EMDR国際学会）から，正式なEMDRのトレーニングとしての審査を通っており（1998年9月28日付），単位取得者には認定証を授与する。EMDRIAの正式メンバーとして登録も可能となる。EMDRのトレーニングを提供する別の組織であるEMDR Instituteのレベル1，2をカバーした内容となっており，治療者としてEMDRを用いることが許可されるレベルである。

ることになる。インストラクターの資格は，教える機関ごとに2年ごとに更新する形で，質の維持が図られている。受講資格は有資格の精神衛生の専門家ということになろうが，大学院の場合，資格取得よりEMDR訓練が先になることになる。この場合には，インストラクターのスーパーバイズの責任が増大すると考えられる。

これを受講し終えると，自分個人の臨床でEMDRをさまざまな対象のクライエントに使えるレベルに達したと考えられている。

商業ベースでトレーニングを提供できる機関としては，EMDR研究所を含めてアメリカ合衆国に8つ，カナダに2つ，オーストラリア，アルメニア，イギリス，ドイツ，ポーランドに1つずつが認められている。

大学院やインターンのコースとしてはアメリカ合衆国に21カ所（カリフォルニア9，ニューヨーク，コロラド，フロリダ，イリノイ，各2，その他），カナダと日本に1カ所ずつEMDRIA認定の訓練コースが認められている。

こうしたトレーニングはいわばEMDRの入り口であり，研修がここで終わっていいはずはない。EMDRは新しい方法であるために，臨床適用の方法も，また背景の作用機序などもどんどん新しく発表されていく。トレーニングを終えた臨床家たちが新しい技術や知見を獲得したり，客観的・定期的に自分のやり方をチェックしたりするために継続的に研修を続けることは大変重要である。学会はそうした機会のひとつであり，さまざまなワークショップやシンポジウムがある。参考のために表13-5に2000年の9月に約1200名の参加者で行われたトロントでの国際学会のプログラムの日本語訳を掲載しておく。以前の大会がほとんど臨床適用のみの内容だったのに比べると，研究色が徐々にではあるが出てきたという印象がある。参加者数も前年のラスベガスでの大会が参加者600名だったことを考えると倍に増加したわけであり，発展ぶりがうかがえる。アメリカには地域での研修会を開催する地方会もあり，各地の36名のコーディネーターの名前がホームページに掲載されている。

より日常ベースで，より親密な関係の中で学ぶ機会も大切であり，コンサルテーションはそうした機会であろう。地域のコンサルタントと個人的にまたはグループでコンサルテーションが行われることが望まれている。さらに，地域の無料の研究会組織は，全米に78カ所，ドイツ，カナダ各1カ所，イスラエル2カ所がホームページに掲載されている。

表13-5 EMDRIA2000年国際会議（9月8～10日，カナダ，トロント）テーマ別発表題目

モデル・理論
・自我の加速弁別化：EMDRとBowen理論
・EMDRにおける転移と逆転移の役割
・短期力動療法とEMDRの統合
・EMDRへの認知的枠組みとしてのインナーチャイルド理論
・調整，同化，成長：未来と現在の統合（Francine Shapiro博士の全体講演）

研究
・乳ガン：PTSD症状，EMDR，生活の質
・EMDRの眼球運動はどうなっているの？
・ブレインイメージング（MEG）による幻肢痛のEMDR治療
・集団治療プロトコルを用いたコソボーアルバニア避難民児童のEMDRフィールド研究
・EMDRのPTSD研究における効果と方法の関係

神経生物学
・トラウマ，愛着，身体（Kolk博士の基調全体講演）
・脳のパフォーマンスと可能性のあるEMDRの介入
・EMDR処理における小脳の役割の探求

愛着の問題
・愛着と自我の起源の神経生物学：理論と臨床実践への示唆
・外傷性愛着と右脳の発達（Allan Shore博士の全体講演）
・成人と子どもの核となる愛着問題の治療

技術・戦略
・治療的編み込み：前と後
・過去，現在，未来の問題を処理するための資源の会議室の利用
・描画を加えたバタフライ・ハグ：臨床的，自己治療的適用
・EMDR治療過程における多感覚学習の利用
・EMDRの戦略的発達モデルの紹介
・不安障害，関係の問題における「2次的」否定的認知の役割
・EMDR個人面接後の否定的な反応の理解とコントロール
・人格障害にEMDRプロトコルを導入するためのドロー・ア・パーソン・テストの使用
・EMDRにおける認知の編み込みと資源の開発の上級適用
・治療の臨床的効果を査定する
・EMDRの両手編み込み

子ども・思春期
・乳幼児の外傷を解決するEMDRの使用
・非行問題へのEMDR
・遊戯室でのEMDR：創造的処理

夫婦・家族
・システムワークへのアプローチとしてのEMDR

セクシャリティと関係問題
- 信頼，親密さ，セックス：統合的アプローチ
- セックス・セラピー，関係療法とEMDRの統合
- るつぼの中の火

解離・自我状態
- 解離性障害の診断と治療入門：綱を学び，落とし穴を避ける
- EMDRと自我状態療法：理論的概観，診断，アプローチとEMDRへのクライエントの準備
- EMDRと自我状態療法：EMDRの脱感作と再処理のための実践的意味
- EMDRと自我状態療法：ビデオと受講者参加からの経験的学習
- EMDRと自我状態療法：人格障害の連続体を扱う
- EMDRと自我状態療法：クライエントの芸術作品を使っての資源焦点のプロトコル
- 解離性障害の治療における上級EMDR適応

パニック障害
- パニック障害とEMDR：この対象と始める者への入門

摂食障害
- Chemotion・EMDRプロトコルを使ったブリミアとビンジ・イーティングの治療

慢性疾患・医学的問題
- 睡眠障害：EMDRに対する障害から理解への鍵
- EMDRとエネルギー医学：統合的アプローチ
- EMDRはパーキンソン病に軽快をもたらすか？
- 慢性疲労症候群の治療におけるEMDRの使用

悲嘆
- 悲嘆と喪の治療におけるEMDRの利用

人種，文化，民族
- 複数民族のクライエントにおけるPTSDのEMDR治療

ピークパフォーマンス・向上
- EMDR—効果的リーダーシップと革新的戦術ビジョンの統合的コーチング
- 人生向上のためのEMDR
- 書くことすべて—EMDRの使用を高め，広げるための記録の統合

精神性
- EMDRの効果を高めるための個人の宗教的信念の利用

実践の問題
- EMDRのアプローチをあなたの臨床実践に統合すること
- あなたの個人臨床構築のための独特なEMDR適用：マネージドケアからの逃亡

教育・訓練
- 大学院，専門家向けの場でのEMDR教授

## *4* EMDR研究所主催の訓練

　EMDR研究所の提供するレベル1，レベル2[注5]という訓練は，いずれも2日と1晩（金曜日の夜3時間と土日丸2日間）という時間で，アメリカを中心として世界52カ国で開催されており，30,000人を超える専門家がトレーニングを受けている。レベル1のトレーニングを受けられる資格として，精神保健の専門家としての最高レベルの免許・資格をもっていることが謳われている。アメリカにおいては，精神科医，臨床心理士，結婚・家族カウンセラーなどいずれも免許を有していることを条件としている。テキサス州のみは看護婦が受講できるようになっている。こうした資格や免許に関しては各国で事情が異なるために，海外で訓練が行われる場合には，それぞれの国の主催者にこうした参加資格の管理は任されている[注6]。

　さらに，レベル2の参加は，レベル1修了後，半年程度の臨床でのEMDR使用経験を経てからが望ましいとされている。

　訓練は，さまざまな情報を与えられる講義の部分と実際に手続きを実践する実習の部分からなる。レベル1では，EMDRの歴史や効果，記憶のさまざまな要素（イメージ，認知，感情，身体感覚）の重要性，外傷的な記憶に適用する基本的な手続き（生育歴・病歴聴取，準備，評定，脱感作，植え付け，ボディスキャン，終了，再評価の8段階），クライエントの安全に関する配慮（どんな状態のクライエントにどんなタイミングで用いるか），EMDR特有の治療者のとるべき姿勢（コントロールをクライエントの脳に任せ，治療者は不用意にその治癒過程に入り込まないようにする）を身につける。

　レベル2では，特定の診断や症状（恐怖症，嗜癖問題，身体疾患，抵抗など）に対するEMDRの適用方法を学ぶ。さらに，苦痛が強いまま処理が滞ってしまうクライエントを援助する際に有効な，より積極的な介入方法を学ぶ。

　いずれのレベルにも，参加者が自分の実際の過去の外傷的な出来事に関して，互いにクライエント役や治療者役になってEMDRの手続きを実際の問題に適用する実習の部分が含まれている。スーパービジョンをファシリテーターから受けながら，クライエントとして効果を実感したり，治療者として手続きを試みたりという有効な学習機会となっている。

　北米においては，例えば2000年9月から2001年6月にかけて，7人のトレイ

ナーによって25回のレベル1が，そして，5人のトレーナーによって23回のレベル2が行われた．

　国際的には，2000年から2001年にかけて，34のレベル1トレーニング，20のレベル2トレーニングが行われ，開催国を列挙すると，ヨーロッパが，スウェーデン，ノルウェー，フィンランド，イギリス，スコットランド，南アイルランド，デンマーク，オランダ，ベルギー，ドイツ，フランス，イタリア，スイス，スペイン，キエフ，トルコ，中南米では，メキシコ，アルゼンチン，ブラジル，コロンビア，エルサルバドル，ガテマラ，他の地域では，イスラエル，南アフリカ，オーストラリア，日本などとなっており，全世界に広がっている様子がわかる．

　EMDR研究所はさらに，専門トレーニング，レベル2を終えた者用のバケーションコースを提供している．専門トレーニングとしては，例えば，2000年10月から2001年3月にかけては，12回の1～2日間のコースが行われ，テーマには，「EMDRのための戦略的発達モデル：急速的で包括的な心理療法モデル」「加速治癒：児童虐待・ネグレクトの大人のサバイバーの治療におけるEMDRの臨床適用」「EMDRを用いた自己感情耐性，管理，調整の再構成」「大人のネグレクト，虐待サバイバーのための有効な治療効果を引き出すための自己の強化」「EMDRにおける認知の編み込みと資源の開発の上級適用」「複雑な悲嘆，喪の理解と治療」「分離された自己の癒し：解離性のクライエント，解離性でないクライエントのためのEMDRと自我状態療法」といったものが並んでいる．

　バケーションコースは，治療者のリフレッシュのためにゆったりした日程でリゾート地にて開催される．例えば，2000年12月から2001年7月の間に，5日間の6つのコースが行われ，「パニック，恐怖症，強迫性障害のEMDR治療」「EMDRと瞑想の組み合わせ」「EMDRと解離性障害」「EMDRと子ども」「大人と子どもにおける核となる愛着の問題の治療」「摂食障害の治療におけるEMDR」などがそれぞれのコースのテーマであった．

　レベル2を修了した者の中から，EMDR研究所の訓練を援助するファシリテーターという資格を得る者もいる．この資格は，自身がEMDRのレベル2までのトレーニングを終えていて，EMDRを正しく理解しているか，十分な臨床経験，教授経験があるかどうか面接でチェックされたあとに，EMDR研究所のレ

ベル1トレーニング2回，レベル2トレーニング1回に参加して，ファシリテーターになる訓練を受ける。この訓練には，EMDRの理解度を増すこと，有資格のファシリテーターを観察して，参加者に適切に援助できるようになること，実際のファシリテートをして，フィードバックをもらったり評価されたりという過程が含まれる。

　ファシリテーターの中から，さらに上の資格であるEMDRのトレーナーという資格を目指す者もいる。トレーナーになるには，Shapiro博士の訓練を受けて，EMDRモデルの理解度，説明の技術，質問への対処能力などを高める。実際のトレーニングにいくつも参加する中で，部分的にトレーナーに代わって講義をしながらトレーナーからオーケーをもらっていき，全体をカバーできるところまで訓練が続く。レベル1まで教えられる資格を得たら，レベル2まで教えられる上級トレーナーまで進むこともできる。

　日本の状況としては，2000年秋の時点でEMDRのレベル1を修了した専門家は約300名に達し，レベル2まで修了した者も約100名で，ファシリテーターとしては私や本書の編者の崎尾先生を含め5名が活躍している[注7]。

# 5 まとめにかえて

　以上をおおまかにまとめたものが表14-6である。少々複雑ではあるが，非営利組織であるEMDRIAの認定システムのもとに整理されてきて，ずいぶんすっきりとしてきた。過渡期をようやく過ぎて，軌道に乗ってきた生意気盛りの若い成熟段階というのが正直なところであろうか。

　最後に心理療法の訓練に関する私見を述べて結びとしたい。心理治療の効果が治療者の人格やクライエントとの関係性に負う部分が大きいことは疑いようのない事実であろう[2]。しかし，そうした治療者の人柄のよさを越えて効果を発揮してはじめて，さまざまな心理療法の存在理由があるといえるのではないだろうか。でないと，いつまで経っても臨床心理学の教育は「人生経験をもっと積みましょう」「もっと人格を磨きましょう」になってしまいかねない。臨床心理士への需要が増大している今，我々に求められているのは，基本的な人間としての温かみの上に立つより質の高い臨床技法であり，それを伝授する教育システムであろう。ここに示した訓練システムは今日我々がおかれている精

## 13 EMDRの訓練システム

表13-6 EMDRに関する資格とその要件と管理する組織の関係

1. EMDRIA認定訓練プログラムの修了証
    - その機関（例えば，EMDR研究所，認定大学院）が定める受講資格
    - 実際の受講
    → 臨床でのEMDRの使用が可能
2. EMDR資格
    - 専門家資格（精神科医，臨床心理士，精神科ソーシャルワーカー，カウンセラー）
    - EMDRIA認定訓練プログラムの修了証（例えば，EMDR研究所レベル1，レベル2；認定大学院；EMDR-HAP）
        ← EMDRIA認定インストラクター（例えば，EMDR研究所トレイナー）による
    - 臨床実践
    - コンサルテーション ← EMDRIA認定コンサルタントによる
    → EMDR資格をもつ臨床家として登録される
3. EMDRIA認定コンサルタント
    - 専門家資格（精神科医，臨床心理士，精神科ソーシャルワーカー，カウンセラー）
    - EMDRIA認定訓練プログラムの修了証（例えば，EMDR研究所レベル1，レベル2；認定大学院；EMDR-HAP）
        ← EMDRIA認定インストラクター（例えば，EMDR研究所トレイナー）による
    - 臨床実践
    - コンサルテーションのコンサルテーション
        ← EMDRIA認定コンサルタントによる
    → コンサルテーションの提供が可能
    → EMDRIA認定インストラクター（EMDRIA認定訓練プログラムの提供）の基礎資格取得

神医療，臨床心理学の状況を考えるとき，さまざまな示唆を与えてくれるのではないだろうか。

注1) http://www.emdria.org
注2) http://www.emdr.com
注3) http://www.emdrhap.org
注4) EMDRIAのコンサルテーションの哲学としては，スーパービジョンにおいては，法的，倫理的，臨床的責任を負うのはスーパーバイジーでなくスーパーバイザーであるのに対して，コンサルテーションでは，コンサルタントはあくまでEMDRの効果的な使用に関してアドバイスを与えるのみで，最終的な責任はコンサルテーションを受ける側が負うとされている。

注5) 現在はPart1，Part2という名称に変更されている。両方の訓練で完結するということを伝えたいための変更である。

注6) わが国では現在のところ，次のように定めている。

医師：免許取得後，精神科・心療内科・小児科などの領域で2年以上の臨床経験を有する者。

心理職：臨床心理士資格取得者かこれに準ずる者（心理学か関連領域の修士課程修了後，心理臨床経験2年以上の者か，心理学か関連領域の学部卒の場合は学士号取得後心理臨床経験5年以上，うち1年は医師，臨床心理士にスーパーバイズを受けた者）。

しかし，心理職に国家資格がなく，むしろ精神科ソーシャルワーカーに国家資格がある現状を考えると，残念ながらこの規定がさまざまな問題を抱えていることは認めざるを得ない。今後さらに適切な参加資格を検討していく予定である。

注7) 著者は現在EMDR-Network, JAPANという組織の代表を務め，日本におけるEMDRに関するニューズレターの発行，訓練の開催，訓練修了者名簿の管理などを行っている。さまざまな情報は，以下の連絡先に請求してほしい。

〒903-0213　西原町字千原1　琉球大学教育学部市井研究室　EMDR-Network, JAPAN
e-mail：msyichii@edu.u-ryukyu.ac.jp

● 参考文献 ●

1) Shapiro, F.：Eye Movement Desensitization and Reprocessing：Basic Principles, Protocols, and Procedures. Guilford Press, New York, 1995.
2) 頼藤和寛，中川晶，中尾和久：心理療法―その有効性を検証する―．朱鷺書房，1993.

| 執筆者一覧

編者・崎尾英子　　元国立小児病院心療内科・精神科（精神科医）

◆

市井　雅哉　　琉球大学教育学部（臨床心理士）
大河原美以　　東京学芸大学心理学科（臨床心理士）
鈴木　廣子　　すずきひろこ心理療法研究室（精神科医）
曽根　美恵　　青山心理発達相談室（心理相談員）
外口　弥生　　元国立小児病院心療内科・精神科（精神科医）
中野三津子　　国立成育医療センターこころの診療部発達心理科（精神科医）
村田　玲子　　武蔵野中央病院（精神科医）
宮島　陽子　　元国立小児病院心療内科・精神科（精神保健福祉士）
守山　由恵　　新宿区立子ども家庭支援センター（精神保健福祉士）
森　　抄子　　麻布大学学生相談室／国立成育医療センターこころの診療部
　　　　　　　（臨床心理士）

（五十音順）

■編者略歴

崎尾　英子（さきお　えいこ）

1949年福岡県生まれ
国際基督教大学・東京慈恵会医科大学卒業
慶應義塾大学精神科入局
東京都立七生福祉園、東青梅病院
1991年国立小児病院精神科医長
2002年10月2日永眠

## EMDR症例集

2003年2月23日　初版第1刷発行

| | |
|---|---|
| 編　　者 | 崎尾英子 |
| 発行者 | 石澤雄司 |
| 発行所 | 株式会社　星和書店 |

東京都杉並区上高井戸1-2-5　〒168-0074
電話　03(3329)0031（営業）／03(3329)0033（編集）
FAX　03(5374)7186

©2003　星和書店　　　Printed in Japan　　　ISBN4-7911-0492-7

こころの臨床a･la･carte 第18巻第1号（1999年3月）
特集
「*EMDR*…これは奇跡だろうか！」

市井雅哉、熊野宏昭　編

B5判　2,000円

EMDRはいまたいへん注目されている治療法である。リズミカルな眼球運動によってクライアントに想起された外傷体験は、脱感作、再処理と導かれ、奇跡のようにクライアントは癒されていく。本特集では、多くの症例呈示によって、EMDRの治療過程をあますところなく紹介する。

〈主な目次〉
特集にあたって－EMDR（眼球運動による脱感作と再処理法）について－／EMDRの誕生と発展／ポストモダン時代の精神療法－EMDR施行中の脳波と身体感覚が示唆するもの－／EMDRを学んで－阪神・淡路大震災被災地での精神科医の経験－／交通事故被害とEMDR／子供の不適応事例に対するEMDR活用の治療的枠組み／家庭内暴力（情緒的虐待）を受けていた女性のエンパワメント／性的被害に対するEMDRの適用／EMDRを用いた怒りの処理／入院中の拒食症の子どもへのEMDR応用の試み／子ども時代の虐待の記憶をEMDRで扱う－記念日現象が明らかとなった季節性うつ病の1例－／児童虐待を受けた摂食障害の女性のEMDR／パニック障害の統合的治療におけるEMDRの位置づけ／解離性障害に対するEMDRの使用

発行：星和書店　　　　　　　　　　価格は本体(税別)です